U0939010

现代传播 MODERN COMMUNICATION
丛书主编 王文科

浙江省高等教育重点建设教材

Artistic Physique

艺术形体

寿文华 编著

ZHEJIANG UNIVERSITY PRESS
浙江大学出版社

编写说明

健康是人的基本权力，是幸福快乐的基础，是国家文明的标志，是社会和谐的象征。然而，社会发展和经济进步在带给人们丰富物质享受的同时，也在改变着人们的生活方式，吸烟、酗酒、缺乏运动、膳食不合理等生活方式产生的高血脂、高血压、高血糖、肥胖等疾病已日益成为影响我国人民健康的大敌，并且朝着低龄化发展。面对不断增加的生活方式病，唯一可行的办法是每个人都从自己做起，摒弃不良的生活习惯，成为健康生活方式的实践者和受益者。

大学生是国家的未来，民族的希望，为了提高当代大学生的综合素质和人文素养，作者根据现代大学生追求时尚、健美、气质和个性等特点，通过艺术形体运动将提高大学生艺术修养和增进身心健康巧妙地揉合在一起。

本书分理论篇和实践篇。理论篇主要介绍生活方式、科学运动、食物营养、护肤美容等内容与艺术形体运动的有机联系，实践篇主要介绍形体姿态训练、形态训练、身体局部训练的方法和部分轻器械的练习方法。

在编写过程中，编者引用了大量的文献和资料，限于篇幅，恕不一一列出，在此一并致谢！由于编者能力和水平有限，书中不妥之处，敬请读者批评指正。

编者

2012 年 12 月

目 录
CONTENTS

理论篇

实践篇

理　论　篇

第一章　艺术形体概述

本章导读　本章通过对艺术形体的涵义、形成与发展、特点与分类及其锻炼价值等内容的介绍，使读者对艺术形体这门课程有初步的认识，对艺术形体的基本知识有一定的了解。

爱美，是人类的天性。人类对美的认识是在漫长的生活实践和社会交往中形成和发展起来的。考古研究发现，早在四、五万年以前，人类的祖先就有把兽牙、骨头、贝壳等穿成长串制成装饰品的习俗。随着社会发展，人类在改造自然的同时，形成和发展了自己创造美、审视美的能力。现代社会，随着科学技术的快速发展和人们生活水平的不断提高，越来越多的人开始追求完美的自我，注意身体健康和生活质量，注意形体健美和气质优雅，使外在美和内在美达到统一。

第一节　艺术形体的涵义

一、艺术的涵义

一般认为，艺术是人们为了更好地满足自己对主观缺憾的慰藉需求和情感器官的行为需求，对社会生活进行形象的概括而创作的作品，她是一种文化现象，亦是日常生活进行娱乐的特殊方式。艺术也指富有创造性的方式、方法。艺术的本质就是通过某种特定的媒介符号，如绘画、诗歌、音乐、舞蹈、小说、戏剧等，来反映和描述事物及其价值关系的运动与变化过程，从而对人的情感、知识和意志进行交流、诱导、感化和训练。

二、形体的涵义

形体是指人体在先天遗传变异和后天获得的基础上表现出来的身体形态上相对稳定的生理特征。肤色红润而有光泽，光滑而有弹性。从美学角度看，形体是人体艺术美的一种自然表现形式，是人的躯体线条结合人的情感和品质，通过形象和姿态展现于众人眼前的一种美。男子形体体现匀称、强健、粗犷和阳刚之气；女子形体体现匀称、曲线、弹性和妩媚娇态。

著名美学家朱光潜先生曾说过："人体以它生动、柔和的线条与轮廓，有力的体魄与匀称的形态，滋润、光泽、透明的色彩，成为大自然中最完美的一部分，标志着我们这个星球上最高级生命的尊严。"车尔尼雪夫斯基说："生命是美丽的，对人来说，美丽不可能与人体的健康分开。"只有健康、朝气蓬勃、充满活力的身体，才能显示形体美、姿态美、动作美和气质美。

三、艺术形体的涵义

艺术形体不是简单的艺术和形体的叠合，而是人们为了满足追求美的主观与情感的需求，在美妙音乐的伴奏下，运用徒手或轻器械，通过身体训练创造性、个性化地塑造体态美，集表达美、陶冶情操、强身健体、娱乐和休闲为一体的运动项目。

艺术形体训练融体操、舞蹈、瑜伽和健美运动为一体，以艺术审美为核心，以人体科学理论为指导进行练习，实现改变人的原始状态、增进健康、优美体态、规范行为、提高艺术修养的目的。

第二节　艺术形体的形成与发展

艺术形体源于生活，是人类的一种社会文化现象，伴随着人类的文明和社会的进步而发展。

一、艺术形体形成初期

早在原始社会，人类从断发纹身、披叶遮羞开始，就逐渐萌生了审美意识和美学概念。在中国古代神话中，盘古开天劈地，头顶天，脚立地，是一个顶天立地的巨人，反映了中国古代人仰慕和推崇体魄雄伟和健力美的审美观。青海大通县出土的新石器时代的舞蹈纹陶盆，绘有三组各 5 人手牵手舞蹈的图像，说明当时已经出现舞蹈；尧帝时代，洪水连年泛滥，当时的人们长期生活在潮湿的环境里,关节肿胀,心情郁闷,浑身不舒服,于是有人发明了"消肿舞",用来排泄心中的烦闷,治疗关节的肿胀。在原始社会中,舞蹈是一种有许多作用的重要活动,每逢集会、节日、打猎成功、果实成熟、誓师出征、获胜凯旋等,人们都要身披兽皮,头戴花环,手持羽毛或武器,模仿飞禽走兽的神态,重复打猎和战斗中的动作招式,翩翩起舞,用来表达内心的欢快和对神灵的祷告。在漫长的原始社会时期,人类不但创造了乐歌舞俑之类的活动,还创造了象形文字,产生了原始宗教和图腾崇拜。

我国西汉时代,利用舞蹈来促进身体健康和改善体魄的方法已经炉火纯青。根据长沙马王堆出土的《导引图》可以发现,上面画有 40 个栩栩如生的人物姿势图,有立、跪、坐等基本姿势,也有屈体、转体、弓步、跨跳等动作。据《舞赋》记载,汉代的傅毅指出舞蹈"乐而不溢,娱神遣老,永年之术,优哉游哉,聊以永日",充分说明了舞蹈对健康的积极作用。周代的乐舞,隋炀帝建立的"太常寺",唐玄宗设立的"梨园"等,都表明了舞蹈与人类生活的紧密关系。现代科学也已经证明,舞蹈具有体育医疗和保健的重要作用。

考古研究认为,中国古代人们的健身运动主要是以"导引行气术"为代表的养生体育,而"导引行气术"其实就是由舞蹈发展而来的。

数千年前的古印度流行一种瑜伽术,它把身体姿势、呼吸和意念紧密结合起来,通过调身(摆正姿势)、调心(意守丹田)、调息(调整呼吸),运用意识对肌体进行自我调节,健美身心,达到延年益寿的目的,是一门把人类身、心、灵整体协调起来促进健康的实用健身术。瑜伽健身术动作包括站立、弓步、蹲、跪、坐、卧等各种姿势,这些姿势与当前各国流行的艺术形体所常用的基本姿势相一致。

古希腊人崇尚体育运动,视没有受过正规运动训练的人为没有教养的人,对体育比赛中的优胜者给予橄榄枝做成的花环奖赏。古希腊男人们往往赤身裸体,浑身涂上橄榄油,在烈日下锻炼身体,炫耀着健美的形体,就形体运动而言,古希腊人较为注重形体的健美。通过跑跳、投掷、柔软体操和健身舞蹈等各种各样的动作练习,使人体各部位的肌肉发达健壮,体格匀称,表现出雕塑感的艺术美,就如我们现在看到的《掷铁饼的人》的雕塑。

西方文化对于舞蹈的推崇和重要性的阐释更可见于诸典籍。柏拉图在他最后的著作《法律篇》中宣称:"良好的教育在于知道如何唱好歌曲,跳好舞蹈。"美国教育家斯坦利·豪尔认为:"要使情感得到训练,意志得到加强,使感情、理智与支持他们的身体和谐一致,那么复活舞蹈则是迫切需要的。"现代舞之母邓肯也说过:"只有把舞蹈包括在内的教育才是合理的教育。"

从现代视角看,当前的艺术形体运动与人类早期的宗教、图腾崇拜、劳动以及适应恶劣的自然环境有很大的关系，是一种源于生活的身体运动。在人类社会发展进程中，艺术与形体训练相继产生，并自然结合，尤如古希腊人提出的“体操锻炼身体，音乐陶冶精神”的主张。这种把体操与音乐相结合的主张，是现代艺术形体极为重要的理论基础。艺术形体的追随者们以朴素的唯物主义观念和乐观主义精神，把身体的健美同艺术联系起来，认为在世界万物中，只有人体的健美才是最匀称、最和谐、最庄重、最有生气和最完美的，把人体美看作美的最高境界。

二、现代艺术形体发展时期

人类从对健康的崇拜到对美的追求，是一种高尚的文化修养和艺术思想的飞跃和升华。

（一）艺术形体发展初期

欧洲文艺复兴时期，人体美格外受到重视。意大利医生墨库里奥斯（1530—1606）在1569年出版的六卷《体操艺术》等著作中，详细论述了各种形式的体操动作。

18世纪，德国著名体育活动家艾泽伦开设了体育师资培训课程，创造了哑铃、吊环等运动。这些身体锻炼形式，既是现代艺术形体的雏形，也是现代艺术形体的起源。

以“体操运动之父”著称的约翰·古茨·穆尔（1759—1839），对体操的发展有着深远的影响，他在著作中强调指出：体操应能使人感到愉快，体操练习应能使人得到全面发展。许多国家翻译并出版了他的体操专著。

德国人斯皮斯（1760—1858）富有音乐天才，他把体操从社会引到学校，并为体操动作配曲，开始将体操与音乐结合起来。

瑞典体操学派创始人佩尔·亨里克·林（Pehg Henrik Ling，1776—1836）把解剖学、生理学的知识运用到体操中，使体操的发展建立在生物科学的基础之上。他认为体操不仅健美身体，而且表现人们追求健美的情感，强调身体各部位及身心的协调发展，形成健美的体态，培养健康的情操，促进身心健康发展。以科学知识为基础的瑞典体操，引起了当时许多国家的重视，相继传入英国、法国、美国、丹麦等国家。

丹麦体操家布克（Niels Bukh）创建了“基本体操”。他把体操动作分成若干类，并编成发展身体各部位的、发展各种身体素质的和适合不同性别、不同年龄的人们进行训练的各种体操。

欧洲著名的体操倡导者维特（1763—1816）采用游戏和娱乐的形式推广体操，增加了体操的趣味性。

19世纪的欧洲，在法国、德国、瑞典、丹麦、捷克等地先后出现了各种体操学派，对人体健美进行了理论研究和实践，为艺术形体的发展奠定了坚实的基础。19世纪末20世纪初，受当时的教育改革、青年和妇女体育运动、文艺革新等影响，一些生理学家、音乐家、舞蹈家及体操家对体操进行了改革，特别为女子体操的发展指出了新的方向，为艺术形体的形成打下了基础。

法国生理学家乔治·德麦尼对当时盛行的体操体系进行了科学分析，认为这些身体练习动作以直线运行为主，简单而又呆板，不能满足身体发展的需要。他认为女青少年应该加强蕴含美学韵味的身体练习，这类练习包括各种各样的舞蹈步，以及火棒练习、体操棒练习、花环练习等。女子体操的主要目的是获得柔韧、灵巧、良好的身体姿态和从容优雅的举止。弗朗索瓦·德尔沙特(1811—1871)为了帮助演员在表演中姿态自然，举止仪表富有表现力，在法国创立了德尔沙特体系。他赋予体操动作两个新的特征：美感和富于表情。因为他的体操重视优美和均衡，对发展健美形体作用较大，所以在19世纪末，他的体系在女子体操中非常流行。

美国的热纳维芙·斯特宾斯女士，综合了德尔沙特体系和瑞典学派佩尔·亨里克·林体系，创造了另一种体操体系，目的是使身体训练成为一种可以表达优美艺术的有效工具。她的观点和方法对发展欧洲现代艺术形体产生了强烈的影响。

瑞士教育家雅克·达尔克罗兹(1865—1950)设计了一种肌肉活动和音乐伴奏相结合的音乐体操。他创造的韵律体操采用各种专门的动作，使身体动作能够合得上音乐旋律，所设计的成套练习主要是通过自然的身体活动发展学生的音乐感和节奏感。他还创办了音乐体操学院，培养了大批相应的人才。鲁道夫·博德(1881—1970)毕业于达尔克罗兹的音乐体操学院，他进一步发展了节奏中以最小的紧张度进行全身运动，使动作达到自然、省力、强节奏感。欣里希·梅道(1890—)也是雅克·达尔克罗兹体系的一位学者，他创编了一套适用于少女和成年女子的体操体系，该体系主要促进身体健康、姿态优美和举止高雅。他还认为音乐对提高动作的节奏性和表现力是一个极为重要的因素，韵律体操可以使人领略动作中的快感和美感，因此在训练和演出中都采用了音乐。他强调自然的全身动作，对球操、圈操、火棒操的产生与发展颇有建树。

埃丽·布若尔克斯登(1870—1947)女士是赫尔辛基大学的一位体操老师，她的宗旨是：体操不限于提供身体练习，而应该把人的思想、躯体和精神从紧张和抑制中解放出来，培养和谐的个性。

上述各种体操流派，既注重人体健康和优美，又注重自然的全身动作，同时还注重动作节奏的流畅性，是艺术形体发展的初级阶段。

(二)艺术形体发展现状

随着音乐艺术和体育运动的快速发展，欧洲的一些生理学家、音乐家和舞蹈家都主张以身体动作为基础，在音乐伴奏下进行有节奏的身体活动，从而发展身体的柔韧性，形成优美的身体姿态和举止。

健美操是体操运动发展的产物，也是艺术形体运动的重要组成部分，它是 20 世纪 60 年代开始出现的，最初是美国太空总署医生库帕博士为太空人设计的体能训练(阿洛别克 Aerobic)项目。1969 年，杰姬·索伦森综合了体操和现代舞的特点，改编了健美操，这种操带有娱乐性，简单易学，深受人们的欢迎，并于 20 世纪 70 年代在美国迅速流传，掀起热潮。美国好莱坞电影明星，两次奥斯卡金像奖获得者简·方达为健美操的推广做出了杰出的贡献。1984 年美国约有 7 万人参加各种类型的健美操练习，用于体操、舞蹈和健美操活动的经费约 2 亿 4 千万美元。1985 年，美国首次举行了阿洛别克(Aerobic)健美操比赛。运动员在 5 平方米的场地上，用 1 分 30 秒到 2 分钟的时间，配以每 10 秒 144～156 拍的快节奏音乐伴奏，表演包括俯卧撑 4 次、仰卧起坐 4 次、高踢腿 4 次、5 秒连续原地跳 4 类规定动作和表演造型美观、力度明显、变化多样、流畅舒展的大量徒手操动作，以及现代舞动作、民间舞动作和简单的诸如前滚翻、前软翻、劈叉等动作。正是通过这次充满活力的比赛，充分展现了该项目的观赏性和挑战性，又通过高强度动作表现人的活力、力量、技巧、素质、节奏和协调性，因此得到了迅速推广和发展，成为全球性运动。越来越多的高水平体操运动员在退役后即转向健美操项目，视其为第二次运动事业的开始。目前该项目有三大世界性赛事，即由国际体操联合会举办的一年一度的健美操世界锦标赛、日本世界杯赛和美国冠军赛。从健美操的发展趋势看，动作质量和艺术内涵是该项目的关键。难度动作虽然是整套动作必不可少的部分，但不主张运动员使用过多的难度动作，而更加强调的是艺术性和独创性。目前比较著名的健美操国际组织有：国际健美操联合会(LAF，总部设在日本)、国际健美操健身联合会(FISAF，总部设在美国)、国际健美操冠军联合会(ANAC，总部设在美国)和国际体操联合会健美操委员会(FIG，总部设在澳大利亚)。

艺术体操也是艺术形体运动的重要组成部分，它起源于 19 世纪的欧洲，20 世纪 40 年代由欧洲传入美洲、大洋洲及东欧各国，70 年代被引进中国。1963 年在匈牙利的布达佩斯举行了第一届艺术体操世界锦标赛，以后每 2 年举行一次。1984 年艺术体操被正式列入奥运会的比赛项目。随着艺术体操技术的迅猛发展，艺术体操的单个身体难度动作开始向竞技级别化方向发展。1993年开始出现以两个难度联合组成的C、D难度，也是联合难度的前身。2001年开始，规则按照四大身体类型有了类的区别，而且每种类型又按照难易程度划分为A、B、C、D、E5个难度级别。2003年规则又从5级跳至10级，即A～J，单个难度最高分值已经达到1分。这种高竞技级别化的难度分类使得艺术体操向着更难、更新的竞技化方向发展。

作为艺术形体渊源的芭蕾艺术是在音乐伴奏下用肢体语言来表达剧情。芭蕾艺术首先诞生在古埃及，成千上万幅雕刻画向人们描绘了古埃及的舞蹈艺术，雕刻画上的标题，说明了舞蹈内容和舞者动作。从舞蹈艺术到艺术形体运动，芭蕾经过了舞蹈家、音乐家和体育家的共同努力，在形式和动作编排上积极创新，一方面保留了芭蕾特有的形式美，另一方面又注入了健身和健美的内容。

与音乐、舞蹈、瑜伽、体操相结合，是艺术形体形式美的重要方面，艺术形体是跨界的运动形式，兼收并蓄，不断吸取新的内容是其快速发展的基础。当前流行的体育舞蹈、街舞、舍宾和形体梳理等运动形式，都将丰富艺术形体。

随着我国社会发展和国家对文化事业大发展、大繁荣的支持，艺术形体运动必将成为普通大众，尤其是广大女性健身的首选运动项目。随着人们对传统的教育内容、教育观念和教育形式的变革要求，在全面推进素质教育的进程中，艺术形体作为学校体育的重要内容将越来越发挥其不可替代的作用。

第三节　艺术形体的特点与分类

一、艺术形体的特点

艺术形体与其他运动相比，其在符合人体生理结构和心理特点基础上，主要突出了艺术性，艺术是美的集中表现。艺术形体有以下三个特点：

(一)艺术性

艺术形体综合了体操、舞蹈、表演、音乐等艺术要素，丰富多彩的练习内容、形式各异的表达形式、舒展优美的身体姿态以及集体队形变换，都展示了艺术形体强烈的艺术表现力和感染力。

音乐是艺术形体的灵魂。艺术形体运动既有声又有形，着装色彩斑斓，增强了艺术感染力。优美动人的音乐可以提高练习者的乐感、美感和表现力，丰富想像力和创造力，陶冶情操。

(二)多样性

1.从内容上看

艺术形体动作很多,完成动作的方法灵活多样。有作用于身体局部、整体练习的单个动作和系列动作,有适用于特定用途的组合、成套动作,还有适用于矫治和康复的专门动作,等等。

2.从目的上看

艺术形体有适用于强身健体和健美体型的练习;有适用于训练优美姿态和肢体语言的专门练习;有适合减肥的练习,也有适合丰腴的练习,等等。

3.从对象上看

艺术形体是在人体解剖学、运动训练学、体育美学、运动生理学、运动心理学和人体艺术造型学等学科的指导下进行的,可适应不同年龄、性别和不同练习目的、水平等人群。

4.从形式上看

艺术形体的练习形式丰富多样,有单人练习、双人练习和集体练习;有徒手练习和持轻器械练习;有站位、坐位、蹲位、跪位、卧位等体位的练习;有节奏柔和缓慢的练习,也有节奏刚劲和明快的练习,等等。

(三)实用性

艺术形体每个动作的设计和成套动作的编排,都是严格按照人体解剖结构,有序、有度地进行,可针对不同的人编排相应的练习。练习者可根据自身的特点,练习目的和任务,合理选择,科学进行练习。

二、艺术形体的分类

(一)按练习性质分

根据练习性质可把艺术形体分为以下两大类:

1.专门性的艺术形体练习

专门性的艺术形体练习是为了表演、比赛而进行的。

2.大众性的艺术形体练习

大众性的艺术形体练习是为了健身和改善自身体型或培养优雅姿态而进行的身体练习。

(二)按练习形式分

根据练习形式可把艺术形体分为徒手练习、持轻器械练习和专门器械上的练习三大类。

1.徒手练习

徒手练习包括身体的基本姿态练习、基本形态练习、基本动作练习、基本步法练习、基本素质练习和把杆练习，以及这些动作的组合练习。

2.持轻器械练习

持轻器械练习是根据所要达到的目的和轻器械的性能特点，有选择性进行的一种练习。

3.专门器械上的练习

专门器械上的练习是指在专门器械上进行的身体素质及机能的练习。通过器械的重量、形状和性能增加对肌肉的阻力和身体动作的限制，从而使肌肉受到刺激而增长其耐受力，有利于塑造健美体型。

（三）按目的任务分

根据目的任务，可将艺术形体分为热身艺术形体、姿态艺术形体、形态艺术形体、减肥艺术形体、节奏艺术形体、活力艺术形体、丰腴艺术形体等，这类艺术形体主要是突出某种目的性。

（四）按人体解剖结构分

根据人体解剖结构，可针对头面部、颈部、肩部、胸部、背部、臂部、腕部、腰部、腹部、髋部、腿部、踝部等部位创编艺术形体动作或套路，具有很强的针对性。

（五）按年龄分

根据练习者的年龄，可将艺术形体分为老年艺术形体、中年艺术形体、青年艺术形体和少儿艺术形体等。

（六）按性别分

根据性别，可将艺术形体分为男子艺术形体和女子艺术形体。

第四节　艺术形体的锻炼价值

艺术形体是一项具有实用锻炼价值的运动项目。长期坚持艺术形体锻炼，能够塑造体形，培养端庄体态和健美体形；增强体质，提高身体机能和形体素质；调节心理，培养良好品质和高雅气质；陶冶情操，提高艺术修养和审美情趣。

一、塑造体形，培养端庄体态和健美体型

体形主要是指身体的形状，人体皮下脂肪和肌肉附着在骨骼上表现出来的线条；体态主要是指身体各主要部位在三维空间上的相互关系，这一关系与人们的审美观密切相关；体型主要是指身体各部位的比例，这一比例符合

“黄金分割”原理，体型就匀称和谐。体形、体态和体型比例协调，俗称“身材好”。青少年的骨骼中软骨成分较多，有机物质高于无机物质含量，骨密度较差，如果日常不注意站、行、坐等良好姿势，就容易使骨的形态结构发生不良改变，还可能影响某些骨骼的正常发育，造成如脊椎不正常弯曲、含胸、驼背等不良体态。

俗话说“坐如钟，站如松，行如风”。经常进行艺术形体训练，能够使骨骼在动作的压力和拉力作用下向良好方向发展，矫正不正确的身体姿势，如纠正“O”型或“X”型腿，纠正“C”型脊柱弯曲等。还能使体型变得健美、体态变得端庄、体形变得优美、气质变得高雅。

二、增强体质，提高身体机能和形体素质

艺术形体训练可增强体质、提高身体机能。身体机能主要包括运动系统机能、神经系统机能、心血管系统机能、呼吸系统机能、消化系统机能等。形体素质主要指柔韧、平衡、协调。通过创编相应的动作或成套组合，针对性地进行训练，可有效改善身体机能和形体素质。

三、调节心理，培养高雅气质和良好品质

优雅舒展的艺术形体动作，可以帮助练习者培养良好的举止、言语、态度等习惯，陶冶情操，形成高雅的气质。难度较高的艺术形体动作，既是对身体的考验，也是对意志的磨砺，能培养迎接挑战、勇于拼搏、团结互助等优良品质。马克思曾说过：“一种美好的心情，比十副良药更能解除生理上的疲惫和痛楚。”

四、陶冶情操，提高艺术修养和审美情趣

艺术形体在节奏明快、旋律优美的音乐伴奏下进行。在轻快的音乐节奏中，练习者的身体得到调整和休息，心境得到调节和放松。如抒情优美的钢琴曲会把人仿佛带入晴空碧海之中；节奏鲜明的劲舞舞曲又让人兴奋亢进、充满激情；一曲《梁祝》更让人回肠荡气、情不自禁。真可谓“美”在形体、“美”在心灵、“美” 在舞姿动感、“美” 在虚无缥缈中。

艺术形体在帮助练习者增强体质，提高身体素质，塑造优美体形，培养高雅气质，提高艺术修养之外，它作为一种人体文化现象，在提高人们审美性和社会交往方面有积极的影响；作为人文素质教育的内容，对加强大学生自身修养、培养良好行为规范和美的熏陶等方面有着独特的作用。

学习思考题

1. 如何理解艺术形体的涵义?
2. 艺术形体形成与发展的主要历史阶段是哪些?
3. 艺术形体有哪些特点?
4. 艺术形体的分类有哪些?
5. 艺术形体的锻炼价值主要体现在哪些方面?

推荐书目及网站

[1]杨斌. 形体训练纲论[M]. 北京:北京体育大学出版社,2003.5.
[2]刘玉贤,等. 形体训练[M]. 北京:中国物资出版社. 2006.4
[3]单亚萍. 形体艺术训练[M]. 杭州:浙江大学出版社,2004.8.
[4]王爱兰. 艺术体操[M]. 北京:人民体育出版社. 1987.3
[5]陆保钟,等译. 艺术体操[M]. 北京:北京体育学院出版社. 1987.6
[6]http://sports.39.net/
[7]http://www.1ting.com/
[8]http://www.rg.net.cn/
[9]http://sports.china.com/
[10]http://ttplayer.qianqian.com/index.html

第二章　健康生活方式与艺术形体

本章导读　人体健康与其生活方式密切相关，生活方式的健康决定了人体的健康，艺术形体是构建健康生活方式的重要内容。本章通过对健康、健康生活方式和人体形态美等内容的介绍，了解艺术形体对于人们尤其是大学生健康成长的作用。

第一节　艺术形体与健康

一、健康概念

1948年，世界卫生组织（World Health Organization）在其宪章中指出："健康不仅是免于疾病和虚弱，而且是保持身体上、精神上和社会适应方面的完美状态。"1989年，世界卫生组织又进一步深化了健康的概念，把人们对健康的认识提高到一个崭新水平，认为健康包括身体健康、心理健康、社会适应良好和道德健康。目前，世界各国学者公认它是一个全面的、明确的、广泛适用的、科学的健康概念。

二、健康内涵

（一）身体健康

身体健康指机体的生理健康，主要是指身体没有疾病和不虚弱。

（二）心理健康

通俗地讲，心理健康主要是指人的内心世界丰富充实，处世态度和谐安宁，与周围环境保持协调。主要包括两层含义：一是自我人格完善，心理平衡，有较好的自控力，有自知之明，能正确评价自己，能及时发现并克服自己的缺点；二是有正确的人生目标，不断追求和进取，对未来充满信心。

有研究表明：心理健康与生理健康是相互联系、相互作用的，心理健康时刻影响着人的生理健康。例如人在心理失调的情况下，血压升高是通常的生理反应。如果心理调节适当，可缓解血压升高的状态。可是如果一个人经常处于心理失调的状态，就会引起血压调节机制障碍。血压长期降不下来，就会引起肾、脑及心血输出量发生相应的变化，最终导致高血压症。如果一个人性格孤僻，心理长期处于一种抑郁状态，就会影响体内激素分泌，使人的抵抗力降低，疾病就会乘虚而入。一个原本身体健康的人，如果老是怀疑自己得了什么疾病，就会整天郁郁寡欢，最后导致真的疾病发生。

1.心理健康的主要表现

(1)个体在人格智能上能得到充分发挥；

(2)个体在社会交往中能拥有良好的人际关系；

(3)个体在情感表达上达到最佳体验；

(4)个体在完成工作中实现最高的效率；

(5)个体在生活质量上形成持续性改善。

2.心理健康的评定

由于不同的社会制度和民族文化背景，人们对心理健康的认识也各有差异。如以美国心理学家马斯洛(Maslow)和密特尔曼(Mittelman)为代表提出的心理健康10条标准：

(1)是否有充分的安全感；

(2)是否对自己有充分的了解，并能恰当地评价自己的能力；

(3)生活的理想和目标是否切合实际；

(4)能否与周围环境保持良好的接触；

(5)能否保持人格的完整与和谐；

(6)是否具备能够从经验中学习的能力；

(7)能否保持良好的人际关系；

(8)能否适度地表达和控制自己的情绪；

(9)在不违背集体意志的前提下，能否有限度地发挥个性；

(10)在不违背社会规范的情况下，能否适当地满足个人基本需要。

我国学者对大学生群体进行了专门研究和分析，认为大学生人格尚未完全定型，情绪常不稳定，所以除了参照以上标准外，还可以从以下6个方面进行心理评价：

(1)心理行为是否符合年龄特征

大学生时代处于人体青春期后期,是精力最充沛、思维最敏捷、情感最活跃的人生阶段。在行为上应该表现为朝气蓬勃、积极向上。

(2)是否了解自我,悦纳自我

心理健康的人往往能体验到自己的存在价值,既能了解自己,又能接受自己,有自知之明,对自己的优缺点能作出恰当的、客观的评价,对自己不会提出苛刻的、非分的期望和要求,对生活目标和理想切合实际,对自己总是满意的。

(3)是否接受他人,善与人处

心理健康的人乐于与人交往,既能接受自己,也能接受他人,能认可别人存在的重要性和作用,同时也能为他人所理解,为他人和集体所接受,能与他人相互沟通和交往,人际关系协调和谐,在社会生活中有较强的适应能力和安全感。

(4)是否正视现实,接受现实

心理健康的人能面对现实和接受现实,并能主动地去适应现实,改造现实,而不是逃避现实;对周围事物和环境能作出客观的认识和评价,并能与现实环境保持良好的接触;既有高于现实的理想,又不会沉湎于不切实际的幻想与奢望,同时对自己的力量有充分的信心;对生活、学习和工作中的各种困难能妥善处理。

(5)是否热爱生活,乐观进取

心理健康的人能珍惜和热爱生活,积极投身于生活,并在生活中尽情享受人生的乐趣,而不会认为是重负。在工作中尽情发挥自己的个性和聪明才智,并从工作的成果中获得满足和激励;在顺利时对生活充满热情,在逆境时也不对人生丧失希望,不会熄灭对生活的热情。

(6)是否情绪乐观,心境良好

心理健康的人愉快、乐观、开朗、满意等积极情绪状态总是占优势,虽然也会有悲、忧、愁、怒等消极情绪体验,但一般不会长久;能适度地表达和控制自己的情绪,喜不狂,忧不绝,胜不骄,败不馁,谦而不卑,自尊自重,在社会交往中既不妄自尊大,也不退缩畏惧;对自己能得到的一切感到满意,心情总是开朗乐观的。

心理健康并非是超人的非凡状态,一个人的心理健康也不一定在每一个方面都有表现,只要在生活实践中,能够正确认识自我,自觉控制自己,正确对待外界,使心理保持平衡协调,就已具备了心理健康的基本特征。

（三）社会适应良好

1.社会适应

社会适应主要是指个人在社会生活中的角色适应，包括职业角色、家庭角色及婚姻、家庭、工作、学习、娱乐中的角色转换与人际关系等的适应。

2.社会适应良好

社会适应良好主要是指个人的行为能适应复杂的社会环境变化，能为他人所理解，为社会所接受，行为符合社会身份，能与他人保持正常的关系。不管是个人角色的适应，还是行为的适应，都应当注意到适度的问题，以及正确选择适应方式和积极适应的态度。

（四）道德健康

1.道德

道德是人们共同生活及其行为的准则与规范，主要是指以人的善恶与荣辱观来评价和调节人们的社会生活行为的一种社会规范。"道"，既是指人在自然界及社会生活中待人处世应当遵循的一定规律、规则、规范等，也是指社会政治生活和做人的最高准则。"德"是指个人的品德和思想情操。道德往往代表着社会的正面价值取向，起判断行为正当与否的作用。

2.道德健康

道德健康是平衡健康的第一要素，健康应"以道德为本"。可以说，道德是人类所应当遵守的所有自然、社会、家庭、人生的规律的统称。违反了这些规律，人们的身心健康就会受到伤害。"仁爱"是传统道德的精髓，也是道德健康的核心，有"仁爱"之德的人自然心身平衡，而且能与自然、社会、他人和谐相处，视他人为亲人，与人为善，乐在其中。我国政府提出"把立德树人作为教育的根本任务"，这个德就是指健康的道德。大学生是国家的栋梁，也是社会的未来，要挑起建设国家的重任，优良的道德素质是立身之本。

健康，是促进人的全面发展的必然要求，也是人类生存和发展的最基本条件，更是人类创造物质文明和精神文明的基础。历史上许多伟人对"健康"都有过精辟的论述。马克思把健康称为人的第一权利，一切人类生存的第一前提；法国物理学家居里夫人指出："科学的基础是健康的躯体"；英国教育家洛克强调："没有健康就不可能有什么幸福可言"。1978 年 9 月国际初级卫生保健大会发表的《阿拉木图宣言》中强调指出："健康是基本人权，达到尽可能高的健康水平，是世界范围内一项最重要的社会性指标。"1988 年，世界卫生组织原总干事马勒博士（Dr. Moarefi）指出："必须让人们认识到，健康并不代表一切，但失去健康，便丧失了一切。"

作为新一代大学生，应树立"人人为健康，健康为人人"的正确观念，把健康看成是人类的一项基本需求和权利，看成是全社会、全民族的事业。

三、艺术形体对健康的促进作用

（一）艺术形体促进大学生身体健康

艺术形体是时代的产物，是人们将基本体操艺术化、动力化、健身化，通过训练使身体形态和姿态优美化、高雅化、健康化，是一项具有实用锻炼价值的健身项目。大学生时代是人体发育的重要阶段，长期坚持艺术形体训练，能够增强体质、促进健康，美化体形、端庄体态，改善神经系统、促进智力发育。

1. 增强体质，促进健康

适度的艺术形体训练，对大学生的心血管系统、呼吸系统、消化系统等机能都会产生良好的促进作用，从而增强大学生的体质，增进大学生的身体健康。

（1）促进心血管系统机能提高

坚持艺术形体训练的大学生，其心肌力量和血管弹性能得到增强。心肌力量增强，心脏搏动有力，增加了心肌的每搏输出量和每分输出量，减少心脏安静时的运动次数，减轻了心脏负担；心肌舒张充分，使回心血流的容量增加，提高了心脏储备功能；血管弹性增强，保证血管通道和血液流动的畅通，提升了血管抗压能力和人体新陈代谢能力。另有研究表明：长期坚持训练的大学生，其体内还会分泌一种叫 LHD-2 的物质，被称为血管清洁剂，它能清除血管壁上的附着物，使血管保持弹性，降低血压，促进人体健康，充满青春活力。正是心血管系统机能的提高，保障了人体各器官系统氧气和养料的供应充足，从而促进身体健康。

（2）促进呼吸系统机能的提高

坚持艺术形体训练的大学生，其呼吸系统机能能得到提高。进行艺术形体运动时，适度的运动量使呼吸变得急促，促进呼吸道通畅，增加呼吸肌的力量。呼吸深度加大，使肺部气体交换充分，净化肺部环境，加大肺通气量，提高呼吸系统的功能储备和抵御疾病的能力；呼吸肌力的增强，还可降低安静时的呼吸频率，增加呼吸肌的休息时间。呼吸系统机能的提高，可加大肺活量，预防和治疗呼吸系统疾病，增强体质，促进身体健康。

（3）促进消化系统机能的提高

坚持艺术形体训练的大学生，其消化吸收功能得到很好的加强。艺术形体运动需要全身大量肌肉参与运动，尤其是腹部和髋部的全方位活动，这些运动可大大促进肠胃蠕动，增强消化系统的机能，促进食物的彻底消化和营养物质的充分吸收、利用，提高人体对疾病的抵抗力，促进身体健康。

长期坚持艺术形体训练，在提高心血管系统、呼吸系统和消化系统等内脏器官功能的同时，还对身体各关节、韧带、各肌群和内脏器官施加合理的运动负荷，有效地改变体重、体脂等身体成分，发展柔韧、力量、速度、耐力、灵敏等身体运动素质，增强体质，促进健康。

2. 塑造体形，端庄体态

塑造体形主要是指通过艺术形体训练，使人体各部位的线条和比例匀称协调。端庄体态主要是指通过艺术形体训练，使整个身体及各主要部位的姿态显现优美的效果。坚持艺术形体训练，能使体形、体态和气质等得到较大的改善。

(1)促进骨骼的生长发育

坚持艺术形体训练的大学生，其骨的长度会进一步增长，骨密度增多，骨小梁排列更加整齐有规律，骨骼机械稳定性加强，使人体的整体框架和各部位的比例协调，体型更加美观。

(2)促进关节的稳定舒展

坚持艺术形体训练的大学生，其关节周围的关节囊、韧带和肌腱的柔韧性进一步提高，所能承受的力量增加，关节的稳定性更好，活动范围更大，使得动作舒展、大方、优美、协调。特别是训练中大量躯干动作的运动和控制练习，以及四肢各关节的柔韧性练习，使练习者养成了举手投足得体，站、坐、卧、走、跑、跳等动作到位的外在表现，树立体形优美、体态端庄、气质高雅的良好形象。

(3)促进肌肉的柔和有力

坚持艺术形体训练的大学生，其肌肉力量进一步增强，韧性加大，多余脂肪减少，耐力增加，运动系统能力全面提高，能够形成身体线条柔和、曲线优美、全身各部位比例协调匀称的健美体形。

3. 改善神经系统，促进智力发育

艺术形体运动是在中枢神经系统的统一支配调节下，在周围神经系统的协调配合下进行的。神经系统的调节是双向的，通过长期的艺术形体运动，能提高神经系统传导过程的强度、集中能力、均衡能力、纠错能力和灵活性。特别是艺术形体运动的路线、方向、速度、力度、空间、类型、器械等不断地变化，促进了人脑的动作记忆和再现力，使其视野广阔，感觉敏锐，想像丰富，提高了观察记忆、集中注意、捕捉信息、学习模仿、综合分析、时空判断、反应敏捷、果断决策等能力的水平，增强了神经系统的灵活性、协调性和均衡性，从而使坚持练习的大学生的大脑神经系统的结构和功能得到改善和提高，促进智力发育。

(二)艺术形体促进大学生心理健康

艺术形体具有用肢体语言抒发感情的优势,是女性尤其是女大学生生活中不可或缺的一种运动方式。她既是一种美的享受,也是一种情感的享受。大学生经常进行艺术形体训练,对促进其心理健康有以下几方面的作用:

1. 增强自信心

自信心是指一个人对自己的积极感受。一般来说,自信的人活泼,充满生气;坦诚、不伪装;虚心,勇于接受和改正缺点或错误;大度,欣赏自己,也欣赏他人;轻松,不易陷入抑郁之中;言行一致,守信用;思想开放,乐于接受新事物;幽默,对生活有一种敏感和机智;勇敢,面对生活中的挑战表现出一种大智大勇的气度;果断,在重大问题上不优柔寡断。自信心的建立,是通向心理健康的重要途径。

艺术形体是一项表演性、展示性很强的运动项目,对自信心要求较高。在欢快、轻松的音乐伴奏下,配合活泼、舒畅的艺术形体动作,训练中的大学生很快会排除心理上的紧张、烦恼与焦虑,慢慢克服自卑心理,增强自信心,使身心得到全面的调节和提高。

2. 提高表现力

表现力是指在完成具体工作过程中,自身潜在的能力特点得以凸显和流露。艺术形体是一种激发大学生表现力的良好手段,大学生在训练中将内在美通过自身或集体的形体语言、肢体语言或造型等表达出来。艺术形体教学训练中,经常会有为个体或者团体创造展现各自才艺或集体表演、竞赛的平台,大学生们通过健美的形体姿态、个人才艺的展示和优美舞姿、艺术造型的表演与竞赛,充分表现出自己的运动激情和生活活力,进一步提高表现力、创造力和想像力,从而促进心理健康。

3. 陶冶美的情操

情操是指由感情和思想综合起来的、不轻易改变的心理状态,也可认为在人类社会发展过程中所形成的人类社会性情感,如道德感、理智感和美感等。艺术形体以人体运动科学理论为依据,以改变人的原始状态,增进健康,优美形体,端庄体态,美化仪表,规范行为,健康道德,陶冶情操,净化心灵,提高艺术感知、艺术修养和艺术创造力为目的,是一项内外兼修的运动项目。长期坚持艺术形体训练,意味着长期接受着形体美、动作美、姿态美、体态美、仪表美、心灵美等美学教育和艺术熏陶,潜移默化地提高了认识美、热爱美、感受美、鉴赏美、表现美和创造美的能力,增强了韵律感和节奏感,满足主观与情感的需求,有助于大学生们形成正确的人生观、价值观、道德观和审美观。

(三)艺术形体促进大学生社会适应良好

大学生的社会适应良好主要表现在人际交往上。人际交往也称人际沟通,是指个体通过一定的语言、文字或肢体动作、表情等表达手段将某种信息传递给其他个体的过程。艺术形体是一项群体性运动,在教学训练中个体之间配合密切,随时和其他同学结为练习和表现小组,这种练习形式扩大了练习者之间的交往范围,增强了互相沟通、协作与帮助。深刻体验到个人与个人、个人与集体之间的关系,将"我"置于"我们"之中,体会到被帮助和帮助人的快乐。通过集体配合练习,有助于大学生开展正常的人际交往,协调人际关系,学会与他人友好相处,增进友谊,结交朋友,提高群体意识、人际交往能力和社会适应良好的能力。

(四)艺术形体促进大学生的道德健康

大学生的道德健康主要是指大学生必须把个人行为置于社会规范之内。艺术形体是一项具有对抗竞争、人际交往和群体活动的特殊社会文化活动,确立了明确而细致的各种行为规范,如运动员守则、比赛规则、竞赛规程等,并通过裁判、仲裁、公众舆论、大众传播媒介等进行裁决和监督。运动的规范要求使大学生在训练中反复学习了行为规范和准则,懂得遵守行为规范的重要性,有助于他们对其他社会规范的理解和学习,从而促进自身的道德健康。

艺术形体是大学生非常喜爱的运动项目之一,她的健身价值、教育价值赋予其强大的生命力,我们应积极做好推广工作,更大范围地促进人们健康。

四、大学生的健康促进

"健康促进(health promotion)"是世界卫生组织 1986 年 11 月 21 日在加拿大的渥太华召开的第一届国际健康促进大会上首先提出的,是指运用行政的或组织的手段,广泛协调社会各相关部门以及社区、家庭和个人,使其履行各自对健康的责任,共同维护和促进健康的一种社会行为和社会战略。

关于健康促进的确切定义,不同时期有不同的理解和解释,《渥太华宪章》提出:"健康促进是促使人们维护和改善他们自身健康的过程。"而世界卫生组织前总干事布伦特兰在 2000 年的第五届全球健康促进大会上则作了更为清晰的解释:"健康促进就是要使人们尽一切可能让他们的精神和身体保持在最优状态,宗旨是使人们知道如何保持健康,在健康的生活方式下生活,并有能力做出健康的选择。"美国《健康促进》杂志的最新表述为,"健康促进是帮助人们改变其生活方式以实现最佳健康状况的科学(和艺术)。最佳健康被界定为身体、情绪、社会适应性、精神和智力健康的水平。生活方式的改变会得到提高认知、改变行为和创造支持性环境等三方面联合作用的促进。

三者当中,支持性环境是保持健康持续改善最大的影响因素。”

(一)健康促进的行为

健康促进的行为主要是指个体和群体(不论健康状况如何)表现出的客观上有利于自身和他人的相对明显、确实的一组行为群。包含三层意思:一是这组行为必须与个人和社会的健康期望相一致,即该行为在客观上对健康(包括身体、心理、社会和道德)有利,个人或群体为增进健康而采取的行为,要以不损害他人的健康为前提;二是作为健康促进的行为,要表现得相对明显,即要有一定的强度;三是健康促进的行为要求表现较稳定,即有一定的持续时间,短暂性的有益健康的行为表现不算作健康促进的行为,如偶尔进行1—2次体育锻炼不能够被视作健康促进行为。健康促进的行为主要有以下5个特征:

1.行为表现有益于自身、他人乃至整个社会的健康,如不吸烟;

2.行为表现有一定的重复性和稳定性,如饮食的定时、定量和起居有常;

3.行为和动机与能力的协调一致,以及行为与所处环境的和谐,如根据自己的实际情况选择运动项目;

4.行为的强度在常态水平及有利于健康的方向上,如运动量大小要适中;

5.个体的行为既要符合自己的个性,又能够在个人与他人或社会发生冲突时,随自身和外界的变化来调整自己的行为,如个人的锻炼习惯也可以因地制宜。

健康促进的具体行为主要有以下8种:

1.日常健康促进行为,如平衡膳食和适量锻炼等;

2.保健行为,如定期体检和预防接种等;

3.避免有害环境行为,如对污染环境的避让和防护、对焦虑心理的调适等;

4.戒除不良嗜好行为,如戒烟、不酗酒和不滥用药物等;

5.预警行为,如乘车系安全带、事故中的自救等;

6.求医行为,即意识到自身患病时,主动就医,真实提供病史和症状等;

7.尊医行为,即确认患病后,积极配合护理等;

8.病人角色行为,即解除原有社会角色的权利和义务,接受治疗和社会服务,以及积极康复行为等。

以上前5类行为又可称为预防保护性行为,后3类行为又可称为积极治疗性行为。

(二)大学生健康促进的行为

大学阶段是人生走向成熟的阶段,此阶段大学生的世界观、人生观、价值观等基本形成并趋于稳定，大学生的健康教育问题和大学生自身的受健康教育问题就成为一个十分重要的话题。因为他不仅关系到每一位大学生的健康成长，而且还关系到国家的未来和社会的发展。对于大学生而言，健康促进的行为主要有以下 10 方面：

1. 规律的生活作息制度

生活形成规律，人体的神经系统就可以形成“动力定型”，生理活动井然有序，并可以从容不迫地、有条不紊地应对各种情况。如果生活无规律，人体的生物节律会被扰乱，人体各器官始终处于应激状态，久而久之身体的健康状况就会受到损害，各种疾病随之找上门。

每所大学都有详细的管理制度和规定的作息时间，客观上为大学生形成良好的生活规律创造了有利条件。大学生完全可以在遵守学校规章制度的前提下，有条理地安排好自己的生活作息时间。学会自我控制，提高对遵守生活作息制度、讲究个人卫生和环境卫生意义的认识，养成健康促进的行为意识。

2. 积极的休息与睡眠

积极的休息是指通过变换工作、学习和活动的方式，协调机体各个部位的活动和大脑皮质的兴奋与抑制的转换过程，使机体保持动态平衡，从而使大脑得到休息。睡眠即彻底的休息。研究表明：充分的睡眠能消除机体的疲劳，增强机体对各种紧张刺激的耐受程度，提高抵御疾病的能力，从而使机体有充沛的精力去迎接各种挑战。

大学生的休息方式因人而异，原则是脑力劳动之后，可以用参加体育活动或娱乐活动来进行调剂；而体力活动之后，用听音乐、看电影等文娱活动来进行休息。学习时可以用跨度较大的科目交替进行来调整大脑的休息，以提高思维的活跃性和学习效率。

3. 合理营养与平衡膳食

合理营养是维护健康的物质条件和前提。营养失调会引起多种疾病，如长期缺乏某种营养素，会造成营养缺乏症而引起人体机能代谢紊乱，反之，长期过量摄入某种营养素，也会造成营养过剩而引起人体机能代谢紊乱。合理营养的关键是平衡膳食，即膳食中所含营养素的量要充足，种类齐全，比例适当，与机体所需保持平衡。中国营养学会在《中国居民膳食指南》中对平衡膳食提出 8 条建议：食物多样，谷类为主；多吃蔬菜、水果和薯类；每天吃奶类、豆类及其制品；常吃适量鱼、禽、蛋和瘦肉，少吃肥肉和荤油；膳食适量，并与体力活动平衡，保持适宜体重；吃清淡少盐膳食；饮酒限量；吃清洁卫生、不变质食物。

4.科学锻炼身体

体育锻炼是把“双刃剑”,科学的体育锻炼可促进大学生生长发育、增强体质、预防疾病、促进健康、丰富生活、调节情绪、增添乐趣。但是,如果不遵守人体运动的基本规律,不遵守科学锻炼的原则,则会损害健康。因此在进行体育锻炼时应遵守“从实际出发、循序渐进、持之以恒、全面锻炼”四项基本原则,养成科学锻炼的行为习惯。

5.避免吸烟和被动吸烟

吸烟是危害人类健康最严重的不良行为之一。全球每年死于与吸烟相关疾病的人数达300万。有资料显示,现在中国吸烟人数为全球吸烟人数的1/4,如果中国人吸烟习惯不改,到2050年,我国将有500万人死于与吸烟相关的疾病。对不吸烟的人来讲,被动吸烟造成的危害远甚于主动吸烟。为维护和促进健康,大学生应自觉远离吸烟。

6.避免酗酒和药物滥用

酗酒是指无节制的过量饮酒,是一种影响自身健康、造成严重后果的异常行为,其造成的危害是十分严重的。世界卫生组织公布:20世纪90年代因酗酒而死亡的人数约75万,长期酗酒者死亡率是一般人的1—3倍。酗酒会造成急性危害和慢性危害。急性危害有酒精急性中毒,诱发车祸、犯罪、斗殴、损伤和意外死亡等;慢性危害有酒精慢性中毒综合症、肝硬化和精神疾患等。

药物滥用是指能够影响人的心境、情绪、行为,改变意识状态,并导致依赖作用的一类化学物质,人们使用这些物质的目的不是为了治病,而是为了取得或保持某些特殊的心理和生理状态,是一种危害身体健康的不良行为。大学生正处于人生的成熟阶段,要自觉抵御各种诱惑,提高自身的控制能力和对事物的辨别能力,预防药物滥用,促进身体健康。

7.避免性传播疾病

性传播疾病是指以性器官接触作为主要传播方式所引起的一类疾病的总称。目前全球性传染疾病流行,病原体与各类性病明显增多,感染率和发病率逐年上升,流行范围不断扩大,危害程度日益加深。由此可见,性传播疾病会对个人、家庭和社会造成很大危害。但性传播疾病也是可以预防的,只要加强自身修养,洁身自好,学习性生理和性卫生知识,培养健康的性心理,注意性生活卫生,采取使用避孕套等措施,性传播疾病是不会找上门来的。

8.及时调控情绪问题

情绪是心理源性疾病发生的基础或条件。心理源性疾病是指以人的心理为源地,以外界不良因素为条件,借助人在生理方面存有的差异及缺陷,主动或被动、注意或不注意地使人产生的疾病。从生物一心理一社会医学模式的角度看,无论是自然还是社会的身外刺激作用于人体时,都会引起中枢神经系统本身和由该中枢支配的躯体各系统、各器官广泛的生理反应,以及相应的神经递质和内分泌等生物化学反应。到达大脑皮层的一部分神经冲动,被人这个主体意识到后,引起复杂的心理反应,表现为喜悦、悲伤、愤怒或恐惧等,这就是情绪。人的情绪带来的后果势必引起人体本身一些生理生化反应,但人是具有较强的适应性和耐受性的,只有当外界刺激强度超越了人体的适应性和耐受性时,才会引起异常情绪反应,如果持续过久,就容易促发心理源性疾病。因此,大学生平时要从心理上建立并强化防病意识,真正把握和行使好防病的主动权;要树立正确的人生观,把握心理平衡,维系良性心理及生理功能,避免或消除一些来自心理方面的疾患;在言语和行为上要注意对人格、形象、健康和对他人利益等方面的作用及影响,做到自尊、自重、自爱,努力做情绪活动的主人。

9. 学会幽默与解嘲

幽默与解嘲是一种社交技巧,能释放被压抑的情绪,放松紧张的精神,消除大脑疲劳,使人摆脱窘困的场景,缓解某些身心的痛苦。因此,培养幽默与解嘲的能力,学习用幽默与解嘲的方式对待烦恼,可将大事化为小事,理顺心情,保持和增进身心健康。日常良好的心情,会对中枢神经下丘脑系统产生良性刺激,可达到延缓衰老的效果。

10. 及时寻求心理咨询

心理咨询是由心理学家或有资格的咨询人员对来访者进行各种心理方面的帮助,对他们在学习、生活或社会交往过程中所遇到的各种心理问题给予解释、劝告,并提出解决的办法和建议,传授心理学的基本知识等。心理咨询力图靠启发使个人领悟并获得将不愉快的经历转化为自我成长的良机;竭力使个人积极地看待所经历的挫折和磨难,从危机中看到生机,从困难中看到希望。心理咨询不同于一般的安慰,它不仅使人开心,更使人成长。马斯洛说心理咨询就是使人获得"顶峰的体验"。每个大学生都会在某个时期产生一定的心理问题,要及时寻求心理咨询。

总的来说,健康是可以维护和促进的。即每个人从自身做起,以对自己、对社会负责的态度,积极地关爱自己的健康,自觉抵御各种不良诱惑,保持自身始终处于一个良好的适应状态,以达到积极维护和促进自身健康的目的。

第二节　健康生活方式

一、生活方式的概述

（一）生活方式概念

生活方式是指不同的个人、群体或全体社会成员在一定的社会条件制约和价值观念指导下，所形成的满足自身生活需要的全部活动形式与行为特征的表现形式。它有广义和狭义两种理解。广义的生活方式概念认为，人们的生活领域涵盖劳动生活、政治生活、物质消费生活、闲暇和精神文化生活、交往生活、宗教生活等广阔领域；狭义的生活方式概念主要把生活限定在日常生活领域，如物质消费、闲暇和精神文化生活、家庭里的生活等，或限指“衣、食、住、行、乐”。

生活方式可分为健康生活方式和不良生活方式两种。

1.健康生活方式

健康生活方式是指能够增进健康、预防疾病、促进长寿的日常行为和生活习惯。早在1972年，就有人提出：“保证睡眠时间；不吸烟；维持正常体重；避免过度饮酒；定期进行一次剧烈运动；每天吃早餐；不吃间食（就是两顿饭之间不加餐）”这7项健康生活方式。通过几十年的验证，这样做确实可以减少生活方式病的发生率，并且可以延长寿命。1992年世界卫生组织提出“合理膳食，适量运动，戒烟限酒，心理平衡”为健康的四大基石。

2.不良生活方式

不良生活方式亦称不健康生活方式或有害生活方式，是指给自身健康带来直接或间接危害的不良行为和生活习惯，这种危害具有潜伏性、积累性、广泛性和爆发性的特点。

不良生活方式主要有：“不良的饮食习惯，如过食、暴食、挑食、节食、不吃早餐，高糖、高盐、高脂肪、高蛋白、高胆固醇和低食物纤维饮食；缺乏或过度的运动和文娱活动；熬夜，休息时间不足，睡眠过多或过少；有吸烟、酗酒、赌博、吸毒等不良嗜好；个人不卫生的行为习惯；滥用药物；迷信，医从江湖郎中，盲从风俗习惯；情绪极度不稳定，过度紧张、冲动、压抑、焦虑等；不安全的行为习惯，如骑车嬉闹、粗心驾驶或操作、在不熟悉的水域游泳、进行危险活动无保护、无应急设备和措施等；年龄小于20岁或大于35岁分娩，近亲结婚，过早的性行为，无节制、不负责或不洁的性接触”，等等。

(二)生活方式的种类

生活方式是人类活动的重要形式,与人们的健康息息相关,与社会各层面有着千丝万缕的联系,因此生活方式的分类也是多方位的。

1.按生活主体的层面进行分类

按生活主体的层面即是按一种以生活方式的实践主体为标准的分类方法,可分为:社会、群众和个人三种生活方式。

(1)社会。不同制度有不同的生活方式,如资本主义生活方式、社会主义生活方式等。

(2)群体。如民族生活方式、某一阶级的生活方式、阶层的生活方式等。

(3)个人。如内向型与外向型、奋发型与颓废型、自立型与依附型、进步型与守旧型等生活方式。

2.按生活方式的不同领域进行分类

按生活方式的不同领域可分为:劳动生活方式、消费生活方式、余暇生活方式、交往生活方式、政治生活方式、宗教生活方式等。

3.按生活社区进行分类

按生活社区可分为:城市生活方式、农村生活方式、学区生活方式、游牧生活方式、林区生活方式、渔船生活方式、商业区生活方式等。

4.按气候环境进行分类

按气候环境可分为:寒带人的生活方式、热带人的生活方式、地中海人的生活方式、西藏高原人的生活方式等。

5.按经济状况进行分类

按经济状况可分为:富有阶层的生活方式、中产阶级的生活方式、贫困阶层的生活方式等;也可按地区经济状况分,如中国可分为东部沿海经济发达地区的生活方式、中西部经济欠发达地区的生活方式等;也可按国家经济状况分,如经济发达国家的生活方式、发展中国家的生活方式等。

二、生活方式病

生活方式病是指由于人们衣、食、住、行、娱等日常生活中的不良行为,以及社会、经济、精神、文化各方面不良因素导致躯体或心理的疾病。

(一)原因与危害

生活方式病主要是由不良饮食习惯、精神紧张、吸烟酗酒及减少运动等不健康的生活方式造成的。发达国家在对一些慢性非传染性疾病进行了大量的流行病调查研究后得出结论:肥胖、高血压、冠心病等心血管疾病,脑中风等脑血管疾病,糖尿病和部分恶性肿瘤这些慢性非传染性疾病的主要病因就是人们的不良生活方式,尽管慢性非传染性疾病是多种因素作用的结果,但不吃早餐、长期吸烟、过量饮酒、熬夜、不当的膳食和缺少体育运动等不良生活方式仍是导致这些疾病发生的主要因素。这些疾病现代医学还难以治愈,严重地危害着人们的生命和健康。

在过去的一个世纪里,不良生活方式导致的慢性非传染性疾病取代传染疾病,成为"头号杀手"。因生活方式疾病(如高血压、心脏病、中风、癌症和呼吸道疾病等)而导致死亡的人数,目前在发达国家中占总死亡人数的70%~80%,在不发达国家中也占40%~50%。我国在对国人前10位死因进行分析研究得出的结论是:肿瘤、脑血管病、呼吸系统疾病、心脏病、损伤和中毒为我国死亡顺序的前五位,不良生活方式在致病因素中占44.7%,且生活方式、行为因素已成为与死亡相关的第一位原因。中国每年由于吸烟而死亡的人数就高达300万,与此同时,吸毒、性传播疾病、心理和精神障碍导致的疾病正呈上升趋势。

原来以老年患者为主的高血压、冠心病、肥胖、糖尿病、恶性肿瘤等慢性疾病,现在已经有"年轻化"的趋势。现代白领阶层普遍患有颈椎病、肩周炎、痔疮等疾病,这与长时间伏案工作,缺乏必要的身体活动有关,这类职业病也是属于生活方式病的范围。中国疾病预防控制中心健康教育所所长侯培森说:"其实,对于生活方式病,真正的危害不是来自疾病本身,而是来自日常生活中对危害健康的因素认识不足,不懂得生活方式与疾病的关系,脑子里还没有'健康生活方式'的概念。这才是今后生活方式病对人类真正的威胁所在。"

(二)对策与措施

有资料表明:体育人口(每周至少锻炼3次,每次锻炼不少于30分钟的人)在其身体和心理的基本状况方面明显优于非体育人口。体育人口的各种慢性病(包括呼吸、消化等)发病率仅为4.3%,低于非体育人口7.1个百分点。呼吸系统疾病的发病率只有非体育人口的12%,职业病的发病率只有非体育人口的17%;肥胖的发生率低于非体育人口1.5个百分点。而有身体疲劳、体力衰退感觉的人,体育人口比非体育人口要少一半。体育人口饮酒、吸烟的比例比非体育人口要低得多。

据世界卫生组织的资料证实,人类的健康寿命问题40%在于遗传和生存的环境条件:其中15%为遗传因素,10%为社会因素,8%为医疗条件,7%为生活环境和地理气候条件,而60%为生活行为方式。1992年,世界卫生组织在维多利亚宣言中提出:"合理膳食、适量运动、戒烟限酒、心理平衡"是健康的四大基石,称只要坚持做到这"十六个字",能使人类高血压疾病减少55%,

冠心病减少75%,糖尿病减少50%,肿瘤减少1/6,平均寿命延长10年以上。

世界卫生组织的有关专家认为:"健康的生活,人人皆可以成为强者"。我国推行的《全民健身计划纲要》也明确提出了全民健身活动对改善生活方式、提高生活质量的意义与价值。因此,正确选择和自觉培养健康的生活方式,预防、摒弃不健康的生活方式,对于维护和增进自身健康,预防疾病,实现幸福的人生具有重要意义。作为现代大学生,要正确认识并重视培养自身良好的行为习惯和健康的生活方式。

三、艺术形体培养大学生健康生活方式

(一)养成良好的行为习惯

行为习惯,是行为和习惯的总称。习惯是自动化的行为方式,是在一定时间内逐渐养成的,它与人后天条件反射系统的建立有密切关系;习惯不仅仅是自动化了的动作或行为,也可以包括思维的、情感的内容;习惯满足人的某种需要,由此习惯可能起到积极和消极的双重作用。

行为习惯是生活方式的重要组成部分,也是生活方式的外部表现。建立良好的生活习惯是抵御和阻断不良生活方式的最好办法和实施途径。

艺术形体训练特别讲究个人和环境卫生,每次训练之前要打扫干净练习场地,每个人洗净双手,穿着整洁的服装和特定的鞋,自备水杯等。训练结束,要整理场地,归还所用器械,并及时换洗衣物和鞋袜等。所以经常参加艺术形体训练的学生,慢慢会养成讲究卫生、搞好清洁、整理物品和摆放整齐的行为习惯,如勤洗手、勤洗澡、勤换衣物、勤晒被褥等。

(二)形成规律的生活节奏

大学生在校学习期间,必须按照学校的作息时间表完成每天的学习和生活,很多同学根据课表和自己的计划规划好一天的安排,并就此按部就班、有序进行。喜欢艺术形体的同学首先都会将自己的训练时间安排好,形成基本不变的固定项目,并在相对固定的时间进行,慢慢养成规律性的生活节奏。为保证学习质量和身体健康,老师们都会要求学生改掉熬夜、吃零食等不良习惯,确保每天有足够的睡眠和平衡膳食,久而久之同学们就养成了科学卫生的生活规律。

(三)开展积极的身体锻炼

科学、长期坚持的体育锻炼能使人保持健硕的体魄、精神抖擞的状态,这从长年累月地坚持艺术形体等基本功和专业训练的舞蹈演员、体操运动员身上可以得到印证,虽然岁月在他们身上无情地留下痕迹,但他们依然给人留下形体美、姿态美、气质美的印象,说明经过长期、科学的艺术形体等训练能

改善人的形体和气质。大学生时代是人生最富有激情、最青春洋溢的黄金时期，也是最有资本展示青春和美貌的年龄段，很多学生开始关注自己的形体和形象在公众心目中的印象，往往对那些从小经过形体训练、具有优美体形和优雅姿态的同学投以羡慕的目光，向往自己也能拥有线条柔和、气质不凡、极具魅力的形象，这种心理是他们积极参加艺术形体训练等身体锻炼的动力。为了追求心目中崇尚的美，他们会将理想付诸行动，化心动为行动，积极主动地并坚持不懈地进行艺术形体等训练，从而增强体质，提高素质水平，塑造自身形体。

（四）保持乐观的精神状态

许多大学生求学期间离开了悉心关怀照顾自己的家人，开始独立生活，面对丰富多彩的社会生活和自力更生的个人生活，往往会碰到各种问题、困难和挫折，有时陷入困惑，有时陷入困境，有时陷于绝望。这时，如果经常参加艺术形体训练这样集体性的活动，在老师和队友们的关心帮助下，经过自我认识的提高，会很快走出困境，重现乐观向上的精神状态。这种在训练过程中形成的坚忍不拔的意志、乐观向上的心态会自然地延伸到平日的学习、生活和工作中，对养成良好的心理品质、更好更快地适应社会起到很好的促进作用。如果教练在每次训练结束时，要求大家用一些幽默有趣的方言讲些笑话或段子，或用肢体语言夸张地表达一些生活中的奇闻趣事，或是惟妙惟肖地模仿时尚的style，让同学们开怀大笑，这种方法更加有助于队友们放松身心，保持乐观向上的精神状态。

第三节　人体形态美的标准与评价

马克思说过："社会的进步，是人类对美的追求的结晶。"人们对美的追求最初产生于青年人的求偶心理，因此社会对人体美的鉴赏和推崇至今还是以青年人的审美标准为转移。当代青年人受多元文化的影响，他们心目中美的典型，已不再是唯一的或是单一的，而是一个由多层次、多因素构成的多元化的模式。他们既有定性的标准，又有定量的标准。

一、人体形态美

人体的外观形态通常称为人体形态，简称形体。在人类历史的发展过程中，形体美的标准随着时代的变迁而发生变化，即使在同一时代，由于民族文化、种族差异、地理环境和审美习惯的不同，对形体美的标准也不同。但在追求形体美的文化实践中,不同地区和不同时代的人们纷纷创造出了许多类似的形体文化,形体文化一直对人们的社会生活起着非常重要的影响。

（一）形体美的成因

客观事物给人的美感,是以人对客观事物的主观需求为根据的,而人的一定的主观需求的产生又是以人的一定的观念形态为基础的。据调查,人们在社会生活中的主观需求主要表现为以下四个方面:

1.需要获得丰富的生活资料和尊贵的社会地位;

2.需要拥有美满真挚的感情生活;

3.需要拥有丰富多彩的休闲娱乐生活;

4.需要拥有繁盛兴旺的子孙后代。

人在主观上需要何种客观事物,该客观事物的外部形态就会使人产生美感;人在主观上需要何种客观事物的某个功利方面,该客观事物的某个功利方面的外部形态就会使人产生美感。宋朝苏轼《孙莘老求墨妙亭诗》:“杜陵评书贵瘦硬,此论未公吾不凭。短长肥瘦各有态,玉环飞燕谁敢憎。”环肥燕瘦,形容女子形态不同,各有各好看的地方。环指的是唐玄宗贵妃杨玉环,燕指的是汉成帝皇后赵飞燕。

（二）形体的能力美

人类从诞生之日起,就为生存而努力。获得丰富的生活资料,是人类现实生活中的第一需要,而生活资料都是通过自己一定形式的劳动获得的。在生产力低下的年代,要想获得较为丰富的生活资料,人们必须拥有较强的劳动能力。在不同的劳动领域,不同人的劳动能力是不同的,所产生的能力美也是不同的。在火耕水种那种生产力水平低下的农村,地主雇工干农活,对身材高大、线条强壮、颇有蛮力的人就会有好感,使他产生形体能力美的感觉。在当前科技发展迅速的年代,在高新技术领域如IT公司,老板需要高级专业技术人员,对那些有书生气、戴眼镜貌似知识分子的人会产生能力美的感觉。这种在不同劳动领域中需要的劳动才能,体现在不同的形体特征中,并给他人表现出相应的美感,称为形体的能力美。

（三）形体的情态美

人们在与伙伴的合作过程中,必然要与伙伴进行思想观念和情感的交流,与伙伴进行主观意志的碰撞磨合。每个人的思想观念、脾气性格、生活技能水平和道德水平都不相同,有的人性情温和容易相处,有的人性格古怪不易相处;有的人大度豪爽、勇于担当且很好交朋友,有的人卑鄙下流、极端自私且很难打交道。就是同一个人,有时候表现出温顺善良,有时候又表现出冷酷无情。

每个人都希望与自己的合作伙伴在主观意志的交流上协调一致，在情感的交流上相互依赖。其实在与伙伴合作时，每个人的主观意志状态和情感状态都表现为一定的表情和神态，这种表情和神态通过人的面部和身体的容貌情态表现出来。意志协调、情感融洽的合作伙伴，双方的容貌情态就会使对方产生轻松和愉快的感觉。意志冲突、情感隔阂的合作伙伴，双方的容貌情态就会使对方产生憎恨和痛苦的感觉。这种人的面部和身体的容貌情态，就称为形体的情态美。

(四)形体的经验型和文化型美感

一个人的形体让另一个人感觉到美，其原因通常有两种：

1. 在现实生活过程中，人的合作伙伴为其在某种主观需求方面带来了突出的快乐感觉，合作伙伴的形体特征就会使其感觉到美，通过这种途径产生的形体美感，称为形体的经验型美感。

2. 由于文化的影响，完全使人对某种特定的形体特征感觉到美，通过这种途径产生的形体美感，称为形体的文化型美感。

形体的文化型美感的产生是基于形体文化对人的影响，形体文化产生于人们在社会生活中对形体特征所具有的社会价值的总结和创新。社会物质财富是一种客观实在的社会价值，男人形体的文化型美感，主要来自于对男人形体特征所表现出的社会价值的文化总结，所以，男人形体美感中的许多形态通常是随着先进的生产劳动领域的变迁而变化的。而女人形体的文化型美感，通常来自于对形体的社会价值的文化总结和创新，其中许多的形态变化主要来自于对形体的社会价值的文化创新。如裹小脚、隆乳房、戴耳坠、穿唇环、撑铁箍等等，都属于人的形体的文化型美感的文化创新。

二、人体形态美的标准与评价

人体的形态美主要包括人体的容貌美、身材美、线条美、肤色美、姿态美、气质美和风度美等方面。他们虽然有各自的标准，但他们也是相互关联的，是和谐统一的整体。只有局部与整体、局部与局部协调，才是最美的。

(一)容貌美的标准与评价

人体的容貌美是有一定的标准的，比如，面部对称和五官大小相对适宜，各器官的距离及与面部的比例适中。据国外的调查，人们认为漂亮女性的面容应该是额头饱满、嘴唇丰满、面孔大、颚骨短小、下巴尖细、眼睛大而明亮、嘴和下巴之间的距离要短于平均值；而英俊男人的面容应该是颚骨宽大、下巴较宽和眉毛粗浓。

心理学家迈克·康宁对女性脸部作了数学分析，提出美女脸方程：

1.眼睛宽度为同一水平脸宽度的3/10；

2.下巴长度应为脸长的1/5；

3.眼中心到眉毛底部的距离应为脸长的1/10；

4.正面可见眼球纵长应是脸长的1/14；

5.鼻子的面积应占脸部面积的1/20以下；

6.理想嘴巴的宽度应为同一水平脸部宽度的1/2。

研究还表明：在上述比例上的小差异，即可形成脸部魅力的大变化，如果差异比例超过10%，脸部的吸引力就会大大降低。

我国研究人员研究表明美女的面型为椭圆形，具体方程：

1.下颌角间距为115毫米；

2.颌面高为124毫米；

3.下颌间距大于121.96毫米，被视为难看的国字脸或下宽上窄的梯形脸；

4.下颌间距小于110.29毫米，则被视为令人难以认同的“尖嘴猴腮”的脸型。这两种情况便成为一些人审美标准的根据。

研究还表明，除了115毫米的标准美貌面容外，110.29毫米至121.96毫米的下颌间距的面容都是可接受的，被视为是正常面孔。而且在生活中人们认为女性的面孔下颌角间距略小些会更有女性的美，这可以体现其性别中的娇柔和温顺，即中国人喜爱的瓜子脸。通过调查还发现中国南方女性的面型以椭圆形居多，占63%；而尖脸型其次，占25%；方脸型较少，占12%。这个调查也表明人们认可宽脸型比较能代表英雄气概，属于男子汉的阳刚之气。这与上面所说的漂亮男性的面部特征是一致的，即颚骨宽大、下巴较宽和眉毛粗浓。

总之，女人的容貌美感与鲜艳花朵的美感在表现形式上是相同的，都表现为纯洁、鲜艳、娇嫩和柔美，都表现为让人产生爱怜、亲近、占有、呵护之情，都表现出了人的感官最需求的艳丽、娇嫩、柔弱、芬芳和善解人意。构成花朵的美丽并不在于花朵的颜色，关键在于花瓣和花蕊质地的鲜泽柔润和线条的精巧流畅及颜色的巧妙搭配和相互映衬。同样，构成女人容貌的美丽，关键在于面部肌肤质地的鲜泽柔润和五官的精巧匀称及色彩、线条的巧妙搭配和相互映衬。

(二)身材美的标准与评价

一个人的身高与体重，四肢与躯干等部位的比例为多少才合乎美的标准呢？有一套较合适的测量标准：

1.上、下身比例：男性以股骨大转子为中心，上身：下身=1：1；女性以肚脐为界，上身∶下身＝5∶8，符合“黄金分割(Golden section)”定律。

2.颈围：在颈的中部最细处。男女颈围＝小腿围。

3.肩宽：两肩峰之间距离。男性肩宽＝1/4身高；女性肩宽＝1/2胸围－4厘米。

4.胸围：胸部最丰满部位。男性胸围＝1/2身高＋5厘米；女性胸围＝1/2身高。

5.腰围：腰部最细部位。男性腰围＝胸围－18厘米；女性腰围＝胸围－20厘米。

6.臀围：臀部最大部位。男性臀围＝胸围；女性臀围＝胸围＋4厘米。

7.上臂围：肩关节与肘关节中间部位。男女上臂围＝1/2大腿围。

8.前臂围：肘关节与腕关节中间部位。男女前臂围＝上臂围－5厘米。

9.大腿围：臀折线下，大腿最粗部位。男性大腿围＝胸围－22厘米；女性大腿围＝腰围－10厘米。

10.小腿围：小腿最丰满部位。男性小腿围＝大腿围－18厘米；女性小腿围＝大腿围－20厘米。

11.脚踝围：踝关节最细部位。男性脚踝围＝小腿围－12厘米；女性脚踝围＝小腿围－10厘米。

标准体重计算公式：男性标准体重(千克)＝[身高(厘米)－100]×0.9

女性标准体重(千克)＝[身高(厘米)－100]×0.95

肥胖度(%)＝[(实际体重－标准体重]/标准体重]×100%

肥胖度(%)在±10%范围内为正常，在－10.1%以上为偏瘦，在－20%以上为消瘦；在10.1%～20%为过重，在20.1%～30%为轻度肥胖，在30.1%～50%为中度肥胖，超过50%为重度肥胖。

用BMI来计算：人的标准体重BMI(kg/m^2)＝体重(kg)/身高的平方(m^2)

中国人的BMI标准：BMI＜14.8为消瘦体重，14.8≤BMI＜18.5为轻体重，18.5≤BMI＜24为标准体重，24≤BMI＜28为超重体重，BMI≥28为肥胖体重。

中国人正常腹部脂肪积累的上线：男性腰围为85厘米，女性腰围为80厘米。

(三)线条美的标准与评价

人体的线条是由骨骼作支架，肌肉附着在骨骼上，脂肪衬附在皮肤下，皮肤将他们包裹起来形成的，可见线条美是由人的骨骼、肌肉、脂肪和皮肤决定的。

综合中外美学家对人体线条美的见解，可归纳成以下几条标准：

1. 骨骼发育正常，站立时头、颈、躯干和四肢的纵轴在同一平面的垂直线上，脊椎侧视有正常的生理曲线。

2. 关节灵活自然，不显粗大凸起；四肢长且直；各部位比例协调，整体匀称。

3. 肌肉发达均衡，皮下脂肪适度，体态丰富而不显臃肿，精干而不显瘦弱。

4. 五官端正，凹凸有致，与头部比例配合协调。

5. 双肩平正对称，男宽阔，女圆浑，不沉积脂肪，肩胛骨外缘弧线不外翻。

6. 男性胸廓隆起厚实，正、背面看都略呈倒三角形；女性胸部丰满挺拔，不下坠，侧视有明显前凸曲线。

7. 男性腹部有腹肌垒块隐现，腰部无赘肉；女性腰身细而结实，微呈圆柱形，腹部扁平。

8. 臀部丰满结实，有弹性，侧视有明显后上翘曲线。

9. 两腿修长，线条柔和，小腿腓肠肌微隆起，跟腱长。

10. 踝关节细，足弓向上，侧看有明显弧度。

总之，男性应有阳刚之美，把健、力、美和谐地统一于躯体的线条美之中；女性则应有阴柔之美，使身体各部位肌肉匀称和谐地发展，同时又保持女性身体曲线美的自然魅力。

(四)肤色美的标准与评价

肤色美在于细腻、光泽、柔韧、摸起来有天鹅绒之感，看上去为浅玫瑰色的最佳。

(五)姿态美的标准与评价

姿态美是人体几种基本姿态所表现出来的静态和动态的美感，包括蹲、坐、立、行、卧等五个方面的美感。它要求人的一举一动、一颦一笑都是自然、协调、大方、端庄、优美的。蹲坐立时，要优美挺拔，显得精力充沛；行走时，抬头挺胸，英姿焕发。侧卧时，应两腿自然卷曲，两臂自然弯曲于胸前，与胸保持一定的距离。人的体型在一生的不同阶段是在不断地变化的，而姿态、动作是持续、动态、比较稳定的，因此与体型相比显得更为重要。

(六)气质美的标准与评价

气质，是指一个人通过职业形象、生活态度、言行举止、情趣爱好和性格特征等，所反映出来的特定的天赋智慧、文化素养以及思想品德等。一个人特定的气质美，是以特定的动姿美表现出来的，与他的性格和内在修养联系最大。仁厚、庄重、可亲、可敬、可依靠和信赖的神态会让人们感受到气质的美感。人的优良的气质，部分来自于天生，但主要来自于在社交活动中的锻炼。

气质美是一种内在美自然真实的流露，她可以使体型美、姿态美、容貌美达到更高的境界，使人更具永久的魅力。因此经过长期的艺术形体训练，在提高形体美、姿态美的同时，全面提高自身的文化素养、道德素养、美学素养，才能使高雅的气质随着自己崇高的精神世界自然而然地在人体的美中表露出来，散发出来。人到中年以后，尤其是经过自觉的自我人格修练，并且取得了一定的社会成就以后，气质的美感通常就会自然地显现出来。

男性气质美应表现为刚毅、顽强、善于自治、当机立断、勇敢沉着、豁达大度、目光远大、待人诚恳等。

女性气质美应表现为优雅、娴静、温和、细腻、宽容等。

(七)风度美的标准与评价

风度美是指人的容貌、形体、动作、举止言谈、修饰打扮、表情神态等所体现出的一种美。它是人的精神境界、道德情操、文化修养、个性特征和生活习惯等方面的外在表现。它是社会美的形态之一，是人类进入一定阶段，把自身作为审美对象而进行审美活动的产物，是人类在长期社会实践活动中形成和发展起来的。

风度美是人的内在美与外在美的高度统一，是人类文明的象征，它表明人类在认识和完善自我方面所达到的高度。风度美主要是通过一个人的神态表情、言行举止、待人接物、衣着打扮表现出文明礼貌、朴实大方、优雅潇洒、活泼健康。贵在内涵的自然流露，妙在天然适度。一个缺乏内在修养的人无论言语如何委婉动听，也难以掩饰内心本质的庸俗。

追求风度美必须做到以下三点：

1. 内在美与外在美的有机统一，只有心灵美才会显现出风度美；

2. 共性与个性的有机统一，任何一种风度总是共性与个性特点的和谐统一；

3. 自然与修饰的有机统一，自然显露与外在装饰浑然一体，才能充分体现风度之美，才会给人以强烈的美感。

第四节　肥胖的控制

中国人的 BMI≥28 为肥胖体型，BMI<14.8 为消瘦体型，这两种体型不仅对人体的健康有影响，而且体型非常不美观。

一、肥胖的原因

(一)肥胖的分类

肥胖一般可以分为两大类:

1.疾病性肥胖

因疾病所造成的肥胖,如甲状腺机能低下,性腺功能减退,胰岛素分泌过多等,致使脂肪合成旺盛,体内脂肪储存增加;或因治疗疾病需要服用激素类药物,引起人的内分泌失调,导致脂肪代谢功能紊乱而形成肥胖,也称为症状性肥胖或继发性肥胖。如脑性肥胖、性腺性肥胖、皮质醇增多性肥胖等。这类继发性肥胖约占肥胖人数的5%左右。

2. 单纯性肥胖

因在饮食过程中所摄入的热量,大大超过其本身所消耗的热量,造成脂肪堆积而引起的肥胖,称为单纯性肥胖,大部分肥胖的人都属于此类型。

(二)单纯性肥胖的原因

造成单纯性肥胖的原因主要有以下几点:

1.遗传与环境因素造成的肥胖

遗传性肥胖是由于人体内脂肪细胞增多、体积增大而引起的。据国内外学者研究表明:父母的高代谢率就是一种遗传。由于代谢率低,父母都是肥胖者,其子女的肥胖者可达到60%~80%;父母中有一个是肥胖者,其子女的肥胖者占40%左右;父母都是瘦者,其子女成为肥胖者仅占10%。这类肥胖人,采取运动、节食等方法消除肥胖的效果不是很明显,最好不用标准体重去检验自己的减肥效果,而是将自己减肥前后的体重作一比较,只要坚持不懈,会有一定的效果。

婴幼儿时期,是脂肪细胞增多的关键时期,这个时期营养过剩,往往会导致青少年、成年乃至中年时期的肥胖,而且肥胖后,即使能减轻体重,也只是脂肪细胞体积的减小,数量上不会减少。经常参加体育运动或体力劳动的人,一旦停止这些活动或改变工作性质,活动量减少,而饮食量未改变,吸收的热量大于消耗的热量,造成营养过剩而发胖。

2.生活方式不健康引起的肥胖

好吃、贪睡、不运动的人往往能量摄入过多,消耗较少,容易造成肥胖。有的人偏食或饮食结构中所安排的脂肪、谷类及其他碳水化合物含量过大,引起人体内脂肪沉淀、脂肪细胞增多引起肥胖。经常饮酒的人,特别是经常喝大量啤酒的人,腹部脂肪特别容易增加,因为啤酒中含有丰富的氨基酸,极易被人体吸收。人们所需热量的多少依性别、年龄、体型、工作类型、生活方式及各人的生理和病理不同而不同。

3. 物质代谢与内分泌功能的改变

人到中年，人体内分泌系统功能减退，代谢率降低，造成肥胖。女性在妊娠期或产后，由于内分泌系统为适应妊娠或分娩后的需要而发生变化，新陈代谢发生改变，为了孩子的营养，产妇往往会不加限制地多吃多喝，而活动量又大大减少，吸收的热量远远超过消耗的热量，大量的多余物质转化为脂肪储存在体内，很快就发胖。

4. 精神因素，也是肥胖的一个原因

俗话说："心宽体胖。"没有思想负担，吃得香，消化吸收也特别好。或借酒消愁，以大吃大喝来缓解自己不愉快的情绪，这些都使体内热量大增，导致肥胖。

二、肥胖的危害

由于肥胖者过多的脂肪不但堆积在胸、腹、臀和大腿上部，而且还积聚在心脏、血管、肝脏和肾脏等内脏器官，加重了内脏器官的负担，容易导致一系列的病症，如高血压、动脉血管硬化、冠心病、肝硬化和胆结石等。另外，由于脂肪过多，使氧消耗量比正常人增加 34%～40%。在达到重度肥胖时，由于肺泡换气不足，还会出现缺氧和二氧化碳滞留的情况，长期下去可发生心肺功能衰竭。肥胖者的细胞对胰岛素不敏感，形成胰岛素相对不足，使葡萄糖的利用率发生障碍，致胰岛素衰竭而引起糖尿病。对于女性来说，由于过于肥胖，还会导致月经不调，闭经不育，性欲减退。而且肥胖者患癌症的人远远高于正常体重的人，特别是乳腺癌、子宫癌、卵巢癌和结肠癌等发病率更高，而且肥胖癌症患者的癌细胞还容易转移，死亡率也明显高于正常人。因为肥胖者大多数有高血脂症，而高血脂能使血液凝固加速和纤维蛋白分解活性降低，容易形成血液中的癌细胞团块，增加癌细胞转移的机会，导致病情恶化，提高死亡率。

三、艺术形体与肥胖的控制

科学地从事体育锻炼和合理调节饮食结构相结合，是最理想的减肥方法。前者是靠能量的消耗减少体脂，后者是靠热量的摄入控制减少脂肪。既要使体重降下来，又要保持肌肉强健而富有弹性，有利于健美体型的塑造，根据这一原则和要求，目前多采用合理运动＋低能量饮食＋行为矫正＋中医药治疗的组合方法。

(一)合理运动

国内外的许多专家学者对体育锻炼能否减肥进行了深入细致的研究,他们的结论是:人体内的脂肪细胞数量是不能改变的,但能改变脂肪细胞的大小。肥胖人的脂肪细胞每个重达 1.5 微克,只靠节食最低降到 0.7 微克,而坚持体育锻炼可使脂肪细胞重量降到 0.3—0.5 微克,可见通过体育锻炼可大大减轻脂肪细胞的重量。采用体育运动来增加热能的消耗,使体重下降,是防治肥胖的重要手段。有研究表明:剧烈的体育运动消耗的热量是平时消耗热量的 2 倍,且能量的消耗还能持续 15 个小时左右。体育锻炼不仅能消耗多余的脂肪,还可使肌肉更加富有弹性,既可达到减肥目的,又可塑造健美体型和培养良好的姿态。

合理运动采取长时间、中等强度的有氧锻炼,是以消耗脂肪为主。有研究表明:以最大吸氧量 60%的强度运动时,血脂减少最显著。最大吸氧量与最高心率是相关的,因此,我们常把(220-年龄)×60%这样的心率水平,作为减肥的最佳运动强度。而运动所持续的时间不能少于 40 分钟。如果运动量太小,低于最大吸氧量 40%,就起不到减肥作用。如果运动 30 分钟,就能利用 35%的脂肪消耗,如果坚持 40 分钟,消耗脂肪的利用率可达 40%以上;如果慢跑,可消耗 45%的脂肪、45%的糖类和 30%的蛋白质,而快跑,则消耗掉的几乎全部是糖类,消耗的脂肪极少。

选择运动减肥的最佳时间也特别重要。一般来说在晚饭前运动,减肥效果最佳,因为在这个时间运动,作为能量消耗的几乎全部是脂肪。而且这个时间运动,体温的上升会降低食欲,对于要减肥的人最有帮助。

有的人在锻炼中不但没有减肥,反而更胖了,其关键在于选择的锻炼强度和方法不对。在锻炼中,脂肪的消耗离不开氧的供给,也就是说脂肪是在有氧代谢的情况下才能分解的。如果运动强度太小,就不需要有氧代谢,动用细胞体内储存的高能化合物——三磷酸腺苷就够了,不至于使脂肪和糖分解。而且在运动强度较小的情况下,肠胃加强了蠕动,更有利于消化吸收,所以才会出现没有减肥、反而变胖的现象。

(二)艺术形体训练

长时间、中等强度的合理运动,主要通过消耗体内脂肪供能,如果进行专项性的艺术形体训练,符合上述条件,对控制肥胖并进行减肥是非常有效的。

在长时间、中等强度有氧练习进行到后程,增加仰卧起坐、仰卧举腿等加强腰腹肌力量的练习,可加大腰腹部脂肪的消耗量,使人的腹部变得平坦,人体曲线更加优美迷人;增加压腿、大踢腿等加强腿部、腹部和臀部的力量练习和柔韧性练习,可加大消耗腿、腹、臀三部的脂肪,增强此三处的肌肉力量和韧性，使腿部线条变得更细长，腹部变得平坦，臀部曲线上行，提高人体视觉重心，使人的形体显得更美。

（三）低能量饮食

低能量膳食减肥的核心是膳食能量负平衡，加上确保人体必需营养素摄入。

1.低能量每日常规摄入。

谷类150—250克，蔬菜类≥500克，水果类100—200克，畜禽肉类25—50克，鱼虾类50克，蛋类25克，奶类250毫升，豆制品类50克，油脂类10—20克，食盐（包括酱油）≤6克，个别不能满足机体需要的营养素（如维生素A、E，钙等），可以考虑额外补充。

2.严格控制高脂肪食物的摄入。

严格控制肥肉、油炸食品、食用油、奶油、火腿肠等高脂肪食物的摄入，控制巧克力、花生米、核桃仁、瓜子仁等食物的摄入量。

3.严格控制高胆固醇食物的摄入。

严格控制动物脑髓和内脏、蛋黄、鱼子等高胆固醇食物的摄入。

4.少吃蔗糖、糖果和零食；限制高嘌呤食物肉汤；限制饮酒和酒精饮料等。

5.提倡进食粗杂粮、鱼、豆腐、脱脂奶、新鲜蔬菜、木耳、银耳、紫菜等，提倡细嚼慢咽，每日保证足够的饮水量。

6.食物加工方法多采用蒸、煮、焖、氽、熬、炖、涮、凉拌等。

7.定时进餐，严格限制晚餐进食量，减肥效果会更好。

（四）行为矫正

简而言之，控制体重最好的办法就是“管住嘴，迈开腿”。

1.坚持适度的有氧健身练习

身体活动是健身的机会，不是负担，要抓住一切机会，如走路不开车、走楼梯不坐电梯等。采取运动形式，每天的量以运动后第二天仍可以进行同等量的活动为合适的运动量。运动后觉得微微出汗，第二天不会感到疲惫，就是适宜的运动量。

有氧耐力运动增进心肺功能，降低血压、血脂和血糖，增加胰岛素的敏感性，改善血糖、血脂和一些内分泌系统的调节，提高骨密度，减少体内脂肪蓄积，控制不健康的体重增加。这些作用的长期影响，可以使一部分慢性病的发生率降低，有助于延长寿命，改善睡眠，减轻压力，增强自信心。

2.坚持一定的力量练习

肌肉力量训练也具有促进心血管健康和血糖控制等作用，可以延缓身体运动功能的衰退。

3. 坚持长期的柔韧练习

柔韧性练习主要保持身体各关节的活动能力和活动范围，对改善关节功能、预防运动损伤有较大的帮助。

（五）中医药治疗

中医对肥胖的认识大体上分为以下五种类型，即暴食肥胖型、压力肥胖型、水肿肥胖型、贫血肥胖型、疲劳肥胖型等。中医对这五种类型肥胖的治疗方法是：

1. 暴食肥胖型

暴食肥胖型患者即食欲旺盛的“大食客”。这种人如能强制节食，可暂时瘦下来，一旦控制不住食欲，就会反弹回来，而且很有可能比以前更胖。“暴食”者的通病就是体内有“火”，可通过服用防风通圣散中药，起到消火、清肠，抑制亢奋，改善代谢功能的作用，并将积聚在体内的多余能量转化为体热排散出去，使体重有所减轻。

2. 压力型肥胖

由于压力所造成的肥胖又被称作“肝胃郁热肥胖”。压力过大肝功能下降，甚至会影响到胃，使胃发热，食欲异常旺盛。中医的“肝”除有西医的肝脏功能之外，还有中枢神经系统、自律神经系统、运动神经系统的功能。

这种类型的人，心情一烦躁就会出现食欲旺盛、头痛、眼睛充血等症状。有些女孩子，压力大、心情烦时，猛吃甜食，就是这一类人的典型代表。对付这类肥胖者可服用大柴胡汤，这些药有抑制压力的过度反应，消除烦躁、抑制消化器官异常兴奋的作用。

3. 水肿型肥胖

又被称为“痰湿内蕴肥胖”，表现为臀部和大腿浮肿，即“下半身胖”的人。这是因身体的排水功能较差，多余的水分在体内积聚所造成的肥胖。

水肿型肥胖的症状：食欲一般，但手脚无力；不喜欢运动；吃完饭浑身发软，想躺下；嘴里发粘；尿不通；易坏肚子；早晨起来时眼睛浮肿等。

这类肥胖者可服用防风通圣散和胃苓汤，有利尿、减肥的作用。

4. 贫血型肥胖

学名为“血虚肥胖”。因体内血液不足，身体基本机能下降，代谢功能发生异常，最终导致肥胖。这类人的特点是：食欲正常，但小腹饱满突出，四肢细，躯干胖，也就是常说的“偷着胖”。适宜的药方为具有补血作用的四物汤和小建汤各半。

5. 疲劳型肥胖

这类肥胖者因“元气”不足，即生命能源不足，而导致消化机能下降、代谢异常，食欲不振，不正经吃饭，但有爱吃零食的倾向。主要症状为：极易疲劳；一动就爱出汗、气喘；怕冷爱感冒；小便次数少；肿眼泡等。

对症药为香砂六子汤。它有恢复"元气"、提高消化器官功能，使身体代谢正常的作用。可将体内积聚的不必要物质"燃烧"并排出，达到减肥的效果。

四、控制肥胖的练习方法

男性肥胖的特点主要表现在过多的脂肪堆积在胸部和腹部，尤其是上腹部；而女性肥胖的特点主要表现在过多的脂肪堆积在胸部、腰腹部、臀部和大腿的上部，这些部位也称作"脂肪仓库"。所以男性肥胖的体型俗称"啤酒肚"；女性肥胖的体型俗称"苹果梨"。

为消除上述部位多余的脂肪，练习的方法是：首先进行12分钟内能完成2100—2200米的慢跑，以消耗脂肪和增强心肺功能；其次做15—20分钟的艺术形体基本训练，如各方向的大踢腿2—3组、组合练习等，以增加身体的柔韧性和肌肉力量；第三完成腰腹部的针对性练习，如仰卧举腿、俯卧撑、两头起、侧卧抬上体等，以塑造良好的体型；最后用瑜伽等拉伸动作来放松身心，调节心态，达到身心健康的目的。（具体练习方法和内容可参照实践篇）

第五节　消瘦的控制

一、消瘦的原因

（一）消瘦的分类

BMI<14.8为消瘦体型。消瘦一般可以分为两大类：

1.单纯性消瘦

没有明显的内分泌疾病，而是由于代谢障碍引起的单纯性消瘦，包括体质性消瘦、外源性消瘦和遗传性消瘦。

2.继发性消瘦

由于内分泌系统和神经系统器质性病变所引起的继发性消瘦，如甲状腺机能亢进、肝炎、慢性肠胃炎、糖尿病、慢性心力衰竭、尿毒症、肺结核、脑垂体前叶功能减退和恶性肿瘤等。

（二）消瘦的原因

造成消瘦的主要原因有：热量—蛋白质摄入不足、营养物质丢失增加、代谢率增高致消耗增加和遗传性消瘦等。

1. 热量一蛋白质摄入不足

(1)热量摄入不足

正常情况下，进食是摄入能量的唯一方式。营养匮乏而消瘦者，大多是由于热量一蛋白质营养不足引起的。热量摄入不足时，首先由脂肪组织提供能量，蛋白质提供氨基酸作为糖原异生的底物。

以热量摄入不足者称为消耗症，人消瘦，但无水肿；以蛋白质摄入不足者称为 Kwashiorkor 病，人消瘦，常有水肿。

(2)下丘脑综合症

多种因素导致下丘脑损伤，腹外侧核食饵中枢(嗜食中枢)损害，则腹内侧核饱觉中枢(厌食中枢)相对兴奋而拒食、厌食，导致消瘦。

(3)病变致吞咽困难

口腔、咽、喉、食管、贲门病变致吞咽困难，影响进食而消瘦。如口腔炎症、溃疡、损伤、舌炎、牙及牙龈病变、结核、癌肿、食管炎症或狭窄、贲门癌肿、脑神经麻痹、球麻痹、重症肌无力、多发性肌炎、系统性硬化等。

(4)胃肠疾病

如慢性胃炎、消化性溃疡、胃癌致幽门狭窄、不完全性肠梗阻、胃大部分被切除术后等，常使营养摄入不足而致消瘦。

(5)恶性肿瘤

主要是因为食欲缺乏、焦虑、治疗反应等；其次是肿瘤的迅速生长消耗能量；再者，恶性肿瘤可能产生一种代谢毒素，使患者葡萄糖利用率低，游离脂肪的氧化代谢增加，使氨基酸和乳酸盐向糖原异生增加，ATP 的无效消耗增多。第四是肿瘤继发感染、出血、渗出等使中晚期恶性肿瘤患者更加消瘦。

(6)慢性感染

如结核病、血吸虫病、伤寒、艾滋病、慢性化脓性感染等致患者明显食欲缺乏，同时发热增加了能量消耗。

(7)重要脏器慢性病变或功能衰竭

如心脏功能衰竭致肝脏及胃肠道充血、水肿，慢性肺心疾患致组织缺血、缺氧，严重肝病，如肝硬化门脉高压所致的胃肠道淤血水肿，肝功能损伤所致的腹胀、恶心、呕吐、低蛋白血症，肾衰竭尿毒素症所致的恶心、呕吐、营养缺乏等。

(8)某些药物的使用

如长期使用各种抗生素、磺胺类药治疗各种感染性疾病；长期使用氨茶碱、对氨水杨酸、氯化胺、雌激素致上腹部胀满、食欲减退；长期使用甲状腺素和苯丙胺使代谢率明显增加；长期使用泻药影响肠道吸收功能，等等。

(9)精神性厌食

由于精神紊乱,长期处于拒食状态。

2.营养物质丢失增加

(1)慢性炎症性肠病所致的腹泻

如慢性肠炎、慢性菌痢、溃疡性结肠炎、肠结核等病,使大量营养物质从消化道排出而致身体消瘦。

(2)小肠大部分切除术后、肠疾、盲肠综合症

小肠是食物消化和吸收的主要场所,小肠病变致营养物质吸收障碍而消瘦。

(3)肝胆及胰腺系统疾病

由于胰腺分泌和胆汁分泌不足或缺乏,使食物消化吸收障碍。

(4)糖尿病、慢性肾炎、大面积烧伤等疾病

糖尿病因大量葡萄糖从尿中排出而消瘦;慢性肾炎患者大量蛋白尿导致低蛋白血症,其消瘦常被水肿掩盖;大面积烧伤、剥脱性皮炎时皮肤大面积糜烂,创面有大量血浆渗出,致能量损失。

3.代谢率增高致消耗增加

甲状腺功能亢进症或服用甲状腺素过量,嗜铬细胞瘤时大量儿茶酚胺释放入血循环,均使代谢率增加,三大营养物质分解氧化代谢增加,虽有多食,仍使体重明显减轻;类癌综合症患者因腹泻和吸收不良,代谢率增高。

4.遗传性消瘦

研究发现:消瘦与遗传基因有密切联系,遗传基因决定新陈代谢速度、人体处理额外热量的方式和脂肪细胞的数量。男性的肥瘦70%取决于遗传基因,女性的肥瘦66%取决于遗传基因,其余受环境因素的影响。

其他还有长期发热、运动过量、长期失眠、长期生活不规律、饮食不正常或偏食、长期心情不佳等可因能量消耗过度而消瘦。

二、消瘦的危害

越来越多的人认识到:消瘦者不但形体不美,而且还严重地影响身体健康。消瘦者表现为皮下脂肪和肌肉极少,不能填补骨骼的凹陷处,骨节显露,双眼塌陷,两颊干瘦,胸部扁平,失去女性所特有的曲线美,无形体美可言;体型消瘦,四肢细长,腰部过于纤细,甚至含胸驼背,走路摇晃,失去女性的姿态美。

消瘦者常常会出现疲乏无力,体力极差。无论是参加体力劳动,还是从事体育锻炼,总是心有余而力不足。容易出现头晕脑胀、记忆力减退现象,学

习和工作效率低。消瘦者身体虚弱，抵抗力差，容易受传染病的袭击，容易患呼吸系统疾病和消化系统疾病，如气管炎、支气管炎、肺炎、肺结核、肠胃炎和肝炎等。一旦疾病缠身，往往长时间不愈，身体的免疫功能下降。

据美国、日本、英国、希腊、意大利等国的科学家对不同人群进行体重与死亡率关系的研究，体重与死亡率关系的曲线呈U型。死亡率最高的是消瘦者和肥胖者。

美国衰老问题研究所所长埃恩德雷斯教授对600万美国人进行了关于体重和寿命关系的调查，结果是加利福尼亚70岁高龄者之中，体重超过标准体重10%～20%的人，死亡率是最低的。另一项是对5000名美国人进行20多年的调查，发现过瘦和过胖对身体健康都不利。在女性中，最瘦和最胖的死亡率最高。

日本一保险公司也作过调查：将10－60岁的人以平均体重为准，按胖瘦分成几个组，在比平均体重少25%和比平均体重多25%的范围内，体重大的，其死亡危险指数并不大，而体重小的，特别是过瘦的反而危险性大。美国医学研究中心经调查研究后提出：一个成年人最理想的体重应该是随着年龄的增长，每年增加0.5公斤左右，这有利于老年人保持足够的体力，以抵抗疾病。

科学家研究发现：脂肪是性成熟的必要物质条件。青春少女体内缺少脂肪而过于消瘦，会影响性的成熟和发育。少女从出生后就带有控制性别的遗传基因，这种基因只有在体内脂肪达到一定程度时，才能传递给脑垂体产生性激素，促使月经的来潮和卵细胞的成熟。女青年体内含脂肪量至少达到体重的17%，才能满足性成熟的需要，若要具备正常的怀孕和哺乳能力，脂肪含量至少要达到体重的23%以上。

研究证实：妇女消瘦常出现月经紊乱，有的经血减少，有的闭经不孕，这说明妇女的生殖能力与营养状况有密切联系。怀孕的妇女，如果营养不良，容易发生胎儿畸形或早产、流产、死产等现象。女性在怀孕期间，主要是靠体内储存的脂肪提供能量。如果过瘦，就不能保证供给胎儿正常生长发育所需要的营养物质，致使胎儿营养不良，很有可能影响分娩和哺乳。

三、艺术形体与消瘦的控制

消瘦者要想改变自身的瘦弱体型，必须把科学地加强营养与经常参加艺术形体训练、保持良好的心态和建立健康的生活方式等有机地结合起来，才能使身体变得丰满、结实和健美。

(一)合理科学地加强营养

营养的合理性是指从膳食中提取身体所需要的蛋白质、脂肪、糖类、维生素、矿物质、水和纤维素七大营养素，在食品的选择上要注意易于消化吸收，增进食欲，使摄取的能量大于消耗的能量，才能使身体变得丰满起来。在日常生活中一日三餐的膳食要讲究科学性，必须做到以下几点：

1. 膳食中要有足够的蛋白质

蛋白质是人生命的基础，是供给身体生长发育的物质，约占人体体重的18％。消瘦者进行艺术形体训练，需要大量的蛋白质供给肌肉组织，这些蛋白质的主要来源是动物蛋白质和豆类蛋白质，占供给热量的1/3－1/2。所以在日常生活中，要根据艺术形体训练的运动量大小和热能的消耗情况，及时补充足够的蛋白质。蛋白质丰富的食物有蛋类、奶制品、瘦肉、鱼虾和豆制品等。

2. 膳食中要有一定量的脂肪

脂肪是人体生命活动中很重要的能源物质，女性体内所含脂肪量较高，可占体重的20％～30％，男性较少，占15％～18％。脂肪中的磷脂和胆固醇是人体细胞的主要成分，在人的神经细胞和大脑细胞中含量最多。脂肪能增加人的味觉感和耐饱感。脂肪可分为植物性脂肪和动物性脂肪，植物性脂肪比动物性脂肪更容易消化吸收，而且植物性脂肪不含胆固醇，所以对消瘦者来说，可多吃些植物性脂肪，如花生油、菜子油、豆油、芝麻油等。

3. 膳食中要有充足的谷类食物

糖是肌肉活动的直接能源物质，糖在肠胃中比蛋白质和脂肪更容易消化吸收，对消瘦者来说，多吃些含糖量高的食品，如糖类食物、巧克力、蜂蜜等，增加体内热能的储存，以满足日常生活和艺术形体训练中能量的供给。

中国人的饮食习惯以米、面和杂粮为主，这类食物含有丰富的碳水化合物，我们平时所吃的根茎食物，如薯类、山药、藕等，也含较丰富的糖类。所以中国人的膳食结构以多糖食物为主，其中热能的65％～85％是来自粮食和根茎食品，通常中国人是不缺糖的。

4. 膳食中要有大量的维生素和矿物质

维生素和矿物质对人体健康的作用最大。维生素A可促进人体生长发育，提高人体抵抗能力和保持正常视力，维生素C能加快疲劳的消除，保证肌肉发挥正常功能。大部分维生素在体内很少合成或不能合成，而且储存量极少，必须从膳食中提取。对于消瘦者来说，每天食用0.5公斤的新鲜绿色蔬菜，可满足机体对维生素的需要。人体所需的矿物质，如钙、磷、铁、钾、钠、锌、氯和碘等对人体生长发育是必不可少的物质。如缺钾和钠，肌肉收缩功能会受到影响，缺铁会引起贫血等。蔬菜、水果中含大量的矿物质，多吃这些食品，可保证人体对矿物质的需要量。

5.日常生活中要大量补充水

水占人体体重的60%～70%，参与物质代谢，体温调节。每天必须饮一定量的水，才能保证人体机能的正常运转。通常情况下，一般人每天需要饮1—1.5升水，如果天气热，出汗多，要适当多补充些水。

(二)经常参加艺术形体训练

对于消瘦者来说，除合理、科学地加强营养，还应加强艺术形体训练。通过“重量训练”，如借助哑铃、杠铃等器械与训练器材的使用，有针对性地训练胸肌、腹肌、背肌和四肢肌肉等大肌肉群的完全收缩与放松，使肩部、胸部、臀部和四肢结实起来，促使大肌肉群成长，提高肌肉的质量，增加肌肉的比例和体积，达到肌肉的建造工程和改变瘦弱体型的目的。

艺术形体训练还能加强新陈代谢，促进血液循环，供给皮肤充足的营养物质，使皮肤绷紧，显得圆润而有生机；通过对腹部的锻炼，对肠胃起到按摩作用，有利于食物的消化吸收，以满足艺术形体训练所消耗能量的供给，这样形成一个良性循环，使体质越来越好，体型越来越健美。

(三)克服生活中的陋习

消瘦者除疾病引起的原因外，多半是由于生活不规律，饮食不正常、偏食，有的是心理因素造成，如愤怒、焦虑、恐惧、悲伤等不良情绪给大脑皮质带来的恶性刺激，使肠胃功能紊乱，食欲减退，人逐渐消瘦下来。因此，要想改变消瘦状况，必须注意以下几点：

1.戒烟限酒

消瘦的人往往伴有呼吸系统和消化系统的疾病。因吸烟和酗酒对呼吸道和肠胃产生不良的刺激，影响唾液和胃液的分泌，造成消化不良，因此要戒掉抽烟和酗酒的习惯。同时要保证充足的睡眠，养成向右侧卧的睡觉习惯，以利于食物的消化吸收。人在睡眠时，代谢率最低，能量消耗少，有利于能量的储存。

2.保持良好的心态

俗话说，“心宽才能体胖”，心情舒畅会对大脑产生良性刺激，增强食欲，有助于消化吸收。如果经常出现情绪波动、忧郁、烦躁等，会抑制植物性神经的功能，引起食欲减退，即使吃进去，也不容易被消化吸收，形成恶性循环，人会越来越瘦。所以，只有遇事想得开，生活有规律，才能吃得香、睡得着，有益于身体健康。即使有病，也要保持乐观的心态，在加强营养的同时，积极配合医生治疗，尽快恢复健康。

3.改掉饮食坏习惯

消瘦的人多有阴虚、血亏、津少，故饮食上宜多食甘润生津之品，如核桃、牛奶、蜂蜜、鸡蛋、甲鱼、海参、银耳、红枣、鸽蛋等。阴虚的人往往有烦躁易怒、口干咽痛、性欲亢进等虚热内生现象，因此在滋养的同时要注意清虚火，即可选用蛤蜊麦门冬汤、菊花肉片等。

(1)吃饭时忌分散注意力

吃饭时注意力要集中，如果边吃饭边看书报、电视等，会使控制进食的中枢神经被抑制，长此以往就会造成食欲不振。而且边吃饭边看书报、电视等，势必增加大脑神经的活跃，造成大量的血液流入大脑，减少了进入肠胃的血流量，使肠胃不能很好地消化吸收营养，久而久之，会引起消化系统方面的疾病，体质下降，人也消瘦。

(2)吃饭时忌谈笑风生

吃饭时，如果经常谈笑风生、高谈阔论，既不文明，也不卫生，且极易导致食物进入气管而发生意外，影响健康；同时还会导致进食量的减少，致使营养不良，人体日渐消瘦。

(3)吃饭时忌同时喝水

吃饭时不要同时喝水，因为大量的水进到胃里，使消化液被冲淡，不利于食物的消化吸收。而且大量的水进到胃里，使胃膨胀起来，影响进食量。

(4)吃饭时忌烫忌冰

不要长期吃烫或冰的食物。常吃过热或烫口的食物会损伤口腔和食道的粘膜，引起粘膜增生，时间长了会引起细胞恶性变化，导致食道癌。常吃过冷或冰的食物，会刺激胃应激性收缩而停食，导致胃腹胀痛，还会刺激肠胃过快蠕动而引起腹泻，时间久了，也会患慢性肠胃炎等肠胃疾病。

(四)增肥的十大要素

近几年来，国内外学者对消瘦者如何增肥进行了深入细致的研究，总结出增肥的十大要素：

1.要想每周增加0.5公斤体重，一周必须做2－3次短时间的高强度、大运动量的训练，并做到每天增加饮食热量100－200千卡。

2.每天保证8－9小时的睡眠。

3.当你能坐着的时候，就不要站着，尽量减少能耗。

4.不要吸烟和饮烈性酒，更不要酗酒。

5.饭前吃一片消化酶。

6.饭前15分钟不要做身体练习和工作。

7.饭后至少休息1小时后，再进行锻炼；晚上锻炼，应在睡前2小时结束。

8.避免紧张，以免消耗体内热能。

9.不要等有饥饿感才进食，想吃就吃，并多吃含蛋白质、糖类和脂肪丰富的食物。

10.持之以恒,坚持不懈。

学习思考题

1.如何理解健康和心理健康的概念及艺术形体对健康的作用?

2.如何认识健康促进及大学生该如何落实健康促进行为?

3.如何建立健康生活方式?

4.如何评价人体形态美?

5.如何控制肥胖与消瘦?

推荐书目及网站

[1]卢元镇.体育社会学[M].北京:高等教育出版社,2005.2.

[2]邹继豪,孙麒麟.体育与健康教程[M].沈阳:辽宁大学出版社,2007.5.

[3]杨忠伟.体育运动与健康[M].北京:高等教育出版社,2004.6.

[4]苗大培.论体育生活方式[M].北京:北京体育大学出版社,2004.7.

[5]于可红,金福春.体育文化概论[M].北京:高等教育出版社.2005.9.

[6]秦春林,张瑞林.体育管理学[M].北京:高等教育出版社.2005.4.

[7]张守欣.现代女子健美[M].北京:北京体育大学出版社.2000.1.

[8]《体育与健康》编写委员会.体育与健康[M].北京:高等教育出版社,2003.8.

[9]刘定一,等.现代大学体育[M].北京:北京体育大学出版社,2008.8.

[10]池上晴夫.适度运动与健康[M].北京:科学出版社,2006.11.

[11]http://www.china.com.cn/chinese/zhuanti/ty/495207.htm

[12]http://www.who.int/zh/

第三章　艺术形体运动基础知识

本章导读　通过对艺术形体运动基础知识的介绍，使读者初步了解人体解剖和生理系统的基础知识，自觉遵循科学训练的原则和方法，加强自我医务监督，掌握艺术形体组合创编方法，不断提高艺术形体运动的质量和效果。

第一节　人体生理系统

学习、了解一些人体的解剖和生理知识，是进行科学训练的前提，对更好地开展艺术形体运动，掌握训练方法，合理安排训练内容会有较大帮助。

一、人体运动系统

人体运动系统由骨骼、关节和神经肌肉构成，它们约占体重的58%。运动系统的主要功能就是使人体运动，这种运动是以骨骼为杠杆、关节为枢纽、肌肉为动力来实现的。

(一)骨骼

骨骼是人体肌肉和内脏等器官的支架，它赋予人体一定的外形。人体骨骼包括颅骨、躯干骨、上肢骨、下肢骨，共206块。其中躯干骨、上肢骨和下肢骨及其关节是决定体型最主要的因素，它关系到人体各部位的比例。骨骼发育完好，比例得当，体型就优美。美学中有关于人体最佳比例的观点，即以人头部的长度为尺度来衡量全身，最佳人体比例应是：身高为7.5—8个头长，下颌到胸下线为1—1.5个头长，再至股骨头为1.5个头长，从股骨头到足部为4个头长。

影响人体身高比例的骨骼主要是下肢骨、脊椎骨和颅骨。青年时期能够通过骨骼生长改变身高比例的主要是下肢骨。下肢骨为长骨，大都呈管状，中部为骨干，两端膨大处为骨骺。长骨的生长包括骨的长长和骨的长粗，长长依靠软骨的成骨过程（软骨内演变成骨），长粗主要依靠膜内成骨过程（胚性结缔组织演变成骨）。

大学生在经历了青春发育期快速生长后，骨骼生长开始缓慢，但骨化过程尚未结束，身高的变化仍存在着相当大的可塑性。经常进行艺术形体训练，可使骨骼的新陈代谢加强，骨细胞生长能力增强，骨的长度进一步增加，同时骨密质增多，也使骨进一步变粗，骨骼机械稳定性加强。

（二）关节

关节是连接骨骼的器官，也是构成人体形态的组成部分。进行艺术形体训练，可使关节周围的关节囊、韧带、肌腱的柔韧性和力量得到增强，关节的稳定性更好，活动范围更大，从而使动作表现出舒展大方、优美协调的效果。

（三）肌肉

肌肉是人体运动的动力源泉，也是构成人体健美体形的主要组成部分，肌肉的形状是人体体形的决定因素。俄国诗人马雅可夫斯基曾这样赞美："世界上没有任何一件衣裳比健康的皮肤和发达的肌肉更美丽。"人的肌肉分为骨骼肌、平滑肌和心肌，共有600多块。骨骼肌约434块，附着在骨骼上，通过收缩、舒张牵动骨骼和关节，完成人体各种动作。

肌肉的基本单位是肌纤维，每条肌纤维呈圆柱状，许多肌纤维排列在一起成为肌束，许多肌束聚集在一起构成一块肌肉。肌肉的中间部分叫肌腹，两端为肌腱。肌肉在受到刺激时会产生兴奋，当兴奋达到一定阈值时，肌肉就收缩。根据收缩的速度，肌肉分成"慢肌"和"快肌"两种，慢肌多则肌肉的耐力强，快肌多则肌肉的爆发力大。慢肌多的人，体形较纤细苗条；快肌多的人，体形显得健壮。

青年时期的肌肉发展特点是肌纤维由纵向往横向发展，艺术形体训练可使肌肉更加结实和丰满。研究表明，长期进行训练，男性肌肉重量可从占体重的40％（女性约35％）左右增加到50％左右，使全身肌肉及其肌力分布均匀，改善身体的形态结构。

（四）形体基本素质

形体基本素质包括柔韧性、力量性、控制性、协调性、灵活性和耐力性。影响形体的最重要素质是柔韧性和力量性，直接影响到形体的控制力和表现力。

1. 柔韧性通常也称为"柔韧度"，是由人体关节的运动幅度所决定。影响柔韧性的因素主要有三个：

(1)关节和关节面的面积差

关节与关节面之间的面积差越大，关节的灵活性就越大。

(2)关节囊的紧密程度和韧带的数量

关节囊越紧密，韧带数量越多则柔韧性越差。

(3)关节周围的肌肉和软组织的体积

肌肉和软组织的体积越大则柔韧性越差。

关节和关节面的面积差是先天形成的，不易改变；而关节囊的紧密程度和韧带的数量，以及关节周围的肌肉和软组织的体积，是可以通过后天训练获得改进的。

2.力量是肌肉收缩或紧张时所表现出来的身体或身体某部位的作用力。力量强，表现动作速度快，身体控制力强，容易掌握较难动作，并能保持良好的身体形态。力量弱，表现为腿不易伸直，身体控制力差，不能稳健地完成动作，不易保持良好的身体形态。

二、心血管系统

人体心血管系统由心脏、血管和血液三部分组成，是以心脏为泵动力的封闭管道系统，也就是人们常说的血液循环系统，担负着人体新陈代谢物质的运输任务。大学生的心脏在形态结构和功能上均已接近成年人水平。心脏重量 300—400 克，心脏容积 240—250 毫升，心跳频率每分钟 65—75 次，血液总量占体重的 7%～8%。

人体进行运动训练时，新陈代谢加快，心脏毛细血管开放数量增多，心肌的血液供应增加，使心肌纤维变粗，心肌增厚，心肌的收缩力量增大，心脏容量得以增加，心脏每搏输出量和每分输出量也增加。有资料表明，一般成年人心脏的每搏输出量为 70—90 毫升，而经常参加运动训练的人每搏输出量可增加到 100—120 毫升。一般人安静状态时，心率为 70—80 次/分钟，而经常参加运动训练的人安静时心率可低到 50—60 次/分钟；在剧烈运动时，一般人的心率最高只能达到 180 次/分钟，而经常参加运动训练的人最高心率可达 200 次/分钟，甚至以上。这些数据说明运动训练能使心血管系统机能增强。

经常进行运动训练还会影响血管壁的结构，改变血管在器官中的分布状态，使冠状动脉口径增粗、心肌毛细血管的数量增加，即可以保持良好的心血管系统功能，又可预防一些心血管系统疾病，是保护心脏健康积极有效的手段。

三、呼吸系统

人体呼吸系统是由呼吸道(包括鼻、喉、气管和支气管)和肺组成。

(一)呼吸道

呼吸道是人体呼吸时气体进出体内的通道。

(二)肺

肺是气体交换的场所。大学生的肺结构和机能生长发育迅速,呼吸肌力量逐渐加强,呼吸差和肺活量已接近成人,呼吸频率逐渐减慢,呼吸系统已经达到健全程度。

一般成年男子肺活量为3500毫升左右,女子为2500毫升左右,而经常参加运动训练,可使成年男子肺活量达到4000—7000毫升,女子达到3500毫升左右,呼吸系统的通气和换气功能得以增强。安静时,一般成年人的呼吸频率为16次/分钟,肺通气量4—7升,而经常参加运动训练的人呼吸频率可减慢至8—12次/分钟,且达到同样的肺通气量。在定量工作时,呼吸机能还表现出节省化现象,即能够较长时间保持在高效率工作,能够适应和满足训练时较大运动负荷对呼吸系统的要求。

经常进行艺术形体训练,可以保持良好的呼吸系统功能。

四、消化系统

人体消化系统由消化道和消化腺两部分组成。

(一)消化道

消化道是一条起自口腔延续咽、食道、胃、小肠、大肠到肛门的很长的肌性管道。

(二)消化腺

消化腺有小消化腺和大消化腺两种。

1.小消化腺

小消化腺散在消化道各部的管壁内。

2.大消化腺

大消化腺有肝、胰和三对唾液腺,其中三对唾液腺分别是腮腺、下颌下腺和舌下腺。肝、胰和三对唾液腺均借助导管,将分泌物排入消化道内。

消化系统的基本生理功能是摄取、转运、消化食物和吸收营养、排泄废物。

经常进行艺术形体训练,可刺激肠胃蠕动,增强消化系统的机能。

五、神经系统

人体神经系统分为中枢神经系统和周围神经系统两部分。

（一）中枢神经系统

中枢神经系统由脑与脊髓组成，是指挥整个身体活动的“司令部”。

（二）周围神经系统

周围神经系统由脑和脊髓发出的神经纤维组成，散布于身体各处，上连中枢神经，下连各器官、系统，把人体的各种刺激传给中枢神经，也把中枢神经系统的指令传达到人体的各个部分。

人体各器官、系统的一切活动都是在神经系统的调节、控制下进行的，整个神经系统是人体主要的机能调节系统。通过神经系统的调节，人体对内、外环境的变化产生相适应的反应，使内部与周围环境之间达到协调统一，从而使人体的生命活动得以正常进行。大学生的神经系统处于脑细胞建立联系的上升期，大脑神经细胞的分化机能迅速发展，大脑皮质的结构和功能发生着巨大变化。大脑是中枢神经的高级部位，虽然它只占人体体重的 2%，但它所需要的氧气却占人体总供氧量的 20%，比肌肉工作时所需的氧气量还要多。

经常进行艺术形体训练，可以保持良好的神经系统功能。

第二节　艺术形体运动理论

艺术形体是一项以科学运动为基础的身体训练形式，练习时需遵循科学运动的训练理论和规律，包括有氧运动、运动量、运动负荷、自我监测和恢复训练等理论。

一、有氧运动

有氧（Aerobics）运动是指运动时，人体运动系统所需要的能量主要是以有氧方式供给的。这是美国空军运动研究室的库珀博士（Dr. Kenneth H. Cooper）于 1968 年首先提出来的。当时，他在美国空军医学研究所从事研究工作，在对空军士兵及美国太空总署（NASA）的太空人所作的训练计划过程中，完成了这一划时代的运动理论。衡量一个人有氧耐力的高低，是以最大耗氧量（VO_2 max）来表示的。

很多的科学研究表明，对人体而言最科学、最有效的运动方式是“有氧运动”。库珀根据大量实验得出结论:人在 20—60 岁这一时期若缺乏有氧运动,将使组织器官受损,心脏、胃肠、肌肉和骨骼的功能、身体抵抗力都下降 30%。经过多年的研究、探索以后,他创造了闻名世界的“有氧运动法”及其运动处方。一经问世,立即风靡全球,成为得到广泛认同和推广的运动健身方法。

“有氧运动”能增强人体内氧气的吸入、输送和利用,可用 12 个字概括其特点,即:“低强度、长时间、不间断、有节奏”。训练时,运动者的全身都被动员起来,随着呼吸、心跳速度加快,产生的效果主要是通过肺循环将体外的氧气引入血液内,通过肺静脉回血至心脏,然后由左心室将含氧量较高的动脉血,通过体循环输送至肌肉组织,肌肉利用氧进行收缩,产生运动。

整个有氧运动的过程是身体有赖于氧气的循环和利用的过程。在有氧运动过程中,心脏功能得到了锻炼,把更多血液输送到全身;呼吸的深度和频率增加,使气体交换增加,血液氧含量增加;血液循环速度加快,新陈代谢加快;废物排泄增加;脂肪消耗增加;全身脏器也处在一种和谐的运动中;肌肉和骨骼在运动中得到强化;神经系统也在运动中得到加强……这样长期坚持下去,运动者的心脏将变得强壮有力,肺活量加大,气体交换能力加强,心肺功能得到提高;血液、血脂和血糖将会调整到最佳状态,减缓高血压、高血脂和糖尿病的发生;骨骼密度将增加,肌肉粗壮,关节灵活,避免骨质疏松症的发生;多余脂肪被消耗,体格变得健美;心理状态随之得到改善,减少抑郁、焦虑现象的发生。

艺术形体训练以有氧运动科学原理为基础,在训练中按照有氧运动的规律安排运动处方,给训练者带来良好的生理锻炼效果;同时,通过训练内容的变化和训练环境的选择,给训练者心理上带来全新的感受。

二、运动量

运动量(Amount of exercise)是指人在体育活动中所承受的生理、心理负荷量以及消耗的热量,主要与运动频率、运动强度和每次运动持续的时间以及动作的准确性和运动项目特点等因素有关。一般来说,运动量=运动强度×运动时间。

(一)运动频率

运动频率主要是指每周从事运动的次数。

医学文献已经证实,运动频率与运动效果密切相关,运动频率过少,若每周运动次数少于 3 次,给予肌肉和心脏的刺激就达不到运动效果的积累,则无法减轻体重,对心、肺、耐力的改善也毫无帮助;运动频率过大,容易造成机体疲劳。最适宜的运动频率为每周 3—5 次。

（二）运动强度

运动强度主要是指单位时间内从事运动所消耗能量的大小，即完成练习时所用力量的大小和机体的紧张程度，包括动作的速度、练习的密度、练习间歇时间的长短和负重等。常用最大氧摄取量（也称最大耗氧量）的百分比及心率来表示。

1.运动强度、最大氧摄取量与心率的关系

大强度运动量时，机体最大氧摄取量为100％，心率则达到150次/分钟以上；较大强度运动量时，机体最大氧摄取量为70％～80％，心率达到130－150次/分钟；中等强度运动量时，机体最大氧摄取量为50％～60％，心率达到110－130次/分钟；低强度运动量时，机体最大氧摄取量为40％以下，心率在80－100次/分钟。运动强度越大的运动项目，机体单位时间内所消耗的能量越多。

2.艺术形体适宜的运动强度

艺术形体训练时一般以最大心率的60％～80％的强度为宜，练习间歇时间的长短视机体恢复的速度、前一个练习负荷的强度、本次练习的目标及练习者的身体状况而定。

3.艺术形体训练课的完整流程

(1)准备活动阶段

准备活动可以安排一些全身柔软性练习和关节活动，小量的快走或慢跑，直到身体发热，微微出汗到小喘气的程度。

(2)主要运动阶段

主要运动阶段，运动强度需要维持在预定的目标心率，预定目标心率依个人体能的程度定在大强度、较大强度、中等强度、较低强度、低强度。大强度约为80％的最大心率，适合专业运动员；较大强度约为75％的最大心率，适合健康的业余运动员、经常参加运动训练的健康的大学生和年轻人；中强度约为70％的最大心率，适用不经常参加运动训练的健康状况良好的大学生和年轻人；较低强度约为65％的最大心率，适用偶尔参加运动训练的大学生和健康状况良好的中老年人；低强度约为60％的最大心率，适用一般体弱者。

(3)整理活动阶段

练习者慢慢降低运动强度，并使心率恢复到比安静状态心率高出20－30次/分钟。

（三）每次运动持续的时间

每次运动所持续的时间，与运动强度配合进行适度调整。如果运动强度较弱，则持续时间就可长些；相反，如果运动强度偏强，则运动持续时间可短一些。当然，调整的范围必须介于指定的上、下限之内。一般而言，一次运动持续时间包含：准备活动5—10分钟、主要运动20—60分钟、整理活动5—10分钟。

根据美国运动医学院（ACSM）研究资料表明，有效的健身运动量如表3-1所示。

表3-1 有效的健身运动量

运动频率	运动强度	持续时间
3—5次/周	最大心率的55%～75%	20—60分钟/次

（四）每天运动量的简易测试方法

1.睡眠：每睡眠一小时记0.85分；

2.安静活动：包括案头工作、阅读、吃饭、看电视、坐车等，把消耗在这些活动上的时间加起来，每小时记1.5分；

3.步行：悠闲缓慢的散步，每小时记3分；快步健身走，每小时记5分；

4.体育运动：慢跑，每小时记6分；快跑，每小时记7分；游泳、滑冰，每小时记8分；各种球类和田径运动，每小时记9分；体操、跳舞，每小时记3分；

5.家务劳动：每小时记5分。

当一天结束后，把以上分数加起来，如果总分在45分以下，说明运动量不够，应该设法增加运动量；如果总分在45—60分之间，说明运动量正合适；如果总分大于45分，说明运动量过大，需要调整一下。

三、运动负荷

运动负荷是指运动而导致人体生理组织发生的应激变量，构成因素是运动量和每次运动前的恢复程度。确定运动负荷大小最常用、最简便的方法有两种：

（一）用运动时的心率确定运动负荷

对于没有训练基础的人，其最大心率可用美国空军医生库珀博士提出的公式来计算，即：最大心率＝220次/分－年龄

对于有训练基础的人，其最大心率＝205次/分－年龄/2

以上是计算运动负荷的极限指标，一般艺术形体健身训练的心率范围推荐如下：

美国健身研究协会推荐的健身指标区是：最大心率×65%～80%

美国人心脏学学会推荐的健身指标区是：最大心率×60%～75%

美国运动医学院（ACSM）推荐的健身指标区是：最大心率×65%～90%

心率控制在上述指标范围内的运动是属于有氧运动，故称之为健身指标区。上述百分比的指数越高，对身体的影响就越大，训练的效果就越明显；但指数过低对身体又不起作用。如果百分比指数高度超过上述范围则属于无氧训练。因此，只有确定适合于自己的运动负荷，才能收到最佳的训练效果。

(二)用运动时的感觉确定运动负荷

瑞典生理学家 Bong 设计用运动感觉确定运动负荷的新方法。这种方法是用主观心理用力感觉等级表(简称 RPE)作为运动时心理负荷的标志(见表 3-2)。该表按自我感觉分为 6－20 级，并以 RPE 值乘以 10 为接近当时运动者的心率水平。许多学者对运动试验时报 RPE 与各项客观检查指标，如心率、血乳酸、最大吸氧量等作了比较，发现主观用力感觉和上述生理指标相关密切，RPE 与心率之间的相关系数为 0.80－0.90。

表 3-2 主观用力感觉等级表(RPE)

自我感觉	等级	自我感觉	等级
非常轻松	6、7、8	累	15、16
很轻松	9、10	很累	17、18
尚轻松	11、12	精疲力竭	19、20

四、负荷指标

任何运动项目，只有适宜的运动负荷刺激机体才能有效地发展身体，达到增强体质、增进健康的目的。负荷量和负荷强度是运动负荷的两个方面。

(一)负荷量

1.负荷量主要是指练习的次数、时间、距离、负重的重量等。

2.负荷强度主要是指练习的密度、完成每个练习所用的速度、负重量以及以较大的速度或负重量进行的练习在全部练习中所占的百分比。确定负荷强度的大小，一般简易的方法是在练习后测量运动员每分钟的脉搏次数。

3.负荷量和负荷强度的关系

负荷量和负荷强度是相互联系、不可分割的，是对立的统一。负荷强度反映了练习的紧张程度和对运动者身体影响的大小。但有一定的量就有一定的强度，量大了，强度的提高就受一定的限制；强度大了，量的加大也受一定的影响。强度对运动员机体的影响比量更重要。在安排运动负荷时，量和强度的提高和降低要相互配合，科学合理。

我国专家学者对体育锻炼者建议的心率指数为：男性为 130－150 次/分，

女性为120—140次/分范围内，练习后约5分钟的心率恢复到比安静时的心率高出20—30次/分左右为好(从表3-3可以看出不同年龄、健康状况、运动史人群靶心率状况)。

表3-3 不同年龄、健康状况、运动史人群靶心率参考(次/分)

年龄(岁)	健康并系统运动	健康并经常运动	健康并不运动	有慢性病
20—25	140—170	130—160	120—150	106—126
25—30	137—166	127—156	117—146	103—123
30—35	133—162	124—152	114—143	101—120
35—40		120—144	111—139	98—117
40—45		117—144	108—135	95—113
45—50		105—131	96—114	93—110
50—55		102—128	94—110	90—107
55—60		99—124	91—107	87—104
60—65		96—120	88—104	85—101
65—70		93—118	85—101	82—97

在有氧运动前15分钟，肌糖原作为主要的能源物质参与运动的供能。脂肪的供能系统在有氧训练后15—20分钟才开始参与，超过1小时后，脂肪供能比率比前1个小时会逐渐减小。

五、自我监测

每次训练时间超过1小时，会因为肌肉的疲劳而增加运动中损伤的危险。增加运动频率，如超过5次/周，也会因为疲劳的肌体没有得到充分的恢复而导致身体防御疾病能力的下降。

科学运动关键在于评定运动量的大小，由于每个人的实际情况千差万别，安静心率相差15%～30%，甚至更多，所以训练时应根据自己的年龄、性别、体力状况、健康水平、体育基础、生活环境、目的任务等因素来加强自我监测，保证训练科学有效。现将两种简便的评定适宜训练量的方法介绍如下：

(一)简便评定法

在运动结束后立即测自己的脉搏，可以测15秒或10秒内脉搏次数，然后乘以4或6，得出每分钟的心率。运动中每分钟的心率保持在(220—年龄)×65%～85%的范围之内，即可认为是训练量比较合适。

(二)自我感知法

根据在运动过程中和运动结束后3—12小时,甚至24小时内,身体对疲劳程度的自我感受。主要方法有:

1.心率恢复评定法

用晨脉评定。每次运动后,次日早晨醒后,静躺1—3分钟,自测脉搏,并与安静心率相比。如果每分钟心率高出安静心率6—9次以上,说明训练量过大了;如果高出2—5次之间,说明训练量适宜;如果基本恢复安静心率状态,说明训练量偏小。

2.自我感受评定法

自我感受评定法主要包括以下5个方面的内容:

(1)运动过程中或运动结束后,感到全身舒展,精神焕发,有再运动一会儿的需求,说明训练量适度。

(2)运动过程中或运动结束后,稍有疲劳感,肌肉略有酸胀,但不影响学习、工作、饮食和睡眠,且肌肉酸胀感在1—3小时内自然消除,说明训练量适宜。

(3)运动过程中或运动结束后4—12小时,甚至24小时内,有吃不香、睡不安、对再运动持冷漠态度或运动后次日早晨醒来自感很疲劳、全身乏力、萎靡不振,甚至头晕等,说明训练量过大。有上述反应,要适当调整训练量。

(4)运动过程中或运动结束后,局部肌肉有酸痛,痛点或痛区扩大并加剧时,可能是肌肉或肌腱有隐性炎症,也可能是练习手段安排不当所致,如有上述反应,要适当减量或降低强度,甚至停止练习。

(5)运动过程中或运动结束后,肌肉有不同程度发紧或麻木感,说明运动量过大。如有上述反应,应减量或降低强度,甚至停止练习。

在没有仪器的条件下,最好采用运动心率和恢复心率,以及自我感知三者相结合的方法进行综合评定,这样既有助于准确、客观地掌握身体机能变化,又便于及时地调控运动量,科学地进行艺术形体训练。

六、恢复训练

恢复训练(recovery training)是运动训练的组成部分,指使用合理的手段和方法,消除训练或比赛后人体体力和精神上的疲劳。恢复训练能使有机体的机能和精神得到及时恢复,以迎接新的训练作业和比赛。

恢复训练可采用放松性练习、调整运动负荷等一般手段与方法;也可采用按摩、沐浴、电刺激和补充营养等医学、生物学手段与方法;还可以采用瑜伽、催眠等心理手段与方法。

第三节 艺术形体科学训练

艺术形体的科学训练内容主要包括艺术形体科学训练的原则、方法和自我医务监督三个部分。

一、艺术形体科学训练原则

原则是说话、行事依据的准则，是人们根据对客观事物运动内在规律的认识而制定的。艺术形体训练原则是依据艺术形体训练中人体运动竞技能力的变化、提高与表现的规律而确定的、组织训练所必须遵循的基本准则，是艺术形体训练客观规律的反映，对艺术形体训练实践具有普遍的指导意义。它包括自觉性原则、全面性原则、渐进性原则、持续性原则、针对性原则、选择性原则、适量性原则和娱乐性原则等。

（一）自觉性原则(Consciousness principle)

自觉性是指个体自觉自愿地执行或追求整体长远目标任务的程度，其外在表现为热情、兴趣等，内在表现为责任心、职责意识等等。个体自觉性是个体对自己的行为能力的评价(行动依据)与个体的利益心理相结合，并最终由责权意识所激发而产生的对立统一体，即能、责、权、利的统一。毛泽东在《体育之研究》中指出："坚实在于锻炼，锻炼在于自觉"、"欲图体育之效，非动其主观，促其对体育之自觉不可"。

自觉性原则是参与艺术形体训练的人为了实现身体美的目的，明确目标和责任，思想上高度重视，行动上自觉自愿，长期坚持进行训练。

自觉性原则的核心是适宜的目标责任，当个体自觉自己的能力足以达到目标责任时，就会无意识或有意识地产生马虎大意、蛮不在乎等骄傲心理；而当个体要取得的目标责任是自己能力不及时，则会无意识或有意识地产生焦躁、怠倦等心理压力。所以，艺术形体训练对目标责任的制定不能太难，"跳一跳"就能触及的水平是最合理的；同时，还要使目标细致化、具体化。许多事实表明，把目标订得明确具体，要比笼统地要求"好好干吧"要好得多。

（二）全面性原则(Comprehensive principle)

全面性原则是指艺术形体训练应全面发展身体各部位、各器官系统的机能、各种身体素质和基本活动能力，并且追求身心的和谐发展。

人体是一个统一的整体，人体各部位、各器官系统、各种身体素质和活动能力是相互联系、相互促进、相互制约的。艺术形体的特性在于自然、协调、优美,对全面地发展身体素质和心理素质有着积极作用。全面性原则要求艺术形体训练时必须追求身心全面协调发展,合理选择和安排训练的内容和方法,扬长避短,内外结合,身心一致。

(三)渐进性原则(Advancing gradually principle)

渐进性原则是指艺术形体训练应根据人体超量负荷增强体质的规律和动作学习掌握能力,在锻炼身体过程中,按照人体对运动的适应性变化,科学地、有计划地增大运动负荷。进就是前进、发展、提高,而不是停留在一个水平上,渐是逐步地、依次地、循序地变化,而不是突然或急剧的变化。

人体发展是一个渐变的过程,有机体对运动刺激和自然力的适应也是一个渐进的过程。一定的运动负荷量,对身体作用一定次数和时间之后,才能引起身体的适应,然后再逐步增大运动负荷,使身体产生新水平的适应,最终达到增强体质的目标。艺术形体训练除了逐渐提高运动负荷外,还要逐渐提高动作难度和适应能力,动作幅度由小到大。因此,在教学内容、教学方法、练习负荷的安排上应遵循由易到难、由简到繁、由已知到未知逐步深化的顺序;在各类动作学习时,要考虑各类动作之间的相互促进,动作技能的转移等因素,前后衔接,逐步提高。

(四)持续性原则(Persistent principle)

持续性原则是指艺术形体训练应该持续不断地进行,才能真正起到锻炼效果。

任何事物贵在坚持,不能"三天打鱼,两天晒网",也不能"一暴十寒",要坚持不懈才能见成效。健美的体型不可能在短时间内就能练成,不可能经过几次锻炼就会奏效,所以艺术形体训练者必须坚持经常训练,有计划地持之以恒,按照用进废退的原理,根据增强体质靠积累的特点,排除干扰,形成条件反射的锻炼需求和生物节奏,使艺术形体训练成为生活中不可缺少的组成部分。

(五)针对性原则(Pertinence principle)

针对性原则是指在艺术形体训练过程中,应根据锻炼者的个人特点以及季节、地域等客观条件,合理地确定锻炼内容,选择方法手段和安排运动负荷,使之符合实际需要。

在艺术形体训练中,教练既要指出所有练习者的学习方向和目标,也要针对个体身体素质和技术水平的差异,区别对待。也就是说,对接受能力强、学习进步快的练习者,对其要提出进一步的要求,使其才能和长处得到充分的发挥;对基础较差、掌握动作慢、一时完不成任务的练习者,要适当降低要求,提出切合其实际的目标,逐步提高。

(六)选择性原则(Selective principle)

选择性原则是指艺术形体训练过程中,练习者应根据自己的目的、兴趣、环境和气候等特点,结合动作、项目的特点与功能,选择适合自己的方法和手段,以激发训练的积极性,提高训练的效果。

艺术形体训练离不开音乐的伴奏,在音乐的选择上也要注意节奏鲜明、结构简单、节拍规整等要素,改善训练气氛和效果。如鲜明的节奏感和韵律感,会激发练习者的热情,提高动作的协调性和准确性。所以,不能忽视乐曲的多样化和合理搭配。

(七)适量性原则(Moderate principle)

适量性原则是指艺术形体训练中运动负荷维持在适宜程度时,方能取得对身体健康的良好作用,且在渐进的基础上有节奏地加大运动负荷,使之随着人体机能的变化而变化。

运动负荷过小,刺激不能引起机体的效能反应,达不到强身健体的目的;运动负荷过大,机体超载负荷,往往会伤害机体。所以,艺术形体训练要按照个体身体素质、机能状况和身心状态等因素,合理地安排运动量。运动量的安排要考虑动作数量、强度、密度和时间等因素。

(八)娱乐性原则(Entertaining principle)

娱乐性原则是指艺术形体训练是一种追求快乐、缓解压力,通过表现自己和他人的技巧而与他人共享喜悦,并带有一定启发性的活动。

"娱"在古代又通"悟",娱就是在领悟过后的一种情绪,"乐"在甲古文中是"成熟的麦子"的意思,所以娱乐是"领悟之后的感受和成熟之后的喜悦"。艺术形体选择轻松愉快的运动方式,具有社会性、专门性、享乐性、时代性、潮流性和国际性等特点,既有艺术性,又有娱乐性。

二、艺术形体科学训练方法

方法一般是指为获得某种东西或达到某种目的而采取的手段与行为方式。艺术形体训练的方法主要包括:分解训练法、完整训练法、重复训练法、间歇训练法、持续训练法、变换训练法、循环训练法、比赛训练法等。

(一)分解训练法(Trial training method)

1.分解训练法概念

分解训练法是指将完整的技术动作或技、战术配合过程合理地分成若干个环节或部分,然后按环节或部分分别进行训练的方法。此方法是针对技术动作较为复杂、可予以分解、运用完整训练法又不易使学生掌握的情况下使用。

2.分解训练法分类

分解训练法主要分单纯分解训练法、递进分解训练法、顺进分解训练法、逆进分解训练法四种。

3.分解训练法在艺术形体训练中的运用

分解训练法主要应用于艺术形体训练中复杂的单个动作、组合动作以及成套动作的教学中建立动作的初步概念阶段,在纠正错误动作,提高动作质量时也广泛应用。

4.分解训练法特点

分解训练法特点是可以减少练习者开始学习的困难,把复杂动作简单化,从而掌握动作细节,增强掌握动作的信心。

(二)完整训练法(Complete training method)

1.完整训练法概念

完整训练法是指从技术动作或技、战术配合过程的开始到结束,不分部分和环节,完整地进行练习的训练方法。

2.完整训练法在艺术形体训练中的运用

完整训练法在艺术形体训练中可用于单一动作,也可用于多元动作的训练;可用于个人成套动作,也可用于集体配合动作的训练。

(1)完整训练法用于艺术形体单一动作训练时,要注意各个动作环节之间的紧密联系,注意逐步提高训练的负荷强度,提高完整练习的质量。

(2)完整训练法用于艺术形体多元动作的训练时,在完成好各单个动作的同时,要注意掌握多个动作之间的串联和衔接。

(3)完整训练法用于艺术形体个人成套动作的训练时,根据练习的不同目的而有不同的要求。在着重发展完成成套动作的参赛能力时,则不拘泥于个别动作细节完成质量的情况,而强调流畅地连续完成全套动作。

(三)重复训练法(Repetitive training method)

1.重复训练法概念

重复训练法是指在相对固定(即不改变动作结构和运动负荷)的条件下,多次重复同一练习,两次或两组练习之间安排相对充分休息的练习方法。通过同一动作或同组动作的多次重复,不断强化运动条件反射,有利于掌握和巩固技术动作;通过相对稳定负荷强度的多次刺激,可使机体尽快产生适应性机制,有利于发展各种身体素质,提高身体训练水平,改进和提高运动技、战术,培养学生顽强、坚忍不拔的意志品质。

2.重复训练法的分类

重复训练法可分为连续重复训练和间歇重复训练。也可依单次练习时间的长短，分为短时间重复训练法、中时间重复训练法和长时间重复训练法。

3.重复训练法在艺术形体训练中的运用

重复训练法是艺术形体训练中常用的练习法，如舞蹈基本坐、立、行的姿态训练，舞蹈基本动作训练（如手型、手位、脚型、脚位等训练），把杆基本姿态训练，基本动态控制练习。在动作掌握的分化阶段，大脑皮层兴奋与抑制过程加强，经过反复练习，逐步消除错误动作，独立而较准确地完成任务。

（四）间歇训练法（Interval training method）

1.间歇训练法概念

间歇训练法是指对动作结构和负荷强度、间歇时间提出严格的要求，以使机体处于不完全恢复状态下，反复进行练习的训练方法。20 世纪 50 年代，德国心脏学家赖因德尔和教员倍施勒提出间歇训练理论，认为训练对心率达 170－180 次/分钟，间歇后到心率达 100－125 次/分钟时再进行训练，这样有利于增强心泵功能。同时间歇训练法对增加运动负荷，提高呼吸系统和心血管系统的机能，发展速度和速度耐力等有着显著作用。

2.间歇训练法分类

间歇训练法可分为高强性间歇训练法、强化性间歇训练法和发展性间歇训练法三种。

(1)高强性间歇训练方法

高强性间歇训练方法是发展乳酸能系统的供能能力、磷酸盐与乳酸能混合代谢系统的供能能力的一种重要训练方法。高强性间歇训练法特点：时间小于 40 秒，心率 190 次/分钟恢复为 120－140 次/分钟，强度大，间歇很不充分。

(2)强化性间歇训练方法

强化性间歇训练方法是发展乳酸能代谢系统与有氧代谢系统混合供能能力以及心脏功能的一种重要训练方法。强化性间歇训练法又可分为 A、B 型二种，其特点：A 型训练时间小于 40－90 秒，心率 180 次/分钟恢复为 120－140 次/分钟，强度大，间歇不充分；B 型训练时间小于 90－180 秒，心率 170 次/分钟恢复为 120－140 次/分钟，强度较大，间歇不充分。

(3)发展性间歇训练方法

发展性间歇训练方法是发展有氧代谢系统供能能力、有氧代谢下的运动强度以及心脏功能的一种重要训练方法。发展性间歇训练法特点：时间大于 5 分钟，心率 160 次/分钟恢复为 120 次/分钟，强度中等，间歇不充分。

3.间歇训练法特点

间歇训练法的优点在于练习期间及中间间歇期间均能使心率维持在最

佳范围之内，改善心泵功能。依据超量恢复的理论，训练后要经过合理的休息，使机体产生一系列的生理、生化超量恢复反应，才能逐步提高体力，增强体质。间歇方式均为走和轻跑。因此间歇不仅仅是为了休息，而是作为一种健身强体的手段。

（五）持续训练法（Continuous training method）

1. 持续训练法概念

持续训练法是一种负荷强度较低，负荷时间较长，练习过程并不中断的练习方法。

2. 持续训练法分类

持续训练法根据训练持续时间的长短，可分为短时间持续训练法、中时间持续训练法、长时间持续训练法三种。

3. 在艺术形体训练中的运用

持续训练法主要运用在艺术形体训练中动作学习的分化阶段，此时的大脑皮层兴奋与抑制过程加强，经过持续一段时间的练习，强化并巩固正确动作；在进行有氧练习时，该法十分强调一次负荷运动的持续时间应该长于其他方法一次负荷运动的持续时间，强度适中，心率负荷指标应在每分钟 130—160 次之间。这是因为，机体内脏器官的功能惰性较大，约需运动开始后的 3 分钟后才能发挥出最高功能水平。为了提高机体内脏器官的功能水平，一次负荷运动的持续时间至少应在 5 分钟以上，甚至可延续 20 分钟或更长的时间。只有如此，才能最大程度地发展有氧代谢水平及其工作能力。

（六）变换训练法（Transformation training method）

1. 变换训练法概念

变换训练法是指对运动负荷、练习内容、练习形式以及条件实施变换，以提高练习者积极性、趣味性、适应性及应变能力的训练方法。

2. 变换训练法分类

变换训练法所变换的因素一般有练习的形式、练习的时间、练习的次数、练习的条件、间歇的时间、方式与负荷等，可分为负荷变换训练法、内容变换训练法和形式变换训练法等种类。

3. 变换训练法在艺术形体训练中的运用

变换训练法主要运用在艺术形体训练中的掌握动作阶段，此时大脑皮层兴奋与抑制过程加强，但还处于分化阶段，经过变换动作的练习形式及运动负荷等，可增强学习的新鲜感，如通过游戏及比赛的方法提高练习的趣味性和兴趣；改变练习的场地、器材及动作结构、环境条件等，可对巩固动作技术起到良好作用。由于耐力练习比较枯燥，采用变换练习法可以在一定程度上提高练习者的练习兴趣和积极性，从而提高练习的效果。

（七）循环训练法（Circuit training method）

1.循环训练法概念

循环训练法是指在每次训练时，根据训练的具体任务，将练习手段设置为若干个练习站，学生按照既定顺序、路线，依次完成每站所规定的练习内容和要求的训练方法。

2.循环训练法分类

循环训练法依据各组练习之间间歇的负荷特征，可分为循环重复训练、循环间歇训练和循环持续训练法三种。

3.循环训练法在艺术形体训练中的运用

循环训练法运用在艺术形体训练中，可有效地控制与调节练习密度与运动负荷，有利于提高练习者的兴趣，发展体能。循环通常应包括6－14个身体不同部位的练习，每个运动练习间歇为45－60秒钟，每个循环间歇为2－3分钟，让肌肉得到放松。一次训练课可安排一个或几个循环训练。为避免重复练习的单调，可以将同一类型的动作练习结合在一起，增加练习内容的丰富性，提高单次课练习的效果。如进行腰腹肌练习时，设计如下：练习一：坐在地上，双手斜后撑，做双腿交替上举动作。练习二：仰卧举腿，仰卧在垫上，双腿上举45度，然后还原。练习三：两人一组，一人俯卧，手背于腰，起上体，另一人坐在俯卧同学的脚后跟上。但要重视动作质量，防止求速度、走过场的倾向，通过每个不同练习方法的交替进行，提高同一部位的练习效果，激发学生练习积极性。

（八）比赛训练法（Game training method）

1.比赛训练法概念

比赛训练法是指在近似、模拟或真实、严格的比赛条件下，按比赛的规则和方式进行训练的方法。

2.比赛训练法分类

比赛训练法依据比赛的性质可分为教学性比赛法、检查性比赛法、模拟性比赛法和适应性比赛法四种。

3.比赛训练法在艺术形体训练中的运用

比赛训练法具有较强的竞争性，能调动练习者参与训练的主动性，在挖掘练习者体能潜力的同时，有利于培养坚毅、顽强和团结协作的品质。在某个阶段的教学结束时，可采取比赛训练法观察练习者在复杂多变的竞赛条件下，运用所学知识、技术和技能的情况。

三、艺术形体科学训练的医务监督

医务监督是指用医学的知识和方法，对练习者的健康和身体机能进行监护，预防训练中各种有害因素可能对身体造成的危害，督导和协助科学的进行艺术形体训练，使之符合人体生理和机能发展规律。通过医务监督，能更有效地运用艺术形体训练手段，促进练习者增进健康和发育，提高运动技术水平；能培养科学的艺术形体训练方法和良好的卫生习惯，避免与减少运动伤病的发生；能保证艺术形体教学和训练的顺利进行，使练习者从中受益，获得更大成效。

（一）体质测试与健康检查

体质测试和健康检查的目的是了解练习者的身体发育状况、健康状况和生理功能水平，为合理安排艺术形体训练提供科学依据。

1.综合性检查内容

一般综合性的检查包括一般史、运动史、体表检查、一般临床物理检查、形态测量、功能检查和身体素质测试等。每个人的身体条件不同，需要练习前根据身体检查与评定的结果，制定相适应的训练方案。

2.身体形态测量内容

身体形态测量指标有体重、身高、坐高、胸围、颈围、腰围、四肢围等。其中身高、体重、胸围三项是评价发育程度的基本指标，对儿童和青少年进行形态测量时必须包括。

3.功能检查内容

功能检查包括心血管功能检查，以及运动、呼吸、神经、消化和泌尿等系统的功能检查。

4.身体素质测试

身体素质测试可根据国家规定的测试指标进行，主要内容有力量、速度、耐力、柔韧、灵敏等，重点是心血管功能测试，方法有女生800米跑、男生1000米跑或12分钟跑等。

（二）运动损伤的预防

1.运动损伤概念

在运动过程中及运动之后受机械性和物理性方面因素所产生的，造成人体组织或器官在解剖上的破坏或生理上的紊乱，称为运动损伤。

2.运动损伤分类

(1)按组织损伤种类分

可分为肌肉肌腱损伤、滑囊损伤、关节囊和韧带损伤、关节脱位、内脏损伤、脑震荡、神经损伤、骨折等。

(2)按运动创伤的轻重分

可分为轻伤、中等伤和重伤。

(3)按损伤组织是否有创口与外界相通分

可分为开放性损伤和闭合性损伤。开放性损伤是指伤口与外界相通,容易引起出血和感染,常见有组织液渗出和血液自创口流出。闭合性损伤是指皮肤、粘膜完整,损伤无裂口与外界相通。

(4)按发病的缓急分

可分为急性损伤和慢性损伤。急性损伤是指瞬间遭受直接或间接暴力而造成的损伤,其发病急,病程短,症状骤起。慢性损伤则是指局部长期负担过度,由反复微细损伤积累而成,或由于急性损伤处理不当或未完全康复而过早运动而转变为慢性损伤。其发病缓慢,症状渐起,病程较长。

3. 造成运动损伤的主要原因

(1)思想上不重视

思想上对运动损伤的认识不足,不够重视、逞能、急于求成、急躁等。

(2)准备活动不充分

准备活动的目的是进一步提高中枢神经系统的兴奋性,增强各器官系统的功能活动,使人体从相对静止状态过渡到紧张的活动状态。据国内有关调查资料分析,缺乏准备活动或准备活动不合理、不充分,是造成运动损伤的首位或第二位的原因。

(3)技术上的错误或缺点

错误的技术动作,违反了人体结构功能的特点及运动时的力学原理,这是初参加运动训练的人或学习新动作时发生损伤的主要原因。

(4)运动量、运动负荷过大

运动负荷超过了练习者可以承受的生理负担量,尤其是局部负荷量过大,容易引起损伤或因微细损伤的积累而发生劳损。

(5)身体状况和心理状态不良

睡眠或休息不好、患病受伤或伤病初愈阶段,以及疲劳时,肌肉力量、动作的准确性和身体的协调性显著下降,警觉性和注意力减退,反应较迟钝,此时参加剧烈运动或练习较难的动作,就可能发生损伤。

(6)组织方法不当

在训练中,不遵守循序渐进、系统性和个别对待的原则,缺乏正确的示范和耐心细致的教导、缺乏保护和自我保护,可能发生损伤。

(7)不良气象的影响

气温过高易引起疲劳和中暑,气温过低易发生冻伤,或因肌肉僵硬,身体协调性降低而引起肌肉韧带损伤;潮湿高热易引起大量出汗,发生肌肉痉挛或虚脱;光线不足,能见度差,影响视力,使兴奋性降低和反应迟钝而导致受伤。

(8)解剖生理特点

身体不同组织在结构上较为薄弱,或在某个角度时比较薄弱,超过承受限度发生损伤。

4. 预防运动损伤的措施

(1)思想上要重视,严格遵循运动规律;

(2)做好身体的热身、放松、恢复和营养;

(3)了解自己的身体,尽早发现不好的身体状况,尽早预防;

(4)在安全的环境中运动,包括运动场所、运动用具和防护装备;

(5)遵守科学训练原则;

(6)加强易伤部位训练,提高它们的机体功能。

(三)对营养状况进行监测

营养监测是对机体的营养进行连续的监护,以便做出改变营养的决定。营养监测有助于了解艺术形体训练者的健康状况、生理功能、运动能力、疾病与营养的关系,对其膳食中存在的问题提出改进意见。

合理营养,是提供人体符合卫生要求的平衡膳食,使膳食的质和量都能符合人体生理、生活、劳动以及一切活动的需要。平衡膳食由多种食物构成,能提供足够的热能和各种营养素,满足人体正常生理的需要。

(四)建立自我监督制度

1. 自我监督概念

自我监督是指练习者在艺术形体训练过程中,对自身生理机能和健康状况进行观察和评定的一种方法,是医务监督的组成部分。

自我监督能及时反馈训练后人体生理机能的变化,有助于调整训练计划和运动负荷,预防过度疲劳,为科学地进行艺术形体训练提供依据,也为医生的医学检查提供参考。

2. 自我监督内容

自我监督的内容主要包括主观感觉、客观材料、运动成绩等几个方面。

(1)主观感觉

主观感觉包括自我感觉、运动情绪、睡眠、食欲等情况。

(2)客观材料

客观材料包括脉搏、体重、握力、背力、肺活量等指标。

(3)运动成绩

运动成绩包括身体素质测试指标和运动测试成绩。

(4)伤病情况

伤病情况包括训练中发生的受伤情况和患病情况,包括既往病史和受伤史。

3.自我监督方法

自我监督方法是将训练后的主观感觉、客观材料、运动成绩和其他几方面的内容,按自我监督表的格式逐项记录下来或在相应的栏内划上记号。

(1)自我感觉

经常参加艺术形体训练的人,自我感觉是精神饱满,心情愉快,锻炼积极性高,运动成绩较好,疲劳解除快,就寝睡得快、睡得熟,早上醒来感觉精神良好,全身有力,食欲良好。一般在一次大运动量训练或紧张的运动竞赛后出现食欲暂时下降,但很快会恢复正常。

(2)脉搏

经常参加艺术形体训练的人脉搏随训练水平的提高可能变慢,如突然出现加速或过缓,则要查找原因。

(3)体重

经常参加艺术形体训练的人,体重在训练初期略有下降,经过一段时间训练后,体重会有所增加。

(4)肺活量

经常参加艺术形体训练的人,肺活量会随着训练水平的提高而有所增加,但在机能不良时,肺活量会持续下降。

(5)握力、背力

经常参加艺术形体训练的人,握力、背力会随着训练水平的提高有所增加。

(6)出汗

经常参加艺术形体训练的人,出汗多少与气温、饮水量、训练程度及个人特点有关。在相同情况下,随着训练水平的提高,出汗量会逐渐减少。

(7)根据自我监督表各项记录的检测数据,进行综合分析和判断

如果主观感觉中各栏目数值均正常,客观材料也都在正常值之内,运动成绩稳定或呈上升趋势,又无伤病,表明前一阶段训练的内容、方法和运动负荷是合理的;如果发现异常现象,应及时检查和分析原因,并在教练指导下,

及时调整训练内容和运动负荷，必要时暂停训练或做进一步检查。

训练后的各种主观感觉和客观检测数据，有的可能属于"正常"或"增加"；也有的可能属于"一般"或"保持"，甚至有个别指标"下降"或"较差"。因此，要在综合分析的基础上，抓住主要问题，做出科学判断。

第四节 艺术形体组合创编

组合练习是艺术形体训练的重要形式。在学习了一种或多种类型的单个动作之后，采用组合动作形式反复练习，既巩固已学的单个动作技术，又掌握动作之间的连接技巧与韵律节奏，增强表现力。艺术形体组合训练在全面锻炼身体基础上，重点是雕塑人体的形态，培养良好的姿态，掌握艺术形体组合锻炼的基础知识、基本技能和基本技术，提高形体的美感，培养良好的气质，陶冶美的情操，提高审美品位。因此，要编制一套科学性强、引人入胜、效果明显又易推广的艺术形体组合，就必须遵循艺术形体特有的规律与创编原则。只有具有较强的锻炼功效、适宜的运动负荷、富有艺术魅力的艺术形体组合，才能激发人们锻炼的兴趣，使其全身心地投入练习，并取得理想的效果。要达到这样的要求，需要创编者既要有现代艺术形体训练的理论知识和丰富的艺术形体训练实践经验，还要具备一定的舞蹈、音乐、美学修养，尤其是对当前艺术形体的发展方向和新的变化了如指掌。成功的艺术形体组合可以使练习者百练不厌，使观赏者赏心悦目，使表演者尽情地表现，使竞赛者有力地获胜。

艺术形体组合可分为教学类和竞赛表演两大类。

一、艺术形体组合创编原则

(一)教学类成套动作的创编原则

教学类的成套动作是一种动作不多的联合，通常由同一类型的单个动作所组成，各结构组的动作均按 8 及 8 的倍数进行编排。目的是为了发展练习者的身体协调能力，为进一步掌握竞赛表演类的练习打下基础，并培养他们的创造才能。

创编教学类的成套组合时，需要遵守以下原则：

1. 重复性原则

为了便于练习者牢固掌握动作要领和技术方法，创编时，成套动作组合的单一动作要有重复，并将熟练的动作与新学的动作结合起来重复练习。

2. 简单性原则

为了掌握技术方法，成套动作不能编得过于复杂，也不要过于简单粗糙。最适宜的成套动作是不超过练习者的能力范围。同时音乐的节奏要明显，也可以选用即兴乐曲，尽量用动作去表现音乐作品的内容。

3. 逻辑性原则

前一个动作结束时，其身体所处的状态应该是后一个动作的开始状态。成套动作所有组成部分除了各自独立的作用外，还应有连接的作用。

4. 专项性原则

以提高身体协调性、柔韧性、力量性、平衡性等为目的的徒手动作、持轻器械动作创编成单独独立的一个个小组合，以提高专项技能和水平。

5. 联合性原则

在熟练掌握单个小组合后，可将几个小组合串联起来成一个小联合动作，以提高练习者的技术水平和综合能力。此时的联合性组合动作着重在提高练习者的表现能力、协作能力和创造能力上。

(二)竞赛表演类成套动作的创编原则

1. 全面性原则

全面性原则是艺术形体训练的宗旨，也是创编艺术形体组合的根本原则。艺术形体训练的目的是让练习者全身的肌肉和皮肤有弹性，曲线柔和、匀称、丰满，内脏器官与机能健康、旺盛，因此，在合理选择和搭配训练的内容和方法上，要做到扬长避短、内外结合、身心一致。全面性原则具体体现在以下几个方面：

(1)身体各部位活动全面

为了达到全面锻炼的目的，要尽可能让全身各部位的关节、肌肉、韧带和内脏器官全面动员起来，并得到很好的锻炼。包括头部的屈、伸、转、绕、绕环；肩部的提、沉、展、绕、绕环、振动；躯干的屈、伸、转、绕、绕环；髋部的顶、提、摆、绕、绕环；上肢的屈、伸、举、绕、摆、振和绕环；下肢的屈、伸、摆、举、踢及各种走、跑、跳等动作。

①力量与速度、耐力、协调、柔韧等身体素质练习相结合，促进身体素质的全面发展。

②全身练习与局部练习相结合、动力性动作练习与静力性动作练习相结合、大肌肉群练习与小肌肉群练习相结合、负重练习与徒手练习相结合、左右两侧练习相结合，促进全身肌肉群协调、匀称发展和身体线条柔和、丰满发展。

③主动性部位运动与被动性部位运动相结合、无氧运动与有氧运动相结合，促进肌肉和心肺功能协调发展。

(2)空间和路线变化全面

为了使艺术形体组合更加丰富多彩、变幻新颖,在创编组合时要注意空间与线路的变化,即在动作设计时要考虑到上下、左右、前后及斜线的变化,动作高中低的交替变化,路线长短、曲直和弧线的搭配运用,动作力度、幅度、角度和速度交替变化的运用,更好地、全方位地锻炼人的灵活性、协调性和柔韧性,培养人的时空概念和整体配合意识,丰富人的想像力,提高审美能力和创新能力。

2.针对性原则

针对性原则主要是指根据不同目的、任务、年龄、性别、职业、身体状态、运动水平、场地器材等情况,进行切合实际、有所侧重、有的放矢、因人而异、因地制宜的创编组合。

(1)因人而异

只有针对不同类型的练习者,在创编风格、技术难度、负荷大小等方面因人而异才能取得良好效果。

①对初学者要避免强度过大、难度过高。

②对于天性好动的儿童,应选择轻松活泼、自然愉快、形象生动、易于模仿、协调性和节奏感较强的动作。

③对处于生长发育的青少年则应编排动作幅度大、拉伸动作多、节奏明快且有一定强度、密度的组合。

④对风华正茂的大学生,文化素质高,接受能力强,有热情和激情,体力旺盛,精力充沛,编排时应注意选择大方健美、充满青春活力、体现时代特征、富有艺术性和趣味性的动作。

⑤在编排男子组合时,应多选择和设计能展示男性强壮体魄、阳刚之气、豪放之情的动作和造型,注意强调力度、幅度和强度,多编排一些跳跃动作。

⑥在创编女子组合时,应多选择和设计舒展优美、柔中有刚、刚柔相济、小关节活动较丰富、舞蹈性和表现性强的动作,以展示女子矫健柔美的身姿。

(2)有的放矢

艺术形体组合可根据不同的锻炼目的,分为表演、展示、形体、瘦身、塑型、矫正、保健、养生等来编排不同的组合。

①对以表演、展示为目的,可扬长避短地选择易发挥自己优势、动作华丽并有一定难度的动作编排组合。

②对以形体、瘦身、塑型和矫正为目的,可选择把杆动作、芭蕾基训、躯干前后左右对称屈伸、转体等有氧练习编排组合。

③对以保健、养生为目的,可选择动作缓和、舒展筋骨的动作编排组合。

(3)因地制宜

在进行艺术形体组合创编时,必须针对艺术形体运动场地与器械的特点和要求,使艺术形体组合动作在整套演练或表演展示时,能充分合理地利用场地和器械,同时还要遵循器械的使用方法和规律,充分发挥器械性能和练习者的特长与优势。

3.科学性原则

科学性原则是指根据艺术形体运动项目的运动技术特征,以人体解剖学、生物力学和生理学等学科原理为指导,创编符合练习者身体素质、练习目的、自身风格的组合动作。要求每次运动负荷由小到大,动作由简到繁,强度由弱到强逐步增加身体负荷。当达到和保持一定运动负荷后再逐步减少运动量,使心率由低到高,波浪形地逐渐上升,然后再逐渐恢复到平静状态,从而使心血管系统、呼吸系统、消化系统、运动系统和内脏器官功能得到改善和提高。

(1)动作编排

动作编排要从有益健康、提升美感、实现目标的目的出发,让练习者非常明确练习该动作的目的与作用。

(2)动作顺序

依据人体运动的生理规律,艺术形体组合一般分为引导热身、主体运动和整理放松三个部分。

①引导热身。目的是练习者预热身体,心理上作好准备,为进入主体运动做好准备。动作主要包括深呼吸、小关节活动和伸展练习。

②主体运动。是指艺术形体组合和主要部分,一般从身体的远端头、手、足开始,由单一动作到联合动作、局部动作到整体动作、慢动作到快动作、简单动作到复杂动作,最后到高潮为跑跳动作。

③拉长放松。是一个全身心放松和调整的过程,动作由快到慢,负荷由强到弱,拉升身体各部位的肌肉和韧带,同时配合深呼吸,使心率逐渐恢复到正常或安静状态。

(3)运动负荷

艺术形体组合的运动负荷安排应符合人体运动的合理生理曲线要求,即心率的变化要由低到高呈逐渐波浪式上升,最高心率通常出现在后半段,然后再逐渐慢下来,恢复到运动前状态。测量运动负荷大小最简便易行的方法就是心率,即每分钟心跳的次数。一般运动负荷安排在人体运动最高心率的60%～80%为最佳。通常情况下心率达到180次/分以上的为大强度运动,心率在140次/分－180次/分之间的为中等强度运动,心率在100次/分－140

次/分之间的为小强度运动。

4.新颖性原则

没有创新就没有艺术形体的发展，因此新颖性原则是艺术形体组合创编最重要的一项原则。它要求创编者大量阅读国内外图书和影像资料，了解其发展现状和趋势，深刻理解其内涵和精髓，注入自己独特的见解，再依据练习对象的自身特点和目的要求，摒弃陈旧、俗套，刻意模仿和呆板的动作，创编出与众不同、令人难忘的组合动作，既具时尚性又具先进性，既具健身价值又具美学价值，既具新颖性又具独特性，既具观赏价值又具表演价值。新颖性可从以下几方面着手：

(1)动作创新。包括动作方向变化、动作对称与否、动作行程路线等。

(2)动作路线。包括动作路线的长短、曲直搭配等。

(3)动作连接。包括动作的过渡、连接等。

(4)动作难度。包括动作高、中、低、地面等层面。

(5)音乐创新。包括特殊动作的特殊音乐配制、特殊音乐合成等。

(6)服装创新。包括与组合主题相吻合的独特款式、特殊面、料等。

(7)队形造型。包括个人与集体的队形、造型变化等。

5.艺术性原则

艺术性是艺术形体组合极为重要的文化价值和主要特点。随着社会的发展，艺术形体运动将成为普及型与竞技型并存的运动。普及型艺术形体组合可将生活元素经过艺术加工融入到组合中，让练习者通过自身锻炼即可展示其朝气蓬勃、乐观向上的精神风貌，从而实现艺术形体的普及。竞技型艺术形体组合的动作设计和组合创编必须充分体现和满足艺术性这一目标和要求，并通过演示者充分展示其魅力，给人以美的享受和艺术的熏陶，提升审美能力和艺术欣赏价值。

二、艺术形体组合创编程序

创编程序是指在创编艺术形体组合时的先后步骤与流程，主要包括创编前的准备、制定总体方案与目标、素材的选择与确定、音乐的选择与剪接、编排纪录与练习调整、评价与修改等。有序地进行这些步骤，可以提高创编的效率及价值，利于对其结构及形式进行分析、修改与提高。

(一)创编前的准备

1.明确目的、任务和要求。

2.了解练习者的年龄、性别、身体状况、运动基础和接受能力。

3.了解锻炼的时间、场地、器材设备等具体情况。

4. 学习相关的文字资料和影像资料等。

(二)制定总体方案与目标

在做好创编前的准备工作后，首先要确定目标，然后确定所编组合的类型、风格、长度、难度、速度、设计组合的结构顺序、主要动作类型及高潮的安排等。

1. 目标是健身、塑型类。按功能选择、运动对象和客观条件来选择艺术形体动作进行组合编排。

2. 目标是参加比赛、选秀、展示类。应了解参赛类型、要求、规则和参赛对象特点等，确定组合的风格，并设定预期成绩目标，进行组合编排。

(三)素材的选择与确定

素材收集工作主要是靠平时的学习与积累。当目标确定后，在创编者的素材库中选择和确定适合训练对象特点和目标的动作进行创编。

1. 健身类。选择锻炼价值高、又易于掌握和练习的动作。

2. 比赛或表演展示类。选择有一定难度、艺术价值高、又具独特新颖的动作。素材的选择与确定往往是通过开始和中间两个阶段多次练习，检验可行后，再确定创编组合中所要采用的素材动作。

(四)音乐的选择与剪接

艺术形体是音乐内涵展现的一种手段。艺术形体组合一般是先选择音乐的主题或主旋律，然后对应地编排动作组合，也可以先编排组合动作，再选择相应的音乐。无论是先选择音乐还是后选择音乐，都要求音乐的节奏和旋律与所选动作协调一致。此外，如选中的音乐存在与动作欠吻合的地方，要进行技术性很强的节录处理，音乐剪接应放在乐曲有停顿、空白或乐曲的结尾处，效果比较自然、流畅。根据组合的不同风格和目标要求，对音乐可作调速、加入音效、提示音、渐强或渐弱等处理，然后将已选好的音乐和需要剪接的音乐素材，输入电脑进行成套音乐的制作，同时做好音乐风格转换、变奏、节拍数量等标志点的记录，便于创编组合动作时给予动静疾徐、起伏跌宕、错落有致、高潮段落等必要的提示、备查和完善。最后根据需要检查成套音乐的长度是否与训练或参赛要求相符。

(五)编排纪录与练习调整

在完成创编前的准备工作、确定目标和方案之后，将构思组合的整体框架、重点、创新点以及队形变化、造型等，用文字、简易画或图形等形式记录下来，在训练中检验其可行性和有效性。在边实施边修改时，注意不要在细节问题上过于纠结，否则易使创编陷于困境。在成套动作完成后，根据测试结果、练习者的反馈和专家的观察，从整体、全面的角度对组合的运动量和强度、动作的结构顺序和衔接等的合理性、组合的高潮、线路和造型的艺术性以及与成套音乐的吻合性等全方位进行评价、修改、调整和雕琢，直至最后定型，使成套组合动作趋于合理与完美。

(六)撰写文字说明与摄录

在成套动作定型后，根据设计与选择的动作，以文字、图片和录像的形式记录下来，以便长期保存或进行其他教学、研讨、交流、出版和推广等，因此要求文字说明言简意赅、图片摄制清晰准确、录像有完整成套动作组合、分解动作和成套表演。

三、艺术形体组合音乐选择

艺术形体既是视觉艺术，又是听觉艺术。音乐是艺术形体的灵魂，艺术形体是音乐内涵的表现形式。要选择好艺术形体的音乐，首先要了解音乐常识以及艺术形体与音乐的关系，其次要明确艺术形体音乐的特点和作用，最后才能选择好音乐，并在编排和教学中运用。

(一)音乐常识

1.音乐

音乐是用有组织的乐音来表达人们思想感情、反映现实生活的一种艺术。它最基本的要素是节奏和旋律。由于音与音之间连接或重叠，产生了高低、疏密、强弱、浓淡、明暗、刚柔、起伏、断连等等，它与人的脉搏律动和感情起伏等有一定的关联，所以音乐能表达人们的感情。

2.音乐的基本表现手段

音乐的基本表现手段主要由旋律、节奏和速度组成。

(1)旋律。也叫曲调，是将音的高低、长短、强弱按一定的关系组织起来，具有一定意义的一系列音的线条，是创造音乐形象、表现音乐内容的最主要手段，也是最能引人入胜的，因此在音乐中占有最重要的地位。

(2)节奏。是指时间长短的组织关系，能给旋律带来鲜明的性格，并给予音乐以活力和动力。它不仅存在于音乐当中，同样也存在于艺术形体运动当中。

(3)速度。指音乐进行的快慢。一般来说快速表现活跃或激动的情绪，慢速表现为安静、抒情或低沉的情绪。

旋律和节奏是音乐的最基本要素，它与艺术形体有着密不可分的关系。音乐旋律的高低起伏为动作创编的起伏创造条件，节奏和速度的快慢左右着成套动作的分段与结构，只有掌握好音乐的节奏，才能把艺术形体的动作节奏和音乐节奏相协调。

(二)艺术形体与音乐的关系

1.艺术形体与音乐都展现人类的情感和思想

艺术形体是以人体运动为形式,通过其丰富的动作、技巧、姿态中鲜明的节奏性和韵律感来展示人的身体能力和精神世界,反映现实生活中的一种人体艺术。而音乐是以声音符号为形式,用有组织的乐音,通过多变的节奏、旋律中蕴涵着的激烈、静韵、喜悦、悲苦等来把握人类精神世界,表达人们思想感情、反映现实生活的一种艺术。两者都指向人类的情感和思想、精神和灵魂,具有内在的、天然的共通性。

2.艺术形体和音乐的联系主要通过节奏和韵律来实现

艺术形体的节奏和韵律是通过人体运动的动力在时空上的分配方式,在不同阶段、各环节以及负荷与恢复安排中体现的时间特征,她轻快、有冲击力,更有弹性和韵律。艺术形体运动动作都是"力"与"速度"在互动关系上的节奏性变化,而音乐最基本的要素是旋律和节奏。旋律是创造音乐形象、表现音乐内容的最主要手段;节奏是音乐的灵魂,给旋律带来鲜明的性格,并给音乐以活力和动力。音乐最先为艺术形体所接受的就是节奏。艺术形体和音乐的联系主要通过节奏和韵律来实现的。

3.音乐为艺术形体提供了基本的表演内涵

艺术形体动作按照一定的节拍和韵律进行练习,使其更具生命力和艺术性。可以说音乐为艺术形体添上了两只翅膀,扩大了其表现的空间。而音乐的节奏与速度严格控制着动作的节奏与速度,在很大程度上控制了运动的强度。节奏快,运动强度就大;节奏慢,运动强度就小。音乐的风格指导和控制着动作的风格,音乐的强弱变化为动作的力度与起伏奠定了基调;音乐的声音由弱到强或由强到弱,运动就由舒缓到激烈或由激烈到平缓;柔美和谐的声音与自由伸展、缓慢柔美的动作相联系;深厚强劲的声调与紧张激烈的动作相联系,这种内在的联系,使动作产生了韵律感,提升了艺术形体运动的美学价值。

4.音乐节奏能改善神经反应的节律性规律

生物学研究表明:让练习者正确感知动作的不同阶段和在不同阶段采取的不同动作节奏、速度,并用音乐节奏直接控制练习者的动作速度、节奏以及动作之间的连贯效果。通过反复训练,练习者不知不觉地与音乐发生了密切关系,当练习者的动作几乎与音乐变化合二为一时,音乐旋律的连贯性和节奏的弹性,使练习者的动作变得流畅协调,动力节奏感得到提高。具有良好动力节奏感的人,不仅能准确、优美地完成动作,而且动作更具表现力,这对于艺术形体运动尤为重要。

5.音乐节奏能促进动力节奏感的形成与提高

音乐节奏是人的听力、理解力和想像力的综合反映。而运动中的节奏感则是一种动力感觉，是练习者驾驭速度和力量变化的一种感应能力，可以控制和诱导练习者动作的频率、幅度以及在比赛中的心理状态。在有音乐或类似音乐节奏变化的环境中进行训练或比赛，有利于改善练习者神经反应的节奏性规律，使兴奋与抑制更趋平衡，肌肉用力紧张与放松交替自如，提高练习者肌体的协调能力，从而达到最佳训练状态，用最省力的方式完成最大难度的动作；同时音乐还有助于约束练习者的注意力和思维，控制其心理活动的指向，使练习更具实效性，从而达到提高训练和比赛成绩的目的。

（三）艺术形体音乐的特点和常用的种类

1.艺术形体音乐特点

艺术形体音乐特点是音乐的曲调要健康明朗、富有特色，节奏感强且变化大，时而活泼轻快、时而优美舒展、时而热情奔放、时而刚健有力，强弱、刚柔、幅度对比鲜明。整个乐曲应该是一个或一段或由几个主题有机结合在一起的完整曲子，也可以是专门为某套动作编写的乐曲。成套动作必须符合音乐的特点，并尊重音乐的韵律结构，音乐的节奏、旋律、句子、速度、力度等必须由动作加以突出，使音乐和动作成为一个完美的整体。

2.艺术形体常用音乐的种类

(1)爵士乐。产生于20世纪的美国，是欧洲文化与非洲文化结合的产物。它主要来源于黑人社会的劳动歌曲、婚丧仪式、社交场合上演唱、演奏的散拍乐，所采用的和声手法是从欧洲音乐吸收而来，最初以即兴演奏为主，以独特的切分节奏贯穿全曲。

爵士乐的主要特点：一是旋律由连续不断的切分节奏组成；二是即兴演奏；三是强有力的打击乐组成；四是变化多端的节奏；五是音色鲜明而强烈；六是和声丰富。爵士乐常常是表现一种欢乐喜悦的气氛，just fun 是他们的格言。

(2)迪斯科。源于美国，上世纪六七十年代流行于欧美。音乐是由爵士乐不断演变而成，它多是带唱的，但音乐的目的只是追求快的节奏，重音重复不断地出现，而歌曲的内容往往不是主要的表现。

迪斯科的主要特点：旋律继承了爵士乐的切分节奏，强调打击乐，多采用单节拍，重复不间断地出现，表现出一种旺盛的精力。

(3)摇滚乐。又称滚石乐，也是从爵士乐中派生出来的。它有快有慢，往往以一种以上节奏型反复出现，带有摇摆的感觉，它继承了爵士乐演奏的即兴性，打击乐的多样化和在乐队中的重要位置。

(4)轻音乐。是指那些轻松愉快、生动活泼而又浅显易懂的音乐,它一般不表现重大的主题思想和复杂的戏剧性内容。轻音乐大致分为轻松活泼的舞曲、电影音乐和戏剧配乐、通俗歌曲和流行歌曲、日常生活中的舞蹈音乐和民间曲调、轻歌剧五大类。

(四)音乐在艺术形体中的作用

1.音乐是艺术形体的灵魂

旋律优美、节奏感强的乐曲能激发练习者情绪,提高兴奋性,使其进入美的意境,并有助于练习者牢固地记忆动作顺序,发展动作的协调性,加快掌握动作的速度。时尚、欢快、热烈、富有节奏的音乐,能有效地激发练习者的积极性和热情,使其闻声自娱、做而入境、欲动不止。

2.音乐是心灵的体操

艺术形体动作的力度、激情、表现力等都是在接受音乐的刺激后产生的。优美动人的音乐与动作协调配合,能有效地增强练习者的乐感、美感、韵律感、节奏感和表现力,激发其丰富的想像力和创造力,从而达到增进健康、培养正确体态、塑造优美形态、陶冶美的情操、达到完美艺术境界等目的。如果没有音乐的配合,就不能充分体现其艺术效果,失去其艺术感染力。

3.音乐是用声音表达思想情感的艺术

艺术形体音乐是服务于艺术形体动作的功能性音乐,她具有扩散力和穿透力,对人的生理和心理产生强烈的刺激和影响,使人的情感运动与音乐的情感发生直接的联系,迸发出人体运动美的深刻内涵,形成动与情、形与神、身与心相互交融的共鸣。同时人们沉浸在优美音乐的氛围中练习,心情愉快,不易疲劳,排除紧张,自我陶醉。

(五)艺术形体音乐在编排和教学中的运用

1.艺术形体音乐在编排中的应用

主要分两种情况,即根据动作选配音乐和根据音乐创编成套动作。

(1)根据动作选配音乐

如果先完成成套动作的创编,再选配音乐,则要求所选音乐必须与成套动作风格统一。音乐要起到渲染气氛、烘托气势、增强表现力的作用。练习者要在熟练掌握动作的基础上,把动作最佳地融入到音乐中。其音乐可利用先进技术,如剪接、加速、减速、配乐、加音效或语音等,将规定动作、特色动作处的音乐进行加工处理,使音乐层次清晰、特色鲜明、标志明显,从而为整套动作的音乐打出一个个强有力的音符,给裁判和观众留下深刻的印象,同时也将进一步渲染、烘托动作,并赋予动作以更新更全的诠释。

(2)根据音乐创编成套动作

音乐是通过组织的音符来表达人们思想情感和反映社会生活的一种艺术。富有激情的音乐容易激发练习者和创编者的创作灵感。从音乐出发,聆听、感受、理解音乐,更容易达到音乐形象与动作形象的完美统一。同时也通过音乐完成了与裁判、观众间的交流,从而通过融入音乐完成自我表现。要达到如此的境界,要求练习者必须具备一定的音乐赏析能力,多听各种不同旋律、不同风格的音乐,尤其要多听世界名曲、各民族乐曲等,增强对音乐的感受和理解力,做到声中有形,形中有声,声形一体。

2.艺术形体音乐在教学中的应用

音乐伴奏是艺术形体教学中的有机组成部分,其自始至终都是为艺术形体教学服务的。因此在教学中要充分运用音乐伴奏,培养练习者动作的韵律感、节奏感和美感,激发练习者内在的情感和表现力。如艺术形体要求动作美、幅度大、动作连贯、变化多样,成套动作起伏鲜明、对比强烈,在音乐的选择上就要求旋律的动力性强,乐曲对比鲜明、变化多端。

(1)按动作性质选择音乐

音乐的形式繁多复杂,有欢快的、抒情的、古典的、现代的等等,但无论哪种形式的音乐,都必须符合艺术形体动作的性质和要求。如弹簧步要选择刚劲有力的音乐;波浪动作要选用连绵不断、富有情意的音乐;小跳则应选用轻松、欢快且节奏感强的音乐;柔软步则应选用轻捷、柔和的音乐等等。

(2)按队形和动作变化选择音乐

依据动作情景、线路的变化和成套动作的情节来选择音乐。特别的动作在音乐的效果上应有其特定的要求,而音乐的艺术性仍然是不落俗套、出其不意、扣人心弦的,音乐的色彩和情调要鲜明,才能更加烘托出动作的艺术效果。

(3)按器械特点选择音乐

在艺术形体运动中,球呈圆形,其动作要求圆滑、柔软、流畅,对音乐的选择要求流动性强、起伏大、节奏明快而多变;圈行程大,用摆、绕等将高抛动作连成一体,对音乐的选择要求奔放、宽广、欢快、活泼;扇的技术细腻,对音乐的选择要求流畅、抒情、变化多。

总之,随着动作的演变,伴以跌宕起伏的旋律、动静疾徐的节奏、刚柔相济的力度、轻重缓急的速度,使音乐与动作融为一体,成为健与美、灵与巧、柔与刚、情与形的艺术。

3. 选择艺术形体音乐的注意事项

(1)突出精华

当音乐和艺术形体动作相互表现、相互衬托时,方能产生共鸣。因此首先要解决好音乐与动作的安排。一套动作要给人留下深刻印象,必须有其独到之处,即精华部分。这个精华可以是一串动作的连接,一组连续不断的跑跳,也可以是一组舞蹈设计,甚至可以是一个或几个高难度动作。在编排上独树一帜必须要有好的音乐给予配合,无论是从旋律上或是节奏上,都要根据艺术形体动作的特点选配好音乐才能起到引发共鸣效果。

(2)音乐与动作风格一致

一套以现代舞为主调的成套动作,应选择节奏比较强烈、豪放的音乐,一套以喜庆民族舞为主调的成套动作,应选择与之相应的欢快、热烈的该民族音乐,一套以潇洒的拉丁舞为主调的成套动作,应选择拉丁风格的音乐。另外,动作的选择要符合个人身体条件、表现力及对音乐的天赋等特点来进行,以扬长避短为原则。

(3)音乐与动作节奏一致

音乐的节奏是通过节拍来表现的,艺术形体音乐节拍有 2/4 拍、3/4 拍、4/4 拍、6/8 拍等。动作设计一定要根据音乐节拍的强弱或根据动作的节奏,配合相应的旋律的音乐,使其有机结合,达到完美的艺术效果。一套动作可以用一首曲调的音乐完成,也可以用同样节奏的几首不同音乐与相应动作节奏相配合完成。

总之,音乐是艺术形体动作节奏的基础,而动作则是音乐的情感、性格、形象和结构的表现。在创编艺术形体组合动作时,一定要注意使音乐的旋律与动作的形象融为一体,根据音乐的旋律创编出动作的旋律,根据音乐的色彩变化发展动作的多样化,动作要伴随着音乐的起伏对比创编独特性的动作,音乐的曲式结构要体现在动作结构中。只有音乐成为艺术形体的灵魂,艺术形体成为音乐内涵的表现形式,使听觉和视觉达到和谐统一的艺术效果时,音乐才能将艺术形体提升为有感情、有灵魂、有声色、有情形的一项艺术性运动。

学习思考题

1. 简述人体的生理系统和艺术形体运动的理论。
2. 有氧运动的概念及艺术形体训练中运动量与负荷的判定方法是什么?
3. 恢复训练的概念及其作用是什么?

4. 艺术形体组合的创编原则和程序有哪些?

5. 如何理解艺术形体组合音乐的作用和选择?

推荐书目及网站

[1]王洪.健美操教程[M].北京:人民体育出版社,2001.1.

[2]田麦久.关于运动训练原则的辩证思考[J].北京体育大学学报.2010.3

[3]肖国强.运动能量代谢[M].北京:人民体育出版社,1997.6.

[4]王爱兰.艺术体操[M].北京:人民体育出版社.1987.3

[5]樊莲香,等.形体与形象塑造[M].广州:中山大学出版社.2004.7

[6]刘子水.运动负荷运动量、负荷强度概念及内涵的讨论与分析[J].阴山学刊.2011.6.P60—62

[7]郭可愚.形体美[M].北京:人民体育出版社,2006.12.

[8]田麦久.运动训练学[M].北京:高等教育出版社,2006.6.

[9]黄宽柔.形体健美与健美操[M].北京:高等教育出版社,1995.

[10]金其荣.体育与健康实践教程(第二版)[M].北京:北京大学出版社,2007.7.

[11]王家宏.运动训练学 运动竞赛学[M].桂林:广西师范大学出版社,2005.8.

[12]曲宗湖.学生运动员的发现和培养[M].北京:人民体育出版社,2002.12.

[13]李志勇.运动训练学[M].济南:山东大学出版社,2001.9.

[14]http://www.caa—gym.org/

[15]http://cctv.cntv.cn/lm/jianshenwuqilai/index.shtml

第四章 艺术形体与食物营养

本章导读 食物营养是通过人体的合理膳食将食物摄入体内，经过人体的消化、吸收并利用食物中的养料以维持生命的整个过程。本章通过对食物营养素、平衡膳食和科学合理安排饮食的介绍，结合第三章的内容，掌握艺术形体运动与食物营养的科学和协调配合，更有效地促进人体生长发育，塑造健美体型，提高健康水平。

第一节 营养素

食物的营养是构成人体机体组织的物质基础，运动训练增强人体的机能，这二者都是促进人体健康的重要基础。只注意营养而缺乏运动训练，会使肌肉松弛，机能减弱；只注意运动训练而缺乏必要的营养保证，体内的物质能量消耗就得不到应有的补充，身体健康和发育就会受到严重的不良影响。懂得一些营养知识，对于合理饮食，充分发挥食物的营养作用具有积极的意义。

一、相关概念

营养(Nutrition)是指有机体摄取和利用食物过程的总和。包括摄食、消化、吸收和利用养料，维持生命。

营养素(Nutrient)是指食物中可给有机体提供能量、机体构成成分和组织修复以及生理调节功能的生化成分。是维持人体健康以及提供生长、发育和劳动所需的各种物质。

为保证人体生长发育，维持和修复身体的正常需要，人体每日大约需要摄入 45—50 种不同的营养素，人体日常必需的营养素主要有糖类、脂肪、蛋白质、维生素、矿物质、水和纤维素等七大类。

二、营养素的作用

(一)糖类——人体的主要能源

1.糖类的概念与分类

糖类又称碳水化合物，由碳、氢、氧三种元素组成。因其所含氢和氧的比例为 2∶1，和水一样，故称碳水化合物。食物中的糖类分成两大类：一类是人体可以直接吸收和利用的有效糖，如单糖(葡萄糖、果糖)、双糖(蔗糖、麦芽糖)、多糖(淀粉、糖元)。另一类是人体不能消化的糖，如纤维素(组成元素为碳、氢、氧)。

2.糖类的主要作用

(1)提供能量。人体所需热量的 60%～70%都来自于糖类，尤其是大脑，血中的葡萄糖是其唯一的热量来源。

(2)构成肌体组织和参与细胞多种代谢。在所有的神经组织和细胞核中都含有糖类物质，糖蛋白是细胞膜的组成成分之一，核糖和脱氧核糖参与遗传物质的构成。

(3)保护肝脏。肝脏糖元充足时，肝脏对由某些化学毒物(如酒精)以及由各种致病微生物引起的有害物质有较强的解毒能力。

3.人体糖类主要来源

人体糖类的主要来源是蔗糖、谷类、豆类和薯类等食物。谷类食物每 100 克约含 60—80 克糖类；豆类食物每 100 克约含 40—60 克糖类，其中大豆含糖类较少，每 100 克为 25—30 克；薯类食物每 100 克为 15—29 克。

4.糖类的消耗与艺术形体训练的关系

糖类的消耗与艺术形体训练的运动强度和运动时间长短有关。大强度艺术形体训练时，主要消耗快肌(白肌)的肌糖元；中等强度艺术形体训练时，先是消耗慢肌(红肌)的肌糖元，然后快肌和所有肌糖元大量消耗。在短时间和强度不太大的艺术形体训练中，基本上不会引起肌糖元的严重损耗和低血糖情况，而持续 40 分钟以上且强度较大的艺术形体训练，则可使肌糖元接近耗竭。连续多日的大强度艺术形体训练，会使肌糖元贮备消耗殆尽。所以进行长时间的艺术形体训练，为了不使血糖下降过快、过早，在训练前可补充一些糖；短时间训练可不补充。对于体弱者来说，在进行艺术形体训练前适当补充些糖，可以节省体内糖元和防止低血糖症状的发生，减轻或延迟疲劳的出现，提高运动成绩。但糖类的补充不是越多越好，过多补充糖，可使糖转化成脂肪储存在体内，久而久之，人体就会变得肥胖。

（二）脂肪——人体新陈代谢的燃料

现代都市女性大多畏惧脂肪，甚至有些人到了“谈脂色变”的程度，殊不知人体的生长、发育和修复都离不开脂肪。

1. 脂肪的概念与分类

脂肪又称脂类，可分为甘油三脂（或中性脂肪）、磷脂和固醇三大类。

2. 脂肪的主要作用

人体的生长、发育和修复都离不开脂肪，脂肪的主要作用是：

(1)参与新陈代谢。除作为能量储备外，脂肪也是细胞的组成部分。

(2)保护器官、减少摩擦和防止体温散失。脂肪大部分贮存在结缔组织、内脏器官周围，可缓冲因剧烈运动及震荡对体内组织和器官的冲击损害，并防止体温散失。

(3)保护皮肤。使之更加丰润，避免干燥、龟裂。

(4)溶解和输送脂溶性维生素。如维生素 A、维生素 D、维生素 E、维生素 K 等。

3. 脂肪的主要来源

在饮食中摄取的脂肪包括油脂（植物油和动物脂肪）和类脂两类。

(1)油脂是日常膳食中脂肪的主要来源，也是人体内脂肪的主要成分。1 克油脂脂肪可产生 9 千卡热量，当人体饥饿时，就会氧化脂肪，以便供给人体热量，减少蛋白质的消耗；油脂脂肪还是脂溶性维生素的携带者，这类脂肪能刺激胆汁分泌，促进人体对脂溶性维生素的吸收。

(2)类脂是一种与脂肪类似的物质，如磷脂、固醇、脂蛋白等。类脂也是构成人体组织细胞和原生质的主要成分，尤其是在神经组织的细胞内含量丰富，对人体的生长发育非常重要。

4. 脂肪的利与害

(1)利。脂肪的主要成分是脂肪酸，脂肪酸又分为饱和脂肪酸和不饱和脂肪酸，不饱和脂肪酸也叫必需脂肪酸。饱和脂肪酸大都来源于动物性脂肪，而所有动物性脂肪都含有胆固醇；不饱和脂肪酸又分为单不饱和脂肪酸和多不饱和脂肪酸，他们大都来源于植物性脂肪，植物性脂肪不含胆固醇。不饱和脂肪酸对心脏病、糖尿病、关节炎和癌症等疾病有协助治疗作用，在婴儿发育、多发性硬化症和某些皮肤病的治疗，以及中老年的健康维护中都有着不可忽视的价值。

在所有人体必需的营养素中，脂肪是能量最高、热量最大的营养素。脂肪在体内氧化时所放出的能量是蛋白质和糖类的 2 倍，是长时间运动能量的主要来源。人体内脂肪的贮存量较大，一般占人体体重的10%～20%，男子如果超过25%、女子超过30%，就属于肥胖。人体对脂肪的实际需求量并不高，一般每天50克就足够了。

(2)害。过多地摄入脂肪对人体非常不利，一是脂肪在体内代谢耗氧较多，二是过多的脂肪，尤其是动物性脂肪是导致肥胖、高血脂和动脉硬化的主要因素之一。

为了健康和塑造体型，膳食中的脂肪摄入不宜过多。经常参加艺术形体训练者，如果运动量不大，则每天的脂肪摄入量控制在77克左右即可；如果运动量较大，则摄入量可放宽到每天127克左右。

(三)蛋白质——铺垫生命的基石

1.蛋白质的性质

蛋白质参与生命活动的全过程，被科学家称为“生命的基石”。它在希腊语中原意是“最重要的物质”，由20多种氨基酸按不同的序列组成，其中8种为必需氨基酸，这8种必需氨基酸不能在人体内自然合成，必须从食物中获取。

2.蛋白质的主要作用

(1)构成、修补和更新身体组织。

(2)合成人体必需的酶、激素和抗体。

(3)调节渗透压。

(4)供给人体必需的能量。

(5)维持肌体酸碱平衡。

(6)参与运输氧气及其他营养物质。

蛋白质是铺垫生命的基石。如果蛋白质长期供给不足，儿童会生长发育迟缓，甚至妨碍智力发育；青少年机体将发生蛋白质缺乏症，表现为酶的活性降低和机能减弱、球蛋白减少、抵抗力下降、因血浆蛋白浓度下降而出现的浮肿等；成年人出现体重下降、肌肉萎缩、贫血等症状；妇女则可能发生月经紊乱等。如果蛋白质摄入过多，在代谢和排泄中会增加肝脏和肾脏负担，尤其在膳食热量不足时，这种危害作用更大。研究认为，人体每天按每公斤体重摄取1克蛋白质的量比较合适。

3.蛋白质的主要来源

蛋白质分为植物性蛋白质和动物性蛋白质。植物性蛋白质以豆类食物中的蛋白质含量较高，如100克大豆中蛋白质含量约为35—40克，其他豆类蛋白质含量约为20—30克。100克谷类食物中蛋白质含量约为6—10克。坚果如花生、核桃、葵花子、莲子等蛋白质含量较高，每100克食物中约含15

—25 克的蛋白质。动物性蛋白质以鱼类、禽类含量最为丰富，每 100 克食物中含 95 克对人体有益的蛋白质，其他肉类如牛肉、猪肉、羊肉也含有大量的蛋白质，每 100 克食物中约含 10—20 克蛋白质，所含的人体必需氨基酸种类齐全，数量充足。

4. 蛋白质与艺术形体运动的关系

蛋白质与人体进行艺术形体运动的能力有着密切的关系。肌肉发育和肌肉蛋白紧密相关，肌肉纤维增粗很大程度上依赖肌蛋白数量的增加，肌肉力量增加取决于肌肉收缩蛋白的数量和性能。所以，艺术形体训练者要注意合理摄入蛋白质。

（四）维生素——人体新陈代谢的催化剂

维生素有“维持生命的元素”之意，是具有生物活性的一类低分子有机化合物，既是维持健康所必需的，也是人体正常发育所必需的营养物质。这类物质在人体内既不是构成人体组织的原料，也不是能量的来源，其作用是对体内物质代谢进行调节，所以称它为人体新陈代谢的催化剂。

由于大部分维生素在人体内不能自行合成，而食物中的维生素最怕酸、碱、高温及水洗浸泡等，因此人体很容易因供给不足而造成体内维生素缺乏，引起某些症状。维生素的种类很多，主要有维生素 A、维生素 B_1、维生素 B_2、维生素 B_3、维生素 B_6、维生素 B_{12}、叶酸、维生素 C、维生素 D、维生素 E、维生素 K 等。一般情况下，人体所需的维生素主要由食物供给，不必另外补充维生素制剂。

1. 维生素 A

维生素 A 又称胡萝卜素，是脂溶性物质。维生素 A 中的 β-胡萝卜素具有抗癌作用，有助于降低胆固醇含量。

维生素 A 缺乏会引起皮肤干燥、毛囊角化、角膜软化、呼吸道黏膜抵抗力降低等病症，对胎儿和幼儿会产生发育障碍，还会导致女子月经过多、男子精子发育不成熟。最常见的是夜盲症，也称“雀目”。

维生素 A 在体内积蓄过多会发生中毒，表现为食欲减退、体重下降、头痛不适、视力模糊、头发脱落、易兴奋、长骨末端疼痛、肝脏肿大等症状。

我国成年男女和 5 岁以上儿童每日摄入 1 毫克维生素 A 就足够了，最好 1/3 来自维生素 A，2/3 来自胡萝卜素。动物肝脏、禽蛋、牛奶、鱼卵等富含维生素 A；深绿色及红黄色的蔬菜和水果中富含胡萝卜素，如菠菜、油菜、莴笋叶、韭菜、红薯、柿子、杏、西红柿、辣椒等。

2. 维生素 B_1

维生素 B_1 又叫硫胺素。其主要功能是促进糖元在肝脏和肌肉中的积聚，辅助糖代谢，在能量代谢过程中加速糖元和磷酸肌酸分解，促进肌肉运动；维护神经系统的机能，加强胃肠蠕动和消化液分泌，促进食欲。

谷类的胚芽和糠皮中维生素 B_1 的含量最高。谷类加工愈精，维生素 B_1 损失愈多，所以长期吃精米精面会造成机体维生素 B_1 的缺乏，引起衰弱、疲倦、头痛、失眠、食欲不振、脚气病、神经炎和肢端麻木等症状。此外，维生素 B_1 在豆类，酵母，干果类，绿叶蔬菜，动物的心、肝、肾、瘦肉和蛋中都有一定含量。和所有的维生素B族一样，多余的维生素 B_1 不会贮存于体内，必须每天补充。一般维生素 B_1 供给量是随供热量而定，每供1000千卡热量，供给0.5毫克维生素 B_1。

3.维生素 B_2

维生素 B_2 也叫核黄素，是酶的重要成分。它在体内参与蛋白质代谢，促进蛋白质合成，对发展肌肉有重要作用。

与维生素 B_1 不同，维生素 B_2 能耐热、耐酸、耐氧化，但是在碱性环境中易被破坏，对紫外线敏感。若机体内缺乏维生素 B_2，物质代谢就不能正常进行，而且易患口角炎、舌炎、阴囊皮炎、脂溢性皮炎、生长发育障碍、怕光和角膜血管增生。

富含维生素 B_2 的食物有动物肝脏、蛋、奶、鳝鱼、豆类、酵母和各种新鲜绿叶蔬菜，但维生素 B_2 在食物中含量较少，不注意容易缺乏，一个人每日需要维生素 B_2 的量和维生素 B_1 相同。

4.维生素 B_3

维生素 B_3 也称烟酸、尼克酸。烟酸与肾上腺皮质激素、甲状腺素、胰岛素一样是合成性激素不可欠缺的物质。它能维持健康的神经系统和正常的脑机能。若人体内缺乏烟酸，容易发生糙皮病。

维生素 B_3 来源广泛，动物肝脏、花生、谷类、豆类中含量较多，而蛋、奶、蔬菜、水果中含量较少。

5.维生素 B_6

维生素 B_6 也叫抗皮炎素，是制造抗体和红血球的必要物质，可促进核酸的合成，防止组织器官的老化。缺乏时会导致婴儿贫血、痉挛、生长不良和成人动脉硬化等。

富含维生素 B_6 的食物有米糠、酵母、麦胚、麸皮、大豆、葵花子、花生、核桃、香蕉、动物肝脏等。

6.维生素 B_{12}

维生素 B_{12} 又叫钴胺素，是唯一含有主要矿物质的维生素，它很难被人体吸收。维生素 B_{12} 缺乏会导致恶性贫血和神经系统病变，以及舌、口腔、消化道黏膜发炎。维生素 B_{12} 主要来源是动物性食物，富含维生素 B_{12} 的食物有动物肝、肾、奶、海鱼、虾，植物性食物中维生素 B_{12} 含量很少，但发酵的豆制品，如豆豉、腐乳、豆瓣酱和黄酱中则含量丰富。

7. 叶酸

叶酸是一种重要的维生素 B 族，它是制造红血球不可缺少的物质，能够帮助蛋白质进行代谢，对细胞的分裂及生长有着特别重要的作用。

叶酸不能在人体内自行合成，食物是人体获得叶酸的重要来源。动物肝脏、酵母提取液、绿叶蔬菜、豆类和某些水果以及强化叶酸的谷类富含叶酸，这些食物若长期暴露在空气中，受到紫外线的照射，会使叶酸分子断裂失去活性，所以对这些食物要注意科学的储存、加工和烹调。

缺乏叶酸可致贫血，补充叶酸有益健康。动物肝脏每克含叶酸可达 3.2 微克，但摄入量很少；啤酒中每毫升含叶酸 0.09 微克，常喝啤酒的人可获得较多的叶酸。对腹泻病人、妇女、儿童、化疗病人及服抗菌药、抗疟药的人，要适当增加叶酸摄入量。

8. 维生素 C

维生素 C 又叫抗坏血酸。对人体的主要功能是：

(1)促进体内氧化过程。使组织利用氧的能力增强，并能改善组织的营养代谢，从而提高机体的工作能力。

(2)促进胶原组织的形成，保持细胞的完整。缺乏维生素 C 时，细胞间质不能形成，易患坏血病，主要表现为毛细血管壁脆性增加，因而牙齿、全身皮肤、黏膜易出血，尤以牙龈出血最常见。

(3)促进创伤愈合及骨折愈合。

(4)促进血液中的抗体生成和白细胞的噬菌能力，从而提高机体对传染病的抵抗力。

维生素 C 主要在植物性食物中含量较多，含量较高的有大枣、酸枣、辣椒、雪里蕻菜、油菜、卷心菜、花菜、苦瓜、山楂、猕猴桃等，新鲜蔬菜中叶部比茎部的含量高。维生素 C 易受烹饪和储存环境的影响而遭到破坏，所以蔬菜、水果应吃新鲜的。成人每天需要摄入 60 毫克维生素 C。

9. 维生素 D

维生素 D 又叫钙化醇、阳光维生素，来自食物和阳光。在人体内的主要功能是促进钙的吸收，对人体内的钙、磷代谢和骨骼、牙齿的生长发育极为重要。

维生素 D 缺乏多发生于婴幼儿、孕妇、乳母。儿童缺乏时，可引起佝偻病，成人缺乏时则可引起骨质疏松症和骨软化症。

维生素D的来源主要不靠食物，人体皮肤受日光照射后，皮下的η-脱氢胆固醇可转化成维生素D，经常照射日光所形成的维生素D就能满足身体的需要。含维生素D较多的食物有鱼肝油、动物肝脏、蛋黄、奶等。维生素D用量需与钙、磷的供给量综合考虑，一般成人每日供给300—400国际单位（相当于10微克）。每日摄入量若超过10万国际单位，可能发生维生素D中毒现象，表现厌食、恶心、呕吐、腹泻、头痛、多尿等症状。

10.维生素E

维生素E又叫生育醇，是脂溶性物质，存在于肝脏、心脏、肌肉、血液之中。在人体内的主要作用是：

(1)保护细胞，减缓机体的衰老过程。

(2)增进氧的利用率。

(3)促进肌肉的营养代谢，从而提高机体的运动能力。

(4)是一种很重要的血管扩张剂和抗凝血剂。

维生素E缺乏可引起不孕症和肌肉萎缩、早衰等。

维生素E在食物中分布较广，主要来自植物性食物，其中麦胚芽油和玉米油含量较高，其次是植物油、绿叶菜、豆类、花生和蛋黄等。

11.维生素K

维生素K又叫甲萘醌，是一种脂溶性维生素，是促进血液凝固的化学物质之一，是形成凝血酶原不可缺的物质。其主要来源为动物肝脏、瘦肉、蛋等。植物性食物，如绿叶菜、水果中亦含有维生素K。

一般而言，正常人每天可从食物中摄取多种维生素，不致发生缺乏症。但在不良气候、不良环境中（如高温、寒冷、缺氧）工作，或从事特殊职业、处于特殊生理状况下，每天应适当补充一定量的维生素制剂。维生素药物不可滥用，以免过量引起中毒。一般饮食不会发生维生素过量的情况。

（五）矿物质——人体中不可缺少的物质

矿物质又叫无机盐，是人体维持正常生理功能必不可少的物质。人体对常量矿物质，如钙、镁、钠、钾的需要较多，而对微量矿物质，如铁、锌、硒、锰和碘的需要量较少。矿物质仅占体重的3%～4%，目前研究发现有18种矿物质对维持人体的正常机能起到很大作用，其中钙、碘、铁、镁、磷、锌等6种矿物质每天必须摄入，氯、铬、钴、铜、氟、锰、钾、硒、钠、硫、矾、钼等12种矿物质对于人体的健康有很大的影响。

1.钙

钙是构成骨骼和牙齿的主要成分（人体内99%的钙存在于骨骼中），它可维持肌肉的正常兴奋性，帮助血液凝固，对心脏正常功能、保持心血管健康有着十分重要的作用。

缺钙时肌肉容易痉挛。

含钙较多的食物有海带、虾皮、豆类及油菜、雪里蕻等绿色蔬菜。菠菜含钙虽多，但也含有较多的草酸，草酸与钙结合成草酸钙，不易被人体吸收利用。

2. 磷

人体内80%的磷存在于骨骼中，其在人体内的作用有：

(1)磷与钙结合成磷酸钙构成骨骼和牙齿；

(2)参与形成酶；

(3)在物质代谢中形成三磷酸腺苷和磷酸肌酸，供给肌肉收缩的能量；

(4)形成血中磷酸盐，维持酸碱平衡；

(5)参与蛋白质、脂肪和糖类的代谢过程；

(6)与脂肪合成磷脂，是神经系统的重要物质。

磷在食物中分布较广，正常膳食中不会缺乏。乳类、蛋、肉、豆类和绿色蔬菜中含磷较多。

3. 钠、氯

钠和氯是维持肌体水平衡、渗透压、酸碱平衡、肌体电解质和体液平衡的重要离子；它们在细胞内外和血浆中分布不同，与蛋白质、碳酸盐一起，共同维持各种细胞组织的渗透压，使组织保留一定水分，维持机体水平衡。

钠可以增加神经肌肉的兴奋性，缺乏时肌肉软弱无力，容易疲劳。

氯是合成胃酸的主要成分，对消化有重要作用。氯化钠有调味作用，可增加食欲。氯化钠的主要来源是食盐。

4. 钾

钾在人体中的主要作用是

(1)调节细胞内外的水平衡；

(2)促进糖元形成，参与能量代谢；

(3)促进肌凝蛋白质的合成；

(4)维持神经肌肉的应激性；

(5)对心脏正常功能、保持心血管健康有着十分重要的作用。

体内钾缺乏时，将使神经传导减弱，反应迟钝。

钾普遍存在于各种食物中，水果、蔬菜中钾的含量较多且易被人体吸收利用，是人体钾的主要来源。

5. 铁

铁的主要功能是构成血红蛋白和细胞色素，缺乏时可引起缺铁性贫血。

含铁较多的食物有动物肝脏、瘦肉、豆类、绿色蔬菜和粮食的外皮部分。

动物性食物中铁的吸收率较高。

一般而言,人体缺乏某种矿物质,就会引起某种生理障碍。如缺锌会导致味觉减退、食欲不振、厌食,甚至影响生长发育,婴幼儿缺锌严重者还会导致性器官畸形等;缺碘可引起甲状腺肿;缺铅易引起糖尿病、高脂血症,还会引起冠心病、动脉硬化等疾病……

(六)水——生命的源泉

水是生命之源,是人类和所有生物赖以生存的重要条件,是人体不可缺少的组成部分,它约占人体体重的60%~70%。一个人可以几天甚至1-2周不进食物,但不能几天不喝水。实验证明:一个人水损耗达体重的5%时,就意味着中度脱水,人体活动明显受到限制;损耗达到10%时,就是严重脱水;达到20%时,就会导致死亡。

1.水在人体内的主要作用

(1)是体液的主要组成部分

人体内的水统称为体液,它集中分布在细胞内、组织间和各种管道中,是构成细胞、组织液、血浆等的重要物质。

(2)是运送营养物质和代谢产物的载体

水作为体内一切化学反应的媒介,是各种营养素和物质运输的载体。血液运送氧气、葡萄糖、氨基酸、酶、激素、维生素至全身,把二氧化碳、尿素、尿酸等代谢废物运往肾脏,随尿排出体外,少数废物从汗液中排出,所有这些代谢活动都离不开水。

(3)保持恒定的体温

摄入体内的碳水化合物、脂肪和蛋白质三大"生热"营养素,只有在水的参与下,才能代谢分解,放出热量,保持体温。天热时多喝水,可保持和增加血液容量,补充出汗损耗的水分,使体温保持在37℃左右的恒定水平。

(4)参与肌体的各种代谢

水可以帮助肌体消化食物,吸收营养,排除废物,参与调节体内酸碱平衡和体温,并在各器官之间起润滑作用。食物进入口腔、胃肠道后,要依靠消化器官分泌消化液(包括唾液、胃液、胰液、肠液、胆汁等的作用),才能进行消化和吸收。而在这些消化液中,水的含量高达90%以上。

2.科学饮水

(1)饭后不要大量喝水

饭后不要马上饮茶或喝水,因为水会把肠胃中的消化液冲淡,降低消化功能。

(2)不要渴了再喝水

喝水的目的在于保持体内的水分平衡。口渴时,其实已经打破了体内的水平衡,这时喝水,往往会饮用过多,从而增加心脏和肾脏负担。正确的做法是,喝水次数多些,每次喝水量要少些。

(3)根据饮食结构,掌握适宜的饮水量

食盐摄入多了,要多喝些水,以便将多余的盐分排掉;高蛋白饮食时,要适当多喝些水;尿酸高而肾功能正常的人,也应适当多喝些水。

(4)运动期间及时补水

一般在运动开始前10—15分钟,先饮400—600毫升水,以增加体内水的临时储备,对维持运动时的生理机能有良好作用;运动中每15—20分钟饮水100—150毫升,既保持体内水的平衡,又不增加心脏和胃的负担;运动后应保持少量多次的方法进行饮水。

另外,能量的消耗与水成正比,多消耗1千卡热量,就需要水1毫升。

(七)纤维素——肠道的清道夫

纤维素既不溶于水,也不溶于乙醇等一般溶剂,是植物性食物中难以被人消化的物质,在医学界被称为"第七营养素",是人体必需营养素的合称。

1. 纤维素在人体内的主要功能

(1)利于通便

纤维素有很强的吸水能力,可促进肠蠕动,使粪便能很快排出体外,防止便秘、痔疮和静脉瘤等疾病的发生;同时减少粪便中有害物质与肠壁的接触,从而减少结肠炎、直肠炎和直肠癌的发生。

(2)利于食物的正常消化吸收

纤维素由于在口腔中咀嚼时间较长,可以充分刺激肠道消化液的分泌,加速肠内容物消化过程。

(3)降低血清胆固醇、防治动脉硬化及胆结石的形成

由于膳食纤维与胆囊排入肠道中的胆酸结合,降低了胆酸的浓度,促使胆囊继续合成胆汁,使血中胆固醇浓度降低,从而减少胆固醇在血管壁上的沉积,防止动脉硬化。同时,由于不断合成新的胆汁,加速胆汁的周转,也就避免了胆结石的形成,并减少了次级胆汁酸的促癌作用。

(4)调节热量摄入,控制体重,防治糖尿病

纤维素能增加饱腹感,使单位重量膳食中的热量值下降。一次中等程度膳食纤维的摄入,可使膳食总热量减少5%,这样可减少总热量的摄入,防止热量过剩使体重超重。此外,纤维素可减少胃肠道对单、双糖的吸收,延迟胃排空时间,使葡萄糖在小肠绒膜表面的弥散速率减慢,使餐后血糖逐步增加,

而不是骤然升高，对糖尿病病人非常有利。

(5)阳离子交换作用

由于膳食纤维中含有糖醛酸的羧基，具有阳离子交换作用，能在胃肠道中结合无机盐，如钙、铁、镁、锌等阳离子。

2.纤维素的主要来源

富含纤维素的食物主要为植物性食物和蔬菜。

(1)植物性食物

主要有：谷类食物中的麦麸、米糠、糙粉、荞麦、高粱、玉米、红薯、小豆、绿豆、豇豆等。

(2)蔬菜

主要有：芹菜、韭菜、油菜、青菜、荠菜、苋菜、莴苣、菠菜、空心菜、黄豆芽、竹笋、白菜、萝卜、柿子椒等。

纤维素对身体健康大有补益，能降低胆固醇和血压，预防心脏病和肥胖，被各国医学界专家喻为“肠道的清道夫”。一个人每天摄入不低于30—40克纤维素为宜，但有胃溃疡、十二指肠溃疡等疾病的人，应少吃富含纤维素的食物。

三、艺术形体运动营养素供给特点

艺术形体运动的代谢特点是热能与各种营养物质的消耗大，能量代谢以有氧氧化为主。运动时，体内肌糖原消耗增加，蛋白质的分解加强，氨基酸转变成葡萄糖的速度加快，动用脂肪供能。因此参加艺术形体训练的人，对各种营养素的需求量较高，其营养供给特点如下：

(一)高蛋白质食物

为了使练习者的血红蛋白和呼吸酶处于较高水平，需供给较多的蛋白质、铁、维生素 B_2 和维生素 C。发展肌肉，对蛋白质和维生素 B_2 的需求较高，特别在练习初期，其热量百分比可达18%左右，要保证供给充足的蛋白质，蛋白质供应量应提高到2克/千克体重以上，其中优质蛋白质不低于1/3。

(二)脂肪食物

脂肪食物的摄入要根据艺术形体训练的运动强度和运动量来进行合理的安排，运动强度和运动量较小，基本可不考虑脂肪食物。运动强度和运动量很大，为了保证食物热量，又要缩小食物体积以减轻胃肠负担，食物中的脂肪热量可适当提高，热量比可达到总热量的30%～35%。为了促进肝脏内的脂肪代谢，可多食牛奶、奶酪等氮氨酸含量丰富的食物。为了改善脂肪代谢，提高机体利用脂肪供能的能力，用高脂膳食等方法，使体内脂肪代谢的酶产生适应性改变，喝咖啡以提高血内脂肪酸的功用等。

（三）高糖膳食

为了增加肌糖原含量以提高肌肉耐力，可采用“糖原填充法”，即利用高糖膳食以增加糖原含量，从而提高肌肉耐力工作的能力。

（四）富含维生素和无机盐的食物

由于热能代谢水平较高，需较多的糖、维生素C和磷。同时在进行力量性艺术形体运动时，要求肌肉有一定的力量和爆发力，热量消耗较大，应注意力量性运动的营养特点，保证足够的维生素和无机盐。

第二节　平衡膳食

平衡膳食是指在氨基酸、热量营养素构成、酸碱、各种营养素摄入量等四个方面保持膳食营养供给与肌体生理需求之间的平衡。要求不缺、不偏、不过、不乱，这样才有利于营养素的消化、吸收和利用。如果饮食关系失调，膳食不适应人体生理需要，就会对人体健康造成不良影响，甚至导致某些营养性疾病或慢性病。

一、氨基酸平衡

食物蛋白质营养价值的高低，很大程度上取决于食物中所含的8种必需氨基酸的数量和比例。食物中所提供的8种氨基酸的比例与人体所需的比例接近时，才能有效地合成人体的组织蛋白，否则会影响食物中蛋白质的利用。

世界卫生组织提出了一个人体所需8种必需氨基酸的比例标准，比例越与之接近，其生理价值就越高。生理价值接近100时，即100％被吸收，称为全部氨基酸平衡。能达到氨基酸全部平衡的蛋白质，称之为完全蛋白质。可以用这个对各种食物的蛋白质进行氨基酸评分。鸡蛋、人奶的氨基酸比例与人体极为接近，可称为氨基酸平衡的食品。然而，多数食品中的氨基酸构成不平衡，使蛋白质的营养价值受到影响。如玉米中的亮氨酸过高，可影响异亮氨酸的利用。因此，以植物性为主的膳食，应注意食物的合理搭配，以纠正氨基酸构成比例的不平衡。如将谷类与豆类混食，制成黄豆玉米粉、黄豆小米粉等，可提高蛋白质的利用率和营养价值。

二、热量营养素的构成平衡

糖、脂肪、蛋白质均能为肌体提供热量，被称为热量营养素。当热量营养素提供的总热量与机体消耗的能量平衡时，当三种热量营养素的摄入量的比例为6.5∶1∶0.7，分别给肌体提供的热量为糖约占60%～70%、脂肪约占20%～25%、蛋白质约占10%～15%时，各自的特殊作用能发挥，并相互起到促进作用，这种总热量平衡，热量比例平衡或热量营养素摄入量的比例也平衡的情况称为热量营养素构成平衡。

热量营养素供给过多，将引起肥胖、高血脂和心脏病；热量营养素供给过少，将造成营养不良，诱发多种疾病，如贫血、结核、癌症等。

三种热量营养素是相互影响的，总热量平衡时，比例不平衡，也会影响健康。糖摄入量过多时，会增加消化系统和肾脏负担，减少了摄入其他营养素的机会。蛋白质热量提供过多时，会影响蛋白质功能的正常发挥，造成蛋白质消耗，影响体内氨平衡。当糖和脂肪热量供给不足时，就会削弱对蛋白质的保护作用。

保持日常生活工作的正常热量需求，通常一日三餐的热量分配为：早餐占30%，午餐占40%，晚餐占30%，以保证一天的热量平衡。

三、各种营养素摄入量平衡

各种营养素之间存在着错综复杂的关系，并且不同的生理状态、不同的活动，营养素的需求量也有所不同，所以各种营养素摄入量之间的平衡是很难把握的。中国营养学会制定了各种营养素的每日供给量，据此，我们膳食中所摄入的各种营养素在一定的周期内，应当保持在标准供给量上下误差不超过10%的范围。这种相互间的比例，即可称为营养素间的基本平衡。

中国营养家学会发布《中国居民平衡膳食宝塔》，将“膳食宝塔”分为五层：底层为谷类、薯类和杂豆，建议每人每天应吃（以生食计算）谷物250－400克，其中应包括50－100克的粗粮和全谷制品；第二层为蔬菜和水果，建议每人每天应吃新鲜蔬菜300－500克，新鲜水果200－400克，且两者各有优势，不能只取其一；第三层为鱼、禽、肉、蛋等动物性食物，建议每人每天应吃125－225克，其中鱼虾类50－100克，畜、禽、肉类50－75克、蛋类25－50克，动物内脏胆固醇较高，不宜多食用；第四层为奶类、大豆类和坚果类，建议每人每天应吃相当于鲜奶300克的奶类及奶制品，以及相当于干大豆30－50克的大豆及其制品，坚果蛋白质与大豆相似，可吃5－10克坚果替代相应量的大豆；第五层塔顶为烹调油和食盐，建议每人每天吃烹调油不应超过25－30克，食盐不超过6克。

“膳食宝塔”没有建议食糖的摄入量，因为我国居民现在平均吃食糖的量还不多，对健康的影响还不大。“膳食宝塔”图增加了水和身体活动的形象，强调足够饮水和增加身体活动的重要性。在温和气候条件下生活的轻体力活动的成年人,每天至少饮水1200毫升(约6杯),每天进行累计相当于步行6000步以上的身体活动,如果身体条件允许,最好进行30分钟中等强度的运动。

四、酸碱平衡

正常情况下,人的血液由于自身的缓冲作用,pH值保持在7.3—7.4之间。人们食用适量的酸性食品和碱性食品,将不会影响人体正常的酸碱平衡,但食品若搭配不当,则会引起生理上的酸碱失调。

当食品搭配不当,酸性食品在膳食中超过所需的数量时,会导致血液偏酸性、血液颜色加深、黏度增加,严重时还会引起酸中毒,同时还会因增加体内钙、镁、钾等离子的消耗而引起缺钙。这种现象称为酸性体质,将会影响身体健康。

常见的强酸性食品:蛋黄、乳酪、甜点、白糖、金枪鱼、比目鱼、酒类等。

常见的中酸性食品:火腿、培根、鸡肉、猪肉、鳗鱼、牛肉、面包、小麦等。

常见的弱酸性食品:白米、花生、啤酒、海苔、章鱼、巧克力、空心粉等。

常见的强碱性食品:葡萄、茶叶、海带、柑橘类、柿子、黄瓜、胡萝卜、菠菜等。

常见的中碱性食品:大豆、番茄、香蕉、草莓、蛋白、梅干、柠檬等。

常见的弱碱性食品:牛奶、红豆、甘蓝菜、豆腐、菌类、洋葱、卷心菜、油菜、马铃薯、苹果、梨等。

下面这个小测试通过分析自己的饮食推断身体的酸碱倾向,如果想准确区分自己身体的酸碱度,最好到医院做体液检查。

酸碱性体质的简易判别法:

1. 你经常喝以下饮品中的:

A. 可乐和各色汽水,酒类、牛奶和各色奶制食品

B. 新鲜蔬菜、鲜榨汁,大部分水果鲜榨汁

2. 你特别偏爱的食品是:

A. 甜品、点心、肥肉、红肉(如牛、羊、猪肉)

B. 各种蔬菜和大部分水果

3. 你喜欢做的运动通常属于:

A. 无氧运动　　B. 有氧运动

4. 你常常感觉自己:

A. 很有压力,而且常有消极和负面的思想(如抱怨、责怪别人、忧虑、愤

世、发脾气等）

B. 乐观开朗、心态积极

5. 你的睡眠质量：

A. 不太好　　　B. 非常好

6. 夏天你是否容易被蚊子叮咬：

A. 容易　　　B. 不容易

7. 冬天你是否时常四肢冰冷、畏寒：

A. 是　　　B. 不是

8. 你是否有“香港脚”或身上容易长湿疹等不明疙瘩：

A. 是　　　B. 不是

9. 你是否常出现便秘、口臭等现象：

A. 是　　　B. 不是

10. 你是否容易发胖，体重变化明显：

A. 是　　　B. 不是

答案：以上 10 项选择结果中，有 5 题以上 A，属于“酸性”体质。

中医养生认为：人们的口味千差万别，酸、甜、苦、辣、咸各不相同，但各种味道的食物都应该均衡进食。

酸：中医讲“酸生肝”。酸味食物有增强消化功能和保护肝脏的作用，常吃不仅可以助消化，杀灭胃肠道内的病菌，还有防感冒、降血压、软化血管之功效。以酸味为主的西红柿、山楂、橙子，均富含维生素 C，可防癌、抗衰老，防治动脉硬化。

甜：中医认为甜入脾。食甜可补养气血，补充热量、解除疲劳，调胃解毒，但糖尿病、肥胖病、心血管疾病等患者易少食。

苦：古有良药苦口利于病之说。中医认为“苦生心”、“苦味入心”。苦味具有除湿利尿的作用。如苦瓜，常吃能治疗水肿病。

辣：中医认为“辣入肺”。辣有发汗、理气之功效。人们常吃的葱、蒜、姜、辣椒、胡椒，均是以辣为主的食物。这些食物中所含的“辣素”，既能保护血管，又可调理气血、疏通经络。经常食用可预防风寒感冒。但有痔疮、便秘、神经衰弱者不宜食用。

咸：为五味之冠，百吃不厌。中医认为“咸入肾”。咸有调节人体细胞和血液渗透、保持正常代谢的功效。呕吐、腹泻、大汗之后宜喝适量淡盐水，以保持正常代谢。

第三节 按血型选食物

科学家们经过多年研究发现:血型是导致人体多种差异的最关键因素。每一种血型都具有一定的抗原,以不同方式对不同物质发生作用,如植物血凝素,这是一种附着在食物中的蛋白质,可使血液凝固。如果人食用了含有与血型不兼容的植物血凝素食品,该物质就会寻找其他的栖身之地,例如某一器官,将其周围血液凝固,生出肿块,长此以往就会生出疾病。各种食物都含有不同的植物血凝素,如果他们与血液抗原发生反应,就会破坏红、白血球,逐渐引发各种疾病,对肠道、神经系统以及其他器官造成伤害。

研究人员经多年的钻研得出结论:某些植物血凝素可以和某些血型的抗原相容。根据这一结论,可以制定出每个人不同的食物清单,根据个人血型来确定哪些食物可以食用,哪些食物不宜食用。

一、O 型血适应高蛋白食物

O 型血在人类学上是一种古老的血型,O 型血的人对高蛋白质食物非常适应,对瘦肉和蔬菜消化得非常好,而对乳制品、豆类和谷物不易消化。他们肥胖的原因也是常吃面食和牛奶这些不易消化的食品所导致。O 型血人应少吃乳制品,但每天要服用适量的钙片以补充体内不足的钙量。平时注意均衡摄取蔬菜水果等食物,以保持体内酸碱平衡。O 型血的人的晚餐最好避免米饭,可以在临睡前吃几个奇异果,它们在有效补充维生素的同时又能帮助消化蛋白质。

O 型血的人应经常进行大运动量的健身运动,使肌肉组织保持酸性,从而有效消耗卡路里。

建议食用:牛肉、羊肉;鳟鱼、鳕鱼;鸡蛋、豆腐;大蒜、萝卜、莴洋葱;橄榄油或亚麻子油;苹果、柚子、西瓜。

不建议食用:肥猪肉、火腿;鱼子酱、章鱼;各种类型的奶酪、酸奶、全脂奶;蘑菇、橄榄、土豆;玉米油、葵花油;椰子、芒果。

可减肥的食物:海生贝壳动物、卷心菜和菠菜等。

二、A 型血适应素食

A 型血是较多见的血型。A 型血的人非常适应以素食为主的食谱,豆腐、黄豆及蔬菜对他们非常适合。某些植物蛋白质,如大豆蛋白质是他们最佳的健康食品，常吃可预防心血管疾病和癌症。

A型血的人更适合消化植物性蛋白质，而大多数肥胖的A型血的人，一般都是“食肉动物”。所以，A型血的人要想减轻体重，一定要慎食牛肉、羊肉等肉类，最好以鲜鱼和鸡肉取而代之。瘦身食谱中加强对豆腐、谷物等植物性蛋白质的摄取，以补充体内不足的蛋白质。建议A型血的人每天喝一杯木瓜汁，它能分解各式肉类中的脂肪及有害物质，令食物更易吸收。

A型血人适合的减肥运动是瑜伽，它可安神定绪，减轻精神压力，有助于瘦身。

建议食用：鲈鱼、鲤鱼；一周3个鸡蛋、天然酸奶；葡萄籽油和亚麻籽油；萝卜、菠菜；柠檬、桃。

少量食用：所有肉类；鱼子酱、小龙虾；各种奶酪、全脂奶和冰淇淋；各类蔬菜油；香蕉、橘子。

可减肥的食物：橄榄油、大豆、绿叶蔬菜和菠萝。

三、B型血适应肉与蔬菜

与O型和A型相比，B型血的人能消化各种美味食物，对肉类和蔬菜都极适应，奶类食品对他们也很有用，但也有一些美味是他们不适宜的，比如面条、鸡肉，它们之中的血凝素会阻碍B型血的新陈代谢。所以，对B型血的人来说，减肥只是意味着少吃面条和鸡肉及晚餐喝粥。不过，玉米、西红柿以及大部分坚果和种子并不适合B型血的人食用。

B型血人最为理想的瘦身运动是网球、健身舞、拉丁舞、旅游等这些能与他人同乐的运动，因为B型血的人爱交际。

建议食用：各种肉类，海鲜；新鲜奶酪、奶油；橄榄油和鱼肝油；谷物、洋白菜、胡萝卜、花椰菜、香蕉、苹果等。

少量食用：肥猪肉、鸡肉、火腿；龙虾、章鱼、虾；冰淇淋；蔬菜油；各类坚果、黄瓜；非稻谷类面包；玉米、萝卜、椰子等。

可减肥的食物：绿叶蔬菜、肉类、鸡蛋、奶酪、酸奶等。

四、AB型血对消化系统敏感

AB型为比较稀少的血型，在总人口中不到5%。这类人拥有部分A型血和部分B型血的特征。他们既适应动物蛋白，也适应植物蛋白，鱼、豆腐、绿叶蔬菜和奶制品都是他们的健康食品。但消化系统较为敏感，宜少吃多餐。

AB型血的人最好以豆腐、新鲜蔬菜和水果为主。AB型血的人的生理特点是胃酸少而不易消化肉类。所以在饮食方面，AB型血人最好以豆腐、新鲜蔬菜和水果为主，以乳制品和少量肉食做点缀，另外稍加一些鲜鱼和鸡蛋。

AB型血的人减肥，最适合吃的水果非西柚莫属，它能帮助消化，分解体内脂肪，削下来的果皮更可放入水中浸浴，真正达到由外而内的瘦身效果。

由于AB型血的人体质接近A型血人，因此适合A型血人的太极拳、瑜伽等静心运动也适合AB型血的人。

从保健的角度出发，不同血型的人，参照上述相关食谱进食，对防病健体有积极的作用。

第四节 科学安排一日三餐

大多数人的饮食习惯是一日三餐，怎样安排好这一日三餐是有学问的。科学的方法是：一日三餐不仅要定时定量，更重要的是要保证营养素供应，做到饮食平衡。

一、营养素的安排

在编制一日三餐的食谱时，首先要根据调配饮食平衡的方法和要求，计算出每个人一天所需要的各种营养素，如糖、脂肪、蛋白质、维生素、矿物质和纤维素的量，再按主、副食的不同需要，安排一日三餐。

二、主食的安排

在安排主食食谱时，可根据每人的需要量，算出月定量来，同时调整好营养搭配，即主食中不足的营养要从副食中补齐。为了利用蛋白质的互补作用，主食也不能全是大米和白面，还要安排些绿豆、红小豆、玉米面、小米等杂粮混合着食用。

三、副食的安排

在副食的安排上，首先要考虑蛋白质的供给。根据营养要求来计算，一个三口之家每天约需205克蛋白质，一日三餐主食中可提供约121克蛋白质，剩余84克蛋白质需要从副食中补充，这些蛋白质最好动物蛋白质占1/3，其他部分可通过豆制品来补充。另外，还要考虑维生素和无机盐的供给，因此每人每天最好能吃500克新鲜蔬菜，而且以绿色或黄色、红色、橙色等带色的蔬菜为好。

千万要杜绝那种平时凑合，周末或月末“打牙祭”的饮食安排，这不符合饮食营养卫生。特别是自助餐，大家不知不觉或者有意识地都会多吃，如果一下子吃太多的蛋白质和高脂肪食物，造成人体一时无法大量消化吸收，反而是营养的浪费。

学习思考题

1.什么是营养素？营养素分为哪几大类？各大类营养素的主要作用有哪些？

2.什么是平衡膳食？如何科学合理地安排一天的膳食？

3.什么是热量营养素的构成平衡？如何进行一日三餐合理的热量营养素分配？

4.什么是酸性体质？学习掌握5种以上强、中、弱酸碱食品。

5.检测自己的血型，掌握适宜自己血型体质的常用食物和运动项目性质。

推荐书目及网站

[1]上海市营养学会.营养百科[M].上海：中国大百科全书出版社上海分社，1992.3.

[2]施顺芝.食物相克与最佳食物搭配[M].石家庄：河北科学技术出版社，1900.1.

[3]高建伟.餐桌红绿灯——食物相克与相宜[M].北京：九州出版社，2005.8.

[4]程五凤，刘祥瑞.营养专家说营养[M].上海：上海科学技术文献出版社，2006.4.

[5]柯友辉.营养决定健康全集[M].北京：中国纺织出版社，2007.9.

[6]中国营养家学会.中国居民膳食指南[M].拉萨：西藏人民出版社，2010.12.

[7]杨晓光.中华医学会健康大讲堂系列（四）——解读《中国居民膳食宝塔》DVD.北京：中华医学电子音像出版社，2008.8.

[8]杨君.食品营养——普通高校“十一五”规划教材[M].北京：轻工出版社，2007.8.

[9]薛建平，盛玮.食物营养与健康——普通高等学校“十一五”规划教材[M].合肥：中国科学技术大学出版社，2009.9.

[10]葛可佑.中国营养师培训教材[M].北京：人民卫生出版社，2007.4.

[11]彭景.营养配餐师培训教材[M].北京:化学工业出版社,2008.4.

[12]http://www.tootoo.cn/organism/jt—03.html

[13]http://xl.39.net/

[14]http://www.jk265.com/

[15]http://wenku.baidu.com/view/23a38c3367ec102de3bd8903.html

第五章　艺术形体与护肤美容

本章导读　艺术形体的内涵不是简单的塑造优美的身材和高雅的气质，还包括肌肤护理和容颜妆扮。护理皮肤是根本，目的是通过保养使皮肤细嫩红润，化妆则是锦上添花，目的是通过修饰手段遮掩瑕疵，美化面部。本章介绍护肤美容的一些基本知识，既有利于日常生活应用，也有利于艺术形体竞赛时使用。

护肤美容自古以来既是人类追求美的行为方式，也是追求健康的一种生活方式，到了现代社会被赋予更多的内涵，同时成为一门学问和产业。从美容角度来说，重视皮肤的保养，是保持青春、延缓衰老的重要措施。化妆则是生活中的一门艺术，与其审美能力、艺术修养、受教育程度等有着密切的关系。化妆应根据人的年龄、气质、职业、体型、肤色、发式以及面部的具体条件等因人而异进行。光洁而细嫩的皮肤是化好淡妆的基础。成功的美容化妆之后，会使人焕然一新，让自己和他人表现出一种积极、愉悦的心情，促进身心健康。

第一节　面部皮肤保养

随着年龄增长，人的皮肤自然会老化，其中脸部皮肤会最先产生皱纹，失去光泽和弹性。为了减慢皮肤的老化过程，坚持做面部的皮肤保养是唯一的选择。

一、日常面部护肤保养

日常面部护肤有 8 大步骤，分别为卸妆、洁面、爽肤、眼霜、精华素、面霜、防晒霜或隔离霜或BB霜。

(一)卸妆

1.眼部卸妆

用卸妆棉片沿眼线部位垫于睫毛下面,将卸妆液倒在卸妆棉片上,小心地沿着眼线的部位来回擦拭,并从睫毛根部向外转动,最后用棉片沿眼线由内向外擦拭干净,再用卸妆的棉片清除眼影和眉毛。擦拭眉毛时,要顺着眉毛生长的方向擦拭,直到眉色擦拭干净。

2.唇部卸妆

双手各取一块沾有卸妆液的棉片,一手固定唇的一侧,另一手擦拭,卸上唇妆时向下抹,卸下唇妆时向上抹,双手交替,最后轻轻抹除所有的卸妆痕迹。

(二)洁面

皮肤清洁是护肤保健的基础,一般每天早晚各一次。油性皮肤加洗两次,可以温和并彻底地卸除面部化妆品、表面油脂和污垢。每次先用温水清洗,再取适量洗面奶或碱性大的香皂等洁面产品在手中揉搓出丰富的泡沫,涂抹面部,用指腹由下往上、由内往外轻揉,细嫩的眼部以无名指轻柔运作,面部T字部位重点按摩,然后用温水冲净,再用冷水清洗。

洁面时,洁面产品在肌肤上停留2分钟左右,不宜太长时间;注意水温不要太高,水温高易使皮肤受损,反而容易产生皱纹;不要用毛巾抹香皂搓脸,毛巾相对比较粗糙,容易擦伤皮肤;不要使用含过量香料、色素的洗面奶或香皂,否则残留在脸上的香料、色素遇到紫外线照射容易引起反应。

(三)爽肤水

爽肤水也称"调理液"。目的是迅速补水、清洁肌肤、深层清洁、软化角质、平衡pH值、收缩毛孔,给肌肤做一个安康和善的调理,增加肌肤柔软感。辅助后续眼霜、精华液、乳液、面霜的使用,使其中养分获得更高效的吸收。

将化妆棉沾湿,避开眼部,轻拍面部及颈部,重复擦试,至化妆棉上无污垢及残留化妆品痕迹止。然后给皮肤补充必需的水分,用指腹轻轻由下向上、由内向外轻拍面部和颈部,充分滋润皮肤。

(四)眼霜

眼部肌肤是全身最薄的肌肤,因此要特别小心护理。不要用面霜当眼霜涂,否则会引起过敏或油脂粒。眼霜通常能减淡眼袋和皱纹,眼部凝胶通常能减淡黑眼圈或改善眼部浮肿。

取一粒米大小的眼霜,用无名指腹将眼霜在双眼周围由内向外轻轻地、柔和地抹开,至外眼角处顺时针按揉数次,可以减少皱纹产生。

(五)精华液

精华液是一种高浓度、高机能的调养品,是护肤品中的极品,其护肤成分精良,作用显著。

用指腹由下向上、由内向外轻拍面部和颈部,充分滋润皮肤。

(六)面霜

面霜或乳液是基础护肤最重要的一步,面霜或乳液中的保湿、美白、抗皱等有效成分能被面部和颈部肌肤充分吸收。涂抹方法同精华液。

晚上涂晚霜是肌肤修复受损细胞的黄金时间,与日霜相比,晚霜比较滋润。

(七)隔离霜或防晒霜或 BB 霜

隔离霜或防晒霜或 BB 霜能保护皮肤避免环境中有害物质的伤害,给予皮肤光滑、匀称的光彩。白天最后一个护理过程一定是防晒,且一年四季都要防晒。

用指腹或海棉轻轻地将隔离霜向外推开、抹匀,特别注意下巴、颈部和发际交接处,颜色要融合。隔离霜或防晒霜或 BB 霜按自己的状况选择一款即可。

值得注意的是,无论是否化妆都要使用卸妆产品,这是所有肤质都要注意的,同时也是实施护肤的首要步骤。同一品牌的系列产品可一步一步连续进行,但不同品牌混用时,建议一个步骤结束待化妆品完全吸收后,再进行下一个步骤。

二、正确使用护肤品

皮肤分为干性、油性、中性和混合性四种类型,随着年龄、季节变化,肤质会有所变化。在选择和使用护肤品时,既要相对固定,又要根据客观情况变化及时更换。护肤品并不是越高级越好,适合皮肤就好。

(一)不同年龄段的护肤重点

1. 20 岁左右,清洁皮肤是最好的保养;

2. 20—30 岁,要注意预防皱纹的产生,慎重选择适合自己肤质的保湿类护肤品,并增加营养;

3. 30—40 岁,要防止皮肤光泽暗淡;

4. 40—50 岁,要加强水分和营养的补充;

5. 50 岁以上,皮肤胶质及弹性蛋白减少,皮肤细胞再生能力减退,应选择有效延缓皮肤衰老的产品,增加皮肤新陈代谢。

(二)运动出汗后的皮肤保养

1. 用冰镇花露水收敛剂擦身;

2. 眼睛化妆用非水溶性化妆品;

3. 头皮出汗,要勤洗;

4. 沐浴和香水帮助保护皮肤。

(三)不同皮肤类型的养护方法

1. 干性皮肤

干性皮肤的生理特点是皮脂分泌少,肤色较浅、干净、不冒油、毛孔细腻,很少出现粉刺及面疱。由于缺乏自然油脂的滋润,皮肤虽然细腻,却显得干燥、缺少光泽,面部容易过早出现皱纹;由于皮肤薄,对外界刺激抵抗力不强,夏天很容易被晒伤,冬季则易干裂起皮屑。化妆品容易附着在皮肤上,不容易脱妆。

保养方法:加强对皮肤的防护,尽量减少刺激,避免曝晒、冷冻和热风的吹袭。洗脸次数不可过勤,以早晚两次为宜,洁面用含脂肪多的洗面奶或香皂,护面用油脂较强的冷霜或香脂。每天做面部自我按摩,促进血液循环,改善皮肤营养状况。

饮食方面宜多吃含有维生素A的食品,如蛋黄、猪肝、胡萝卜、牛奶等,应多喝水,多吃水果、蔬菜及豆制品等碱性食物。

2. 油性皮肤

油性皮肤多见于年轻人,男性比女性多。这种皮肤一般颜色较深、毛孔粗大,内中藏有黑色污秽、外观粗糙,有的呈桔皮样病变。其生理特点是皮脂腺发达,皮脂分泌旺盛,面部及头发油光发亮、油腻不爽,常出现痤疮和面疱,很容易受到空气中不洁物质的污染;油性皮肤较厚,对外界刺激有较强抵抗力,能耐风吹日晒;由于经常有皮脂的滋润作用,故皮肤老化缓慢,皱纹少且出现较晚,皮肤外观比实际年龄年轻。不容易上妆,化了妆也容易脱妆。

保养方法:认真彻底地洗脸,每天用温热水洗脸3—4次,用中性或偏碱性的洗面奶或香皂,硫磺香皂洁面最理想,可以防止痤疮;整理肌肤用收敛性化妆水,可以控制皮脂腺的分泌,收缩扩大了的毛孔,使皮肤变得细腻;护肤用清爽的、含水量多的化妆品,如柠檬蜜、护肤乳液等,避免使用香脂类含油多的膏霜,尤其不要用以凡士林为基质的化妆品,以免堵塞毛孔。

饮食方面要多吃蔬菜和水果,以及含维生素B族的食品,如各种粗制米面、贝类、豆类等;易选用具有凉性、平性的食物,如冬瓜、丝瓜、白萝卜、胡萝卜、竹笋、大白菜、小白菜、卷心菜、莲藕、黄花菜等;控制甜食及油煎炸的食品,避免辣椒、咖啡、酒、可可、巧克力、胡椒等刺激辛辣、温热性及油脂多的食物。多参加体育活动，保持大便畅通，也是抑制皮肤过油，防止发生痤疮的有效办法。

3. 中性皮肤

中性皮肤具有良好的生理功能，皮脂和汗液分泌通畅，皮肤丰满富有光泽，组织紧密而富有弹性，不干不油、不涩不粘，外观亮丽光艳，对外界的刺激具有一定的耐受性。中性皮肤在冬季稍有干硬，夏季稍有油腻感。化妆效果很好，不但容易上妆，而且形成的妆面艳丽生动，不会受出汗流泪等影响。

保养方法：保护好生理性皮脂膜，使其更好地发挥功能，洗脸不宜过勤（否则会洗去皮脂膜）；不使用刺激性化妆品（用专用的中性化妆品）；选择富有营养的乳液和化妆水，收缩毛孔促进皮肤柔美；保持饮食平衡和充足睡眠。

4. 混合性皮肤

混合性皮肤是干性、油性同时存在的一种皮肤，80％的女性属于此类型。油性区多分布于额部、鼻及鼻子周围和下巴，其他区域表现为中性或干性状态。

保养方法：参照干、油性皮肤的护肤。护面霜准备两种类型，冷霜涂于干性区域，乳液或蜜类护肤霜涂于油性区域，眼睛周围使用特制的眼霜。

三、根据季节科学保养皮肤

皮肤的特性会随着四季气温的高低而发生变化，因此保养皮肤的方法和化妆品的使用，也应随之不同。一般人到了夏天，皮肤常呈油性，即使是干性皮肤也会有光滑滋润之感，这是因为夏天人的皮脂腺活跃，分泌量增加。到了冬季，人的皮肤趋于干性，这是因为皮脂腺在低温下分泌很少，不能起到有效的滋润作用。所以，保养皮肤应随着季节的转换而采取不同的方法。

（一）春季

春季气候逐渐回暖，人体机能开始活跃，新陈代谢旺盛，皮肤显得红润有活力。但初春的皮肤常会发生干裂、脱皮、长桃花癣等现象，这是因为皮肤难以适应骤然变暖的气温，加之春风比较干燥。春天也是皮肤最容易发生过敏的季节，因百花齐放、动物脱毛、禽鸟换羽，空气中飘浮着花粉、纤维、纤毛等，沾粘到皮肤上，引起有些人过敏，发生丘疹、红斑、搔痒等反应。春季由于皮肤活力增强，皮脂腺和汗腺的分泌逐渐增多，易受到污染而出现痤疮、面疱。

根据春天气候和皮肤的特点，应特别注意皮肤的清洁、营养和休息。

1. 每天用洗面奶或碱性香皂认真洗脸，外出归来及时洗去沾粘在皮肤上的过敏物质，每晚做 3－5 分钟的面部按摩。

2. 每周做一次蒸面，增加面部血液循环，给皮肤补充水分，软化角质层，清除过剩的皮脂。在家可以利用煮沸锅、电热杯或开水壶的蒸气熏面，每次10—15分钟，蒸面后用清洁面膜膏按摩2—3分钟。

3. 用营养性化妆品调理皮肤，按皮肤性质分别选用油包水或水包油型护肤品。

4. 春季容易困倦嗜睡，要早睡早起，不要熬夜，保证皮肤的休息。每晚10点到凌晨2点，是皮肤休息的最佳时间。

（二）夏季

在盛夏，皮肤容易受到过量紫外线的伤害，出现干燥、起皱、老化、变黑等现象。皮肤在高温下，毛孔扩张，皮脂和汗液分泌大量增加，新陈代谢旺盛，表皮堆积着许多代谢产物，pH值由弱酸性变为碱性，减弱了对病菌的抵抗力，容易发生疮疖、毛囊炎、痱子、痤疮等皮肤病。

夏天对皮肤的护理，应特别注意清洁、防晒和营养。

1. 防晒。在烈日下活动，除涂擦防晒化妆品外，还应戴遮阳帽或打遮阳伞，戴上太阳镜。骑车时，注意保护手背及前臂，宜穿浅色长袖上衣，或戴上护袖及白色手套。

2. 清洁。皮肤因大量出汗，影响皮脂膜的形成，汗液中的尿酸、尿素、氯化物等废物和毒素沉积在皮肤表面，对皮肤造成一定的刺激和伤害；过多的皮脂和汗水，又易使皮肤受到尘土和空气中脏物的污染。要经常用温水清洗皮肤，洁肤应用温和的洗面奶、沐浴露或香皂。洁肤后，用酸性化妆水拍打面部皮肤。

3. 化妆。夏天最好不化妆或少化妆，出席社交场合必须化妆时，宜化淡妆或点妆，如浅淡地涂上一层棕色眼影，擦上薄薄的唇膏，底妆宜选用具有斥水性的乳剂型粉底。

4. 饮食。多吃水果和蔬菜，多喝白开水。瓜果中以西瓜为最好，它不仅水分多，营养丰富，而且有美肤之效。把西瓜的青白皮放在冰箱内冷冻数小时，取出擦面，对晒伤后的皮肤大有好处。夏季大量上市的丝瓜、西红柿、黄瓜、土豆等，都可以切成片擦面，或捣烂敷面，每周可做2次，每次20分钟，做完后用温水清洗，拍上收缩水。

（三）秋季

秋季，皮肤的特点是肤色黝暗，原有的色斑、雀斑等颜色加深；表皮粗糙干涩，秋风一起，皮肤易起皱；秋天气温降低，毛孔骤然关闭，皮脂排泄不畅，容易发生皮肤病。秋季也是皮肤自我调理的有利时机，若采取合理的防护措施，可使皮肤迅速恢复正常生理机能。

1. 洁肤后擦用营养性护肤品，滋养皮肤。如含有珍珠胎盘素、人参、维生素A、E之类的膏霜。

2.每周做一次系统皮肤按摩,每天自我按摩3分钟,帮助皮肤加快血液循环,尽快恢复弹性。磨砂和面膜护理非常有必要,女性用柔砂磨面膏,男性用中砂磨面膏,每周深磨面一次,清除死亡的角质细胞和毛孔深部的废物。磨砂后施以成品漂白面膜,可促使皮肤恢复本色。

3.秋天是瓜果收获季节,应多吃富含营养的凉性水果、蔬菜,如芹菜、青菜、鲜藕、梨、枇杷等。少吃辛辣刺激性食品,如葱、蒜、韭菜、生姜、辣椒等。

4.深秋由于皮脂、汗液大量减少,皮肤更加干燥,口唇发生干裂,此时应使用脂性营养护肤霜,口唇上涂防裂的唇膏,不要舔唇。

(四)冬季

冬季,皮下毛细血管收缩,皮肤也相应地皱缩、新陈代谢变慢。皮脂腺分泌减少,皮肤显得干硬粗糙,手足和耳廓发生冻疮和皲裂。皮肤在冬季承受着比平时更多的环境伤害,护肤显得更为重要。

1.不要常用热水洗脸,或用热水洗脸后再用冷水冲一遍,即使是油性皮肤的人,一天洗脸也不要超过2次,以减少水分的挥发。洁肤品应选择性质温和的脂性洗面奶或香皂,不要用碱性强的清洁用品,以免破坏保湿成分的成膜性。

2.护肤宜用冷霜香脂等油包水型化妆品,补充自身皮脂分泌不足,通常以油性营养霜为首选,眼睛周围用眼霜保护。

3.加强皮肤的按摩。每天早晚洗脸后,涂上按摩膏,认真按摩面部、手部皮肤5分钟。冬季按摩皮肤可促进血液循环,提高皮肤温度,使之有光润和弹性,并可防止冻疮和皲裂。按摩是保护皮肤安全过冬的好办法。

4.多摄取含维生素A的食品,如胡萝卜、猪肝、蛋黄等。维生素A可促进皮脂和汗液的分泌,防止水分蒸发,增加皮肤的滋润度。多喝开水,多吃水果、蔬菜、牛奶、肉皮、银耳、香菇、南瓜等食物。定量吃些鸡、鱼、牛油等含脂类食物,补充体内水分及营养,促进油脂分泌。

5.注意皮肤的防护,做好防寒、防冻措施,减少冷空气、寒风对皮肤的刺激。外出时戴上帽子、口罩、手套、耳罩,尽量不使皮肤裸露。回到室内用温水洗脸洗手,并稍加揉搓,及时擦上护肤油膏。护肤品以保湿类为主,搽润肤露之前最好能给皮肤以充足的水分。在空调环境内生活、工作,最好常备营养水或矿泉水补充水分。口唇涂上含油脂的防裂唇膏。

四、皮肤性质简易测定

皮肤的性质不是永远不变的,常会受到年龄、季节和所用化妆品的影响。

比如一个人在年轻时是油性皮肤，随着年龄的增长及皮脂腺的退化，到了中年可转向中性或干性；而中性皮肤则可能变成干性皮肤；干性皮肤则会更加干燥多皱。

在美容厅，可以使用皮肤测试仪来测定皮肤的性质。在家中如果没有仪器，可用简单、比较可靠的粘贴法进行测试，原理在于油性皮肤不断地分泌油脂，具有一定的黏着性，而干性皮肤少油干燥，黏着性很差。

测试前先认真洁面，不搽任何化妆品，待皮肤上的水分晾干后，将大小一平方厘米左右的、单层的面巾纸分别贴在前额、面颊（两侧）、鼻梁及下巴上，轻压片刻，观察面巾纸的反应。如果是中性皮肤，面巾纸能贴在皮肤上，但纸上没有油渍；如果是干性皮肤，面巾纸贴不住；如果是油性皮肤，面巾纸不但能贴住，而且纸上还会出现油渍；如果是混合性皮肤，有的部位贴不住，有的部位，特别是面部的 T 型地带不但能贴住，而且纸上有油渍。

五、防治青春痘

青春痘俗称“粉刺”、“青春蕾”，是多发于年轻人的一种皮肤病。青春期体内荷尔蒙激素的水平增高，刺激皮脂腺分泌增多，皮脂通过毛囊排到体表。如果毛囊口堵塞，皮脂就在毛囊内积聚起来，在皮肤上形成一颗颗小米大的疙瘩，挤压后可有细条状的乳白色豆渣样物质排出，这就是“青春痘”。阻塞处在其顶端常有一个黑点，称为“黑头粉刺”。还有一种由于毛囊口很窄，毛囊内的皮脂暴露于外界，呈灰白色的小丘疹，叫“白头粉刺”。粉刺一般无炎症，也就是皮肤不发红，但是毛囊内有一种特殊细菌——粉刺棒状杆菌，这种细菌会产生溶脂酶，使皮肤分解出一种游离脂肪酸，该酸刺激毛囊表皮发生炎症，在皮肤上形成一颗颗红色的炎症性丘疹。如果处理不当，在此基础上继发感染，则可生成脓疱，甚至成为炎性硬结、囊肿等。如果经常用手指挤剥或不治疗，就会反复化脓感染，形成疤痕或毛孔粗大，给年轻朋友们带来苦恼。

青春痘不但发生在面部，也可以发生在皮脂腺发达的胸、背等处。青春痘的形成与男性激素有关，发病者男性比女性多，也比女性重。由于女性比男性早熟，故女性的青春痘较男性出现早。对付青春痘的方法有多种，要注意因人而异。

1. 千万不要挤、剥青春痘。挤、剥青春痘容易使毛孔粗大，生成疤痕，而且面部和鼻子周围神经末梢丰富，如果化脓感染会发生并发症，严重的会威胁生命。

2. 经常用热水及洁面乳洗脸，去除皮肤表面过多的油分及污物，保持毛囊的通畅。避免使用多脂的化妆品。

3.饮食方面控制油腻食品和甜品，避免辛辣刺激食物，多吃蔬菜、水果，保持大便通畅。

4.使用硫磺类的洁面香皂或洗面奶，每日2—3次，有去脂、消炎及剥脱堵塞物的作用。秋冬季可在硫磺洗剂内加20%的甘油，避免皮肤有紧绷感。

5.口服药物。维生素A或维甲酸，对丘疹表现为主的青春痘有一定疗效。四环素对粉刺棒状杆菌较为敏感，可用于以炎性丘疹或脓疱表现为主的青春痘。另外，中药对青春痘亦有一定的疗效，可选用生石膏、枇杷叶、桑白皮、黄芩、生地、玄生、麦冬、生山楂、侧柏叶等煎服。

第二节　面部淡妆技巧

化妆的目的是增加美感和特别感，是给他人看的，所以化妆不是一种个体活动，而是影响广泛的社会活动。每一个历史时期，社会经济发展状况、风俗习惯，以及人们的道德、伦理、文化素质、生活水平等都会对化妆产生很大的影响，而真正推动化妆发展的动力是人们心目中对美的追求与渴望。随着经济的发展，生活水平的提高，文化多元化的影响，社会交往的日益频繁，人们在化妆中越来越注重自身特点，运用天然成分的化妆品和自然的化妆技法，来突出个性表现，树立自信，让生活充满活力。

一、化妆概念

（一）广义的化妆概念

广义的化妆是指在健康身体和健全心理的基础上，注意饮食和心理卫生，借助某些物理方法和化妆产品，运用美容化妆产品、工具和技术，采取合乎规则的步骤和技巧，对人体的面部、五官及其他部位进行渲染、描绘和整理，增强立体印象，调整形色，掩饰缺陷，表现神采，从而达到美容目的，使之成为健康而美丽的人。

广义的化妆不仅是指颜面的美容化妆，而且还包括全面的身体健美和心里调整，甚至要改变人的气质，提高文化修养。

（二）狭义的化妆概念

狭义的化妆是指面部的美容化妆，是以人体医学为基础，以人类社会审美心理为标准，运用现代化美容化妆技巧，配合化妆产品根据不同个体的身体特点和工作及生活的需要，进行合理的设计，采取一定的皮肤护理、美容、修饰、化妆等一系列手段和方法，以达到扬长避短，增加魅力为目的的系统理论和技术。

二、化妆的分类

常用的化妆分类有三种。

(一)按性质用途分

化妆按其性质和用途可分为生活美容化妆、舞台化妆、戏剧化妆。其中生活美容化妆又叫漂亮妆,是一般生活中,或者影楼化妆常见的美容。舞台妆则是用于舞台表演的妆容,常见于各类化妆比赛、走秀、话剧或者歌舞表演。戏剧妆则是影视剧中根据剧本的要求来化的妆。

(二)按色度分

化妆按其色度可分为淡妆和浓妆。其中淡妆是对自身面容的轻微修饰,日妆(如生活淡妆)、职业妆、休闲妆、时尚妆(如裸妆、糖果妆、烟熏妆)等等。

(三)按冷暖分

化妆按其冷暖色调可分为冷妆和暖妆。一般色调的冷暖是靠直觉能够直接感觉出来的,采用暖色调的妆一般给人以亲切、喜庆、易接近的感觉,比如新娘妆、糖果妆等,其主题色调经常是偏暖的。采用冷色调的妆一般给人以冷艳、个性的感觉,如一些冷色系烟熏妆,或者比较白的粉底配比较粉的唇色。

三、化淡妆技巧与步骤

日常生活中人们为了唤起心理和生理上的潜在活力,增强自信心,往往会采用化生活妆或化淡妆,来焕发精神,延缓衰老,另一方面也是体现对他人的尊重,提高人类的文明程度和生活质量,美化环境。作为现代大学生,平时应以淡妆为主,突出清纯、俊秀、典雅、大方的特色,要出于自然而高于自然,始于原型而美于原型,尽量接近生活。在运用手法上遵循扬长避短、突出个性的原则,找出面部最富魅力的部位,重点加以美化,对有缺陷的部位,则加以掩盖或淡化,这样才能取得最佳效果。

面部淡妆的原则是少而精,突显自然美,减弱或遮盖缺陷,恰如其分。其基本程序包括清洁面部、拍化妆水、抹护肤霜、打基底色、施定妆粉、修饰眉毛、画眼部、打腮红、打鼻侧影、擦口红等10个方面和步骤。

(一)清洁面部

用温水及洗面奶彻底洗去脸上的油脂、汗水、灰尘等污秽,使面部光洁。

(二)拍化妆水

根据皮肤性质,选用相应的化妆水轻拍前额、面颊、鼻梁、下巴等处,涂抹均匀。用量约0.5—1毫升。

(三)抹护肤霜

使用适量的护肤霜(包括面霜和眼霜)并涂抹均匀。护肤霜的作用一是润泽皮肤,二是保护皮肤,三是便于涂抹粉底。

(四)打基底色

底妆是化妆的第一步,也是最重要的一步,好的底妆是化妆成功的一半。打基底色的目的是遮盖皮肤的瑕疵,统一皮肤色调。方法是选择两种以上适合自己皮肤的粉底霜,按面部不同的区域、分别涂抹深浅不同的粉底。在脸部的正面用接近自己天然肤色颜色的粉底霜,均匀地、薄薄地涂抹。在脸部的侧面,可用较深底色的粉底霜,从后向前均匀地涂抹,增强脸部的立体感。注意不要漏掉脖子、耳后及领口露出的部分。

(五)施定妆粉

定妆粉的作用是柔和妆面固定底色,粉的颗粒越细效果越自然,粉色不要太白。可使用粉扑或用大的散粉刷沾取散粉,轻轻地、均匀地扑或刷到脸上,一定要涂得薄而均匀。

(六)修饰眉毛

眉毛修饰要强调自然,使生动的眼神在两弯眉毛的陪衬下,显得格外美丽且有韵律感。

1.修整眉型

画眉前先将眉型略加修整,简单的方法是

(1)用眉刷将眉毛往下刷,把超过眉毛下缘的部分剪去;

(2)将眉毛向上梳,把超过眉毛上缘的部分剪去。

由于眉毛都是眉头宽,向眉梢方向逐渐细下来,所以可以形成长短不等的起伏状态,使眉毛显出立体感。

2.画眉方法

(1)画眉时要顺着眉毛的自然长势,从眉头画到眉尾,也可以从眉峰画到眉梢,然后再画眉头和眉腰,注意结合处要自然融合。

(2)为使眉毛富有层次感和立体感,着色应有深有浅,即两头浅,中间深;上面浅,下面深。笔法应有疏有密;着力应有轻有重。眉体的中间、眉毛的下缘和眉峰的着色应稍重,这样的眉毛看起来前虚后长,外形柔美耐看。画完之后,用眉刷顺着眉型轻轻地刷一下,使色泽均匀自然;可以刷上适量的睫毛膏,使眉毛更富立体感。

(3)如果你的眉型很好,但过于稀疏或浅淡,可用软眉笔顺着本来的弧形在眉毛中间画一条线,然后用眉刷或手指上下抹开,这样既能加深眉毛的颜色,又能显出眉毛的层次感。

(4)眉的浓淡因性别而异,男士宜浓重些,女士应轻柔些。

3.眉型与脸型

眉的形状要与脸型相配。

(1)椭圆脸型以标准眉型为首选,眉峰不宜过高,眉头可稍加强调,但不宜过浓,这样可使脸庞略宽但不失秀丽。

(2)长形脸型应选择水平眉,眉毛的圆弧弯度不要太明显,以静止的横向画眉形成长截断面的效果。

(3)圆脸型适合上升眉,眉腰至眉峰逐渐上挑,接近眉尾处慢慢细窄,并略向下弯,眉尾稍高于眉头的水平线。

(4)双颊丰满的脸型也可选上升眉眉型。

(5)瓜子脸型也称心形脸,眉型为自然的弧线形,眉峰宜略偏向内侧且不可过高,眉尾不可过长,一切以适度为好。

(6)三角脸型也称梨形脸,眉毛可选有角度的弧形,两眉头间可适当拉开距离,眉峰的位置向外移,眉尾向鬓角延长,眉毛可画得稍粗一些。

(7)枣核型脸面颊瘦削,颧骨宽大突出,特点是两头尖,中间宽,眉型宜画成有特点的平圆形,加重眉头的分量,在颜色和宽度上都做适当的强调,而眉体舒展柔和,有助于改善颧骨过于突出的印象。

(七)画眼部

适度而优雅的眼部化妆,可使眼睛清澈明亮、蓬荜生辉。淡妆一般包括画眼线、抹眼影、上睫毛膏三项内容。

1.画眼线

握笔要稳,下笔要准。

(1)画上眼线时:镜子放低,视线向下,眼线笔紧贴睫毛根部外侧,由内眼角向外眼角方向描画,到2/3长度时可逐渐加粗,接近眼尾时,可略离开睫毛根部,向上形成一个小小的斜角。上眼线从外眼角向内眼角画7/10长。

(2)画下眼线时:将镜子抬高,视线向上,也可用一手将上眼睑固定,以免眨眼影响操作。眼线笔紧贴睫毛根部内侧,由外眼角向内眼角方向描画。下眼线从外眼角向内眼角画3/10长。

(3)通过上下眼线的比例不同,改变人们的年龄印象。如需要显得成熟老练、稳重娴熟形象的就把上眼线画得更浓重些,或不画下眼线;需要显得天真活泼、年轻些形象的就把重点放在下眼线,使其粗黑程度超过上眼线。

(4)利用眼线来调整眼睛的位置和形态。眼睛大,可将眼线画在睫毛根部的内侧;眼睛小,则画在睫毛根部的外侧;过圆的眼睛,应强调眼线的两端,中间略细，眼尾部适当延长，在视觉上造成细长的印象。对于先天性眼球突出者(如金鱼眼)、高度近视或因"甲亢"而引起的突眼症者，不宜画眼线。

2. 抹眼影

抹眼影也叫眼部着色，有较高的艺术性和技巧性。

(1)眼影颜色

常用的眼影色有棕、灰、褐、蓝、紫、橙、粉红、米黄、肉色及银灰等，在功能上又分为影色、亮色和强调色三种。

①影色也叫阴影色，是一种收敛色，用在表面凹陷、窄小的部位，以及应该属于阴影的部位。这种颜色一般都是暗色调的，如暗灰、深棕、深褐、蓝灰、紫灰等。

②亮色也叫眼明色，用在表面突出隆高的部位，给人以宽阔、丰满感。亮色是发白而浅淡的，包括白色、浅粉色、米色、象牙色等。如果用亮色抹在眉梢下方和下眼尾处，有突出眉骨的作用。亮色与影色配合使用，可形成有起伏的立体感眼形。

③强调色也叫眼显色，是指能突出眼睛地位的色彩，影色、亮色及其他任何颜色，都可以成为强调色。使用强调色主要目的是使该部位成为引人注目的焦点。如在双眼皮的皱褶中抹上白色或金色眼影，上眼睑在紫色眼影的铺垫下，于中央部位点上一小块银色或灰色，眼睛会显得格外明亮和温柔，此时所使用的亮色就是加强眼睛魅力的强调色。单眼皮则建议以单一色系的眼影做出眼部的立体感，选择明亮度较饱和、较深色的颜色，可避免眼睛显得浮肿。

(2)抹眼影方法

①眼睑沟内的着色方法。双眼皮可在眼皮皱褶内抹深色眼影，如深蓝、深灰、深褐等色，使眼睛显得大且深，产生深邃明亮的效果。单眼皮可在睫毛上 0.5 厘米处，画一条粗线，形成假双眼皮，然后模拟双眼皮的抹法。化浓妆时，可在眼皮沟里抹上浅色眼影，如白色、金、银、浅灰色等，再抹上深茶色眼影，可以强调双眼皮的形象。

②上下眼睑的着色方法。沿着眼皮沟的边缘，使所抹颜色由深到浅，接近眉毛的下缘，颜色越淡甚至逐渐消失，这样就突出了眉毛部位的凹凸结构，使眼睛显得更为饱满。如果在眉尾下缘和上眼睑中央巧施亮色，可加强眼睛的立体感。

③对过于凹陷的眼睑，应在眼窝处抹上淡红色，或浅色珠光眼影，这种亮度较强的暖色具有扩张感，会使凹下的部位显得丰满。

④对于眼睑厚重的"肿泡眼"，要用纯度低的冷色调，给以收敛缩小。首

选为冷灰色，用绿色眼影加紫色和浅粉色，能调出和肤色相协调的冷灰色。其他如蓝灰、紫灰、绿灰等也可选用。为了扩大眼形，可在外眼角沿下睫毛根部，抹上淡淡的深色眼影，然后用手指匀开，造成含蓄朦胧的印象。

眼部着色要适合自己肤色及着装颜色，也可以用颊红或阴影色代替。抹眼影时，贴近睫毛的部位要重些，眼角部位也要重些，然后用眼影刷轻轻扫开去，与鼻侧影自然相接的地方必须颜色浅淡，过渡自然。

3. 上睫毛膏

上睫毛膏的目的是使睫毛显得浓黑、突长而上翘，与眼睛巩膜的浅亮形成对比，突出眼睛的“瞬间美”，具有动人心魄的魅力。

(1)上睫毛膏方法

①在上睫毛膏之前，先在睫毛上刷些睫毛油或滋润剂，用睫毛夹夹一下，除起到保护作用外，还可以增加睫毛的卷翘度。

②涂上眼睫毛时，视线向下，蘸少许睫毛膏，将睫毛刷与眼睛平行，从上眼睑内侧开始，一根一根地涂眼睫毛。

③涂下睫毛时，将睫毛刷与鼻子平行，用刷尖一根一根地涂下睫毛。外眼角多涂一些可使眼睛显得更大。

(2)上睫毛膏的注意事项

①上睫毛膏时，要从睫毛根部刷向睫毛梢，要刷得薄一些，刷厚了会使夹卷成型的睫毛恢复原状。

②一次不要刷得过多，以免沾染到皮肤上，如果为了加强效果可以多刷几次来加深厚度。

③在睫毛油未干透前，要避免闭眼、眯眼等动作，否则睫毛油会沾染皮肤。

④如果用油过多，睫毛粘在一起，未干前可用棉花棒轻轻理顺；如已经凝结，可用眉梳或不沾油的睫毛刷细心地向上梳理，刷掉结块、疏松睫毛。

⑤如果皮肤沾染上了睫毛膏，可用棉花棒沾上清洁霜或洗面奶，将污点揩掉，但别忘补上粉底霜。

⑥一般情况下不涂下眼睫毛。

⑦注意不要经常使用假睫毛，那样会使上眼皮松弛，加快衰老。

(八)打腮红

打腮红的目的是利用各种不同明暗、深浅程度的胭脂，在面部制造出起伏变化的阴影区和明亮区，使面颊显得红润柔美，调整、修饰脸型，体现女性魅力。

(1)胭脂由颜料、粉料、胶合剂和香料混合后压制而成，有胭脂块、胭脂油膏、胭脂乳液、胭脂锭等。颜色有自然色系、粉红色系、玫瑰色系、橙色系、棕色系、明色系(淡黄色、白色、浅肉色)等。

(2)胭脂与皮肤类型。干性皮肤应选用面霜式胭脂或胭脂油膏;油性皮肤应用粉饼状胭脂;中性皮肤者均可兼用。

(3)胭脂涂抹方法。用腮红刷或粉扑沾上腮红,弹掉多余的粉末,在颧骨和颊部上方来回刷匀(笑时鼓起的笑肌就是要画的地方),或是以画圆的方式轻轻转刷。胭脂的涂抹要淡抹轻染,有重点,有虚度,不显露出腮红的轮廓。以颧骨为中心,向太阳穴及面颊外侧涂扫(内侧不要靠近鼻梁,向下不要低于鼻尖),越向外侧越淡,直到面颊的红润自然地融入到底色中为止。

(4)胭脂颜色选择。选择腮红应根据肤色、年龄以及眼影、口红的颜色来决定,一般选用与皮肤或口红相接近的颜色,以显现自然健康的肤色,也不易出现明显的色差。

(5)胭脂与脸型。不同脸型涂抹胭脂时应采用不同的方法,圆脸型的颊红形状应是长条形的;长脸型应刷得宽些;白皮肤可选用淡而明快的颜色,如浅桃红、浅玫瑰红。

(九)打鼻侧影

鼻子是五官中最突出的器官,很影响一个人的观瞻。鼻子的外形因人种、性别、年龄,以及遗传因素的影响而有差异。和谐、美观的鼻型是鼻梁挺拔俊秀,不高不低;鼻头弧度柔和,不尖不圆;鼻子长度约占脸长的1/3,鼻翼宽度与两内眼角之间的距离一样。打鼻侧影时,将选好的影色点在眉头下、内眼角及眼窝部位,用化妆刷顺着鼻肌在鼻子两侧作纵形晕染,颜色由深到浅,靠近鼻根的内眼角处相对深一些,越接近鼻翼越浅,在鼻翼中部逐渐消失。也可用手指蘸影色自上而下地涂抹,然后用大粉刷将侧影向眼窝部和颊部涂扫,使影色柔和地在眼影和粉底霜的色彩中自然消失。

(十)擦口红

口部同眼睛一样是面部表现力最强的部位,也是面部化妆的重点之一。擦口红不但可以美化口唇,而且还能保护口唇的外露部分,唇膏内含有多种脂类物质,防止唇部干燥起皱,开裂出血。

1.画唇线

目的是重新塑造唇型,使口型的轮廓更加清晰明确,防止口红出界。先在唇峰唇谷处做好标记,下唇在两个唇峰的垂直延伸线上做好标记,两个口角做好标记,然后把这6个点用弧线连起来,形成上唇两座连绵的山形,下唇圆润光滑的船形。

2.填充唇体

微张开嘴巴,用浅于唇线颜色的唇膏填入唇体,方向以水平横向擦抹为宜，但光泽唇膏要按垂直方向擦，把唇上的纵纹填满。要注意填充口角和唇的内侧部位，使得说话、谈笑时不会出现漏涂区。涂好后用纸巾按压，或将纸巾放在上下唇之间抿一抿，以吸去多余的油脂。

3. 特殊技巧

擦口红利用唇线调整唇形，利用唇膏亮度的微秒变化弥补不足。

(1)大嘴厚唇者，用深色唇膏将唇线向内移，差幅在 1 毫米左右为宜，缩短唇角线，强调弓型轮廓，唇线模糊些。用接近肤色的唇膏填充唇体，在口唇的品字部位点上浅色唇膏，靠近嘴角处擦暗色唇膏，加强口角的阴影，使红唇面积在视觉上显得小一些。

(2)嘴小薄唇者，应用亮色的唇膏勾画唇线，要比原来的唇廓宽 1 毫米左右，上唇的嘴角向外加宽，下唇画成满弓型，上下唇应有较大弧线，且弧线要圆润、柔和和丰满。用鲜亮的唇膏填满全唇，亮丽的颜色可使口唇显得丰厚饱满，而深暗的唇膏则可使小嘴看起来更加小。

四、化淡妆的注意事项

在熟练掌握化淡妆的基本方法后，可根据自身特点、流行趋势，创造扬长避短、自然真实、突出个性、整体配合的化妆效果。同时也要注意以下几个方面。

(一)扬长避短

扬长避短是指突出自身最美的部分，令其更加动人，同时巧妙地弥补或掩盖自身不足的部分。

(二)自然真实

自然真实是指化妆要自然真实，不留痕迹。无论何种化妆，切忌厚厚涂抹，一定要通过化妆技巧和手段，采用合理的化妆品来表现人的自然个性和气质美。

(三)突出个性

突出个性是指化妆要因人而异、因时不同、因地制宜，切忌千篇一律。一定要根据自身特点来设计妆型，强调个性特点，勿要单纯模仿。

(四)整体配合

整体配合是指化妆要强调整体观，协调美。一方面，妆型的设计要考虑发型、服饰的配合，使之具有整体美感；另一方面，要同化妆对象的气质、性格、职业、年龄等特征匹配，取得和谐统一的效果。

第三节　化妆效果的检查和修整

检查化妆效果时，最好离镜子的距离1米左右，因为正常的社交活动，通常保持的是这个距离。

一、底妆的检查

底妆的检查就是检查基本面化妆的效果，如粉底霜是否均匀，定妆粉是否均匀柔和，前额发线的粉底是否处理得自然，等等。发现头发上沾染了粉底霜，可用湿纱布揩去；脖子和面部的颜色如果不够协调，可在脖子上加敷底霜；如果在作表情时眼部周围皱纹明显增加，说明粉扑得太厚了，可用乳液将手指打湿，轻轻按一按，或用粉刷扫去。

二、眉毛的检查

观察两边的眉毛是否对称，颜色是否一致。如果眉毛上沾染了粉，用眉刷刷掉；若眉毛颜色过深，用眉刷沾浅咖啡色眼影刷在眉毛上。

三、眼妆的检查

观察双眼的眼影润色是否平衡一致，颜色是否均匀柔和，若一侧过浓，可用粉型粉底略加遮盖；观察眼线份量是否足够，如果眼线画得不如人意，可用棉花棒抹开或蘸洗面奶洗去；观察睫毛油上得是否均匀，上下眼睑的皮肤是否受到沾污，等等。

四、鼻侧影的检查

观察鼻侧影调整脸型是否达到预期效果。若颜色过深或过于明显，可用亮色覆盖或抹开，也可用大粉刷将影色向眼窝部、颊部刷扫，能获得浅淡柔和的效果。

五、腮红的检查

观察两腮是否透出健康自然的血色，腮红面积是否对称，颜色是否一致。过浅须加色，过浓可用脱脂棉或面巾纸揩去，也可用浅色定妆粉调整。

六、口红的检查

观察唇线是否整齐清晰，两唇峰的高低是否一致，唇体和口角处是否填满了唇膏，牙齿上是否沾有唇膏。若口红颜色过重，可用米黄色眼影盖一盖；若有溢出唇线的唇膏，用棉棒揩去后，擦上粉底补妆。

七、妆面与发式、服饰协调配合的检查

头发过于蓬松，人会显得矮小而臃肿。前额的头发份量过大，会削弱眉眼的化妆效果，给人以压抑的感觉。注意服装的颜色是否与口红、腮红、指甲油般配。穿礼服时，妆面应庄重大方；穿牛仔套装或休闲装时，妆面应清丽淡雅。

要强调的是，面部化妆还要和年龄、职业、气质、活动场景结合起来，形成的妆面效果应出于本人而高于本人。

第四节　卸妆

卸妆是将面部的化妆品清除干净。有些人在化妆时精雕细琢，在卸妆时却马马虎虎，这是美容护肤的最大误区。皮肤长时间在化妆品的覆盖下，不能够通畅呼吸，皮肤和汗液不能顺利排出，而化妆品中的有害物质却在不断地被皮肤所吸收，使皮肤加速老化，所以卸妆除了清洁皮肤，还要营养皮肤。

临睡前的卸妆最重要，可保持皮肤的洁净，维持其正常的生理功能。研究表明，夜间 10 点至凌晨 4 点，皮肤的新陈代谢最旺盛，表皮细胞分裂最快。

卸妆使用的材料有卸妆油或卸妆乳液，亦可用食用植物油或凡士林，还有棉花棒、脱脂棉及面巾纸等。方法和步骤如下：

一、擦试脸上的污垢

用面巾纸或脱脂棉轻轻擦去脸上的化妆品、油污和汗垢。

二、清除睫毛膏

用棉花棒蘸少许卸妆乳液，在睫毛上轻轻滚动，使睫毛膏附着在棉签上被清除。

三、清除眉毛上的化妆品

用棉花棒蘸少许卸妆乳液，在眉毛上轻轻揉搓，再用脱脂棉擦掉。

四、清除眼部化妆品

眼睛是化妆的重点，着色较多，而眼睛周围皮肤又最薄嫩脆弱，因此在涂上卸妆乳液后，应使用轻柔的力量揉按，使眼影色溶于卸妆油中，再用脱脂棉轻轻拭去。避免来回反复揉搓，防止眼部皮肤松弛，加重、加深皱纹。也可直接用眼部专用卸妆液，它不含清洁剂和香精，能温和地去除眼部化妆品，特别对防水眼影、防水睫毛膏和眼线液更为适用。

五、清除唇膏

可使用专门去除唇膏的乳霜，也可用少许冷霜涂于唇上，再用棉花棒轻轻揉动，能轻易地去掉唇膏，切不可硬擦，以免口唇干裂。

六、清除底色、腮红及鼻影

取少许卸妆乳液置于手心，两手掌相互揉搓，打均后涂抹在面部及颈部，轻轻打圈揉按，使乳液和化妆品充分混合，胭脂和粉底霜等也随之浮起，溶解于乳液中，最后用面巾纸或棉花揩去。

七、清洗

使用洗面奶或香皂洗脸，并用温水冲洗干净。

八、护肤养肤

拍上爽肤水，收缩毛孔，再擦上适量营养护肤霜，轻轻按摩，促进皮肤血液循环。

用凡士林卸妆步骤和方法与卸妆乳液相同，多用于演员卸妆，对油彩妆面清除效果特别好。如果用植物油卸妆，则应用脱脂棉蘸植物油在面部轻轻揉搓，待化妆品与植物油融为一体时，再用软纸或棉花擦去。清洗与护肤方法与使用卸妆乳液相同。

卸妆时尽量用手指指腹或手掌接触皮肤，不要用毛巾使劲擦脸，去除面部水渍可用湿毛巾沾干。

学习思考题

1. 日常面部护肤有哪八大步骤？不同季节该如何保养自己的肌肤？
2. 什么是“青春痘”？如何防治“青春痘”？
3. 如何给自己面部化淡妆？
4. 简答2种化日常妆和重要晚宴妆的技巧及服饰搭配的方法。
5. 如何卸妆及护肤养肤？

推荐书目及网站

[1]（韩）边惠玉. 我最想要的化妆书[M]. 南宁：广西科学技术出版社，2011.5.

[2]（韩）朴惠支著，韩美玲译. 最容易上手的化妆书[M]. 北京：中信出版社，2012.12.

[3]（日）濑户口惠著，庞雪译. 手是最好的美容工具[M]. 桂林：漓江出版社，2012.12.

[4]（韩）朴惠敏(PONY)著，王纪实译. PONY四季美妆物语[M]. 南宁：广西科学技术出版社，2012.1.

[5]（日）佐伯千津著，袁森译. 佐伯千津的美容课[M]. 北京：中信出版社，2010.2.

[6]http://www.7y7.comhufuhuazhuangbuzhou/

[7] http://www.lady8844.com/zhuanti/cz/jnhz/2009－08－27/1251354886d288584.html

[8]http://www.2liang.net/banliang/201001/55456.shtml

[9]http://www.tangdou.com/playlist/view/1764

[10]http://jingyan.baidu.com/tag/956

实 践 篇

第六章　艺术形体基本姿态和形态训练

本章导读　本章主要对艺术形体基本姿态训练、形态训练和把杆训练的基本知识，以及组合动作进行介绍，结合亲身实践，培养良好的基本姿态和形态。组合练习可以使枯燥的基本练习变成内容丰富、形式多样、优美活泼的表演。

第一节　艺术形体基本姿态训练

形体美的训练首先从形体姿态训练开始，艺术形体基本姿态包括站姿、坐姿、走姿和蹲姿等，通过站立、就座、行走、下蹲等形体基本姿态的训练，使练习者在举止中表现出良好的气质和美好的仪表，起到增强自信、提升气质的作用，形成富有个性和韵味的美感。

一、站姿

站姿是生活静力造型动作，优美而典雅的站立姿态，是人们在生活中不断追求的身体动作，也是发展不同动作美的起点和基础。站姿的美丑，可以反映出一个人的精神状态、道德文化修养、审美情趣及身体健康水平，因此站姿是艺术形体基本姿态训练中最重要的部分之一。通过一定的正确规范的艺术形体站姿训练，可提高形体美感和肢体表现能力。

（一）优美站姿

优美站姿应是抬头、挺胸、收腹、立腰、提臀、紧腿、重心前移、直臂侧下举。抬头是指两眼平视、下巴微收、面带微笑，给人一种健康、快乐、自信、阳光、高雅的印象。挺胸是指两肩下沉、胸部前挺、肩胛骨微后收。收腹、立腰是指腹肌和腰肌这组对抗肌收缩平衡,使躯干保持垂直地面状态。提臀是指臀大肌往上收,使身体重心往上提。紧腿是指股四头肌和腓肠肌等肌肉收紧,使得两腿伸直,膝关节和踝关节靠拢。重心前移是指重心落在双脚的前脚掌上,脚跟可随时抬起。直臂侧下举是指两臂伸直,与躯干夹角约45°,如果水珠从肩峰沿着手臂向下滑落,将从中指间落下。

(二)不良站姿

不良站姿主要表现在:站立时目光斜视、低头、歪头、含胸、驼背、耸肩、斜肩、弯腰、侧曲、塌腰、挺腹、松髋、垂臀等,或者出现身体重心落在脚跟上或一条腿上,另一腿不停地抖动等现象。给人一种病态、懒散、轻佻、颓废、自卑等印象。

(三)优美站姿的训练方法

1.并腿站立

(1)并腿靠墙站立(图6-1-1)

动作要点:两脚并拢,两膝相靠,双腿收紧,臀部上提,收腹立腰,挺胸开背,两肩平衡,双臂下沉,颈部梗直,下颌微收,嘴角上提,微露六齿,头顶上提,重心脚掌。保持脚跟、小腿、臀部、肩胛骨和后脑紧靠墙站立。

练习目的:借助于墙的平面,训练站立时上体挺拔,保持头、躯干和腿在同一平面和同一条垂直线上的良好习惯。每组练习保持4×8拍,并配合4拍吸气上提、4拍呼气放松的节奏进行练习,重复练习8—10组。

(2)并腿悬空站立(图6-1-2)

动作要点:抬头、挺胸、收腹、立腰、提臀、紧腿、重心前移,双手背贴于腰部,两肘向后打开。如果水珠从肩峰沿着上臂下滑,从肘关节落下。

练习目的:学会控制身体的平衡和稳定,形成优美站姿的本体感觉。每组练习保持8×8拍,并配合4拍吸气上提、4拍呼气放松的节奏进行练习,重复练习6—8组。

(3)并腿两膝夹纸站立(图6-1-3)

动作要点:与并腿靠墙站立和并腿悬空站立相同,唯独在两膝间夹着一张纸进行练习。

练习目的:纠正罗圈腿腿形和不良站姿,保持腿形优美和提高重心,每组练习保持4×8拍,并配合4拍吸气上提、4拍呼气放松的节奏进行练习,重复练习8—10组。

(4)并腿提踵立(图6-1-4)

动作要点:两腿并拢伸直,脚跟离地,双踵尽量提高,两手叉腰,重心垂直向下,身体保持平稳。

练习目的：学会控制身体的平衡和稳定，形成优美并腿提踵立的本体感觉，增强踝部力量和腿部挺直力与控制力。每组练习保持 8×8 拍，并配合 4 拍吸气上提、4 拍呼气放松的节奏进行练习，重复练习 6—8 组。

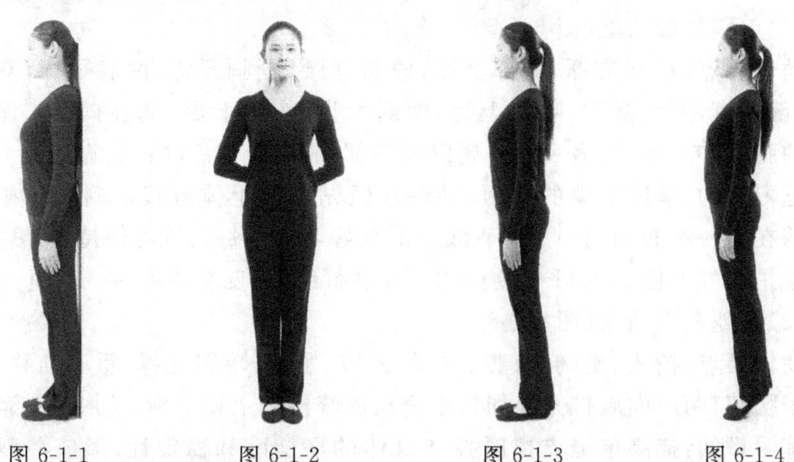

图 6-1-1　图 6-1-2　图 6-1-3　图 6-1-4

(5)并腿头顶物体站立(图 6-1-5)

动作要点：与并腿靠墙站立和并腿悬空站立相同，唯独在头顶上放一样东西，如一本书等，并保持正常呼吸，使物体不落下。

练习目的：提高平衡能力和稳定性，锻炼意志和毅力。每组练习保持 8×8 拍，并配合 4 拍吸气上提、4 拍呼气放松的节奏进行练习，重复练习 6—8 组。

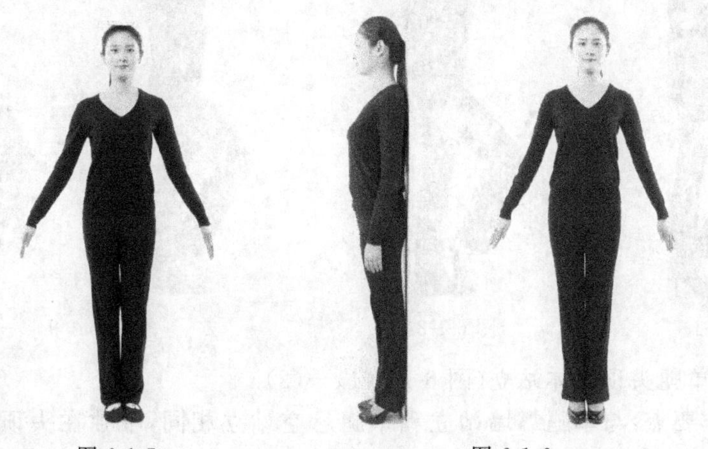

图 6-1-5　图 6-1-6

(6)并腿穿高跟鞋站立(图 6-1-6(1)—(2))

动作要点：与并腿靠墙站立和并腿悬空站立相同。

练习目的：保持优美站姿，提升身体重心，为塑造良好形态打好基础。每组练习保持 8×8 拍，并配合 4 拍吸气上提、4 拍呼气放松的节奏进行练习，重复练习 8—10 组。

2. 单腿站立

(1)单腿靠墙站立(图 6-1-7)

动作要点：单腿支撑，臀部上提，收腹立腰，挺胸开背，两肩平衡，双臂下沉，颈部梗直，下颌微收，嘴角上提，微露六齿，头顶上提，重心脚掌。保持支撑腿的脚跟和小腿肚、另一腿外侧以及臀部、肩胛骨和后脑都紧靠墙站立。

练习目的：借助于墙的平面，训练单腿站立时上体挺拔，保持头、躯干和支撑腿在同一平面和同一条垂直线上的良好习惯。每组练习保持 4×8 拍，并配合 4 拍吸气上提、4 拍呼气放松的节奏进行练习，反复练习 8—10 组。

(2)单腿悬空站立(图 6-1-8)

动作要点：抬头、挺胸、收腹、立腰、提臀、紧腿、单腿支撑、重心前移，双手背贴于腰部，两肘向后打开。如果水珠从肩峰沿着上臂下滑，从肘关节落下。

练习目的：提高单腿支撑时控制身体的平衡感和稳定性，形成单腿悬空优美站姿的本体感觉。每组练习保持 4×8 拍，并配合 4 拍吸气上提、4 拍呼气放松的节奏进行练习，重复练习 6—8 组。

图 6-1-7　　图 6-1-8　　图 6-1-9

(3)单腿头顶物体站立(图 6-1-9(1)—(2))

动作要点：与单腿靠墙站立和单腿悬空站立相同，唯独在头顶上放一样东西，如一本书等，并保持正常呼吸，使物体纹丝不动。

练习目的：提高单腿支撑的控制力、平衡感和稳定性，锻炼意志和毅力。每组练习保持 4×8 拍，并配合 4 拍吸气上提、4 拍呼气放松的节奏进行练习，重复练习 6—8 组。

(4)单腿穿高跟鞋站立(图 6-1-10)

动作要点:与单腿靠墙站立和单腿悬空站立相同。

练习目的:保持优美单腿站姿,提升身体重心,为塑造良好形态打好基础。每组练习保持 8×8 拍,并配合 4 拍吸气上提、4 拍呼气放松的节奏进行练习,重复练习 8—10 组。

3. 分腿站立

(1)分腿靠墙站立(图 6-1-11)

动作要点:两脚左右开立与肩同宽,重心在两前脚掌上;双手四指并拢,虎口分开,立腕叉腰,双肘微向前扣。保持脚跟、小腿、臀部、肩胛骨和后脑紧靠墙站立。抬头、挺胸、收腹、立腰、提臀、紧腿。

练习目的:借助于墙体平面,训练臀、腹及上体的正确姿势感觉。训练站立时上体挺拔,保持头、躯干和腿在同一平面和同一条垂直线上的良好习惯。每组练习保持 4×8 拍,并配合 4 拍吸气上提、4 拍呼气放松的节奏进行练习,重复练习 8—10 组。

图 6-1-10

图 6-1-11

图 6-1-12

(2)分腿悬空站立(图 6-1-12)

动作要点:两脚左右开立与肩同宽,重心在两前脚掌上,保持抬头、挺胸、收腹、立腰、提臀、紧腿、重心前移;双手背贴于腰部,两肘向后打开。如果水珠从肩峰沿着上臂下滑,从肘关节落下。

练习目的:学会控制身体的平衡和稳定,形成优美站姿的本体感觉。每组练习保持 8×8 拍,并配合 4 拍吸气上提、4 拍呼气放松的节奏进行练习,重复练习 6—8 组。

(3)分腿提踵立(图 6-1-13(1)—(3))

动作要点:两脚左右开立与肩同宽,两腿伸直,脚跟离地,双踵尽量提高,双手叉腰,重心垂直向下,身体保持平稳不晃动。

练习目的:学会控制身体的平衡和稳定,形成优美分腿提踵立的本体感觉,增强踝部力量和腿部挺直力与控制力。每组练习保持 8×8 拍,并配合 4 拍吸气上提、4 拍呼气放松的节奏进行练习,重复练习 6—8 组。

图 6-1-13

(4)分腿头顶物体站立(图 6-1-14)

动作要点:与分腿靠墙站立和分腿悬空站立相同,双手叉腰,头顶上放一样东西,如一本书等,并保持正常呼吸,使物体纹丝不动。

练习目的:提高控制力、平衡力和稳定性,锻炼意志和毅力。每组练习保持 8×8 拍,并配合 4 拍吸气上提、4 拍呼气放松的节奏进行练习,重复练习 6—8 组。

图 6-1-14

图 6-1-15

(5)分腿穿高跟鞋站立(图 6-1-15)

动作要点:与并腿穿高跟鞋站立相同。

练习目的:保持优美站姿,提升身体重心,为塑造良好形态打好基础。每组练习保持 8×8 拍,并配合 4 拍吸气上提、4 拍呼气放松的节奏进行练习,重复练习 8—10 组。

二、坐姿

端庄、娴雅、优美的坐姿给人以文雅、稳重、大方的美感,是个性、气质、风度、修养及健康的一种表征,也是受过良好教育的标志;而不良的坐姿会给人一种懒散、无礼之感,因此坐姿是艺术形体基本姿态训练的重要内容之一。

(一)优美坐姿

优美坐姿亦称基本坐姿,是各种坐姿的基础,适合于正式场合。动作要领:轻、稳、缓、慢地从座位的左侧进入,走到座椅正前方半脚的距离,入座于座椅面的前 2/3 处。入座后,头正目平,下颌内收,面带微笑,嘴角上扬,颈部梗直,挺胸收腹,腰背挺直,肩部放松,两臂自然下垂,双手放于大腿上面或外侧或膝盖上;背不靠椅背,构成双 LL 状,即背与大腿成直角,大腿与小腿成直角;双脚平落地上。女士要求双腿、双膝、双脚完全并拢;男士两腿可并拢或稍分开一拳之宽。总之,四肢协调配合,头、胸、髋三轴与四肢的开、合、曲、直对比得当,即可形成优美坐姿。表现出自信、安详、优雅、舒展、大方、得体的美感。

(二)不良坐姿

落座有声,斜视,含胸,低头,歪肩,耸肩,侧曲,托腮,弓背,弯腰,斜、躺、靠座椅,前趴后仰,满座座椅,手位不当,腿脚不雅,翘腿,抖腿,摆腿,大开两腿等,表现出无礼、放肆、随意、懒散、玩世不恭等不雅状态。

(三)优美坐姿的种类

优美坐姿的种类根据腿部变化可分为垂直式、前交叉式、曲直式、后点式和后交叉式等五种。

1.垂直式(图 6-1-16(1)—(2))

入座前,站在座椅前半脚的距离,将左脚脚跟靠于右脚足弓处,两脚夹角小于 45 度,两膝并拢。入座时,上体稍前倾,双手或一手将后面衣裙拢好,重心垂直向下。入座后,腰挺直,膝靠拢,两小腿垂直于地面。双手虎口相交轻握放于大腿上。男士可两腿分开,但两腿间距不得宽于肩,两手掌心可放于膝上。挺胸直腰,面带微笑。离座时,右脚后退半步,起立,从左侧离开。

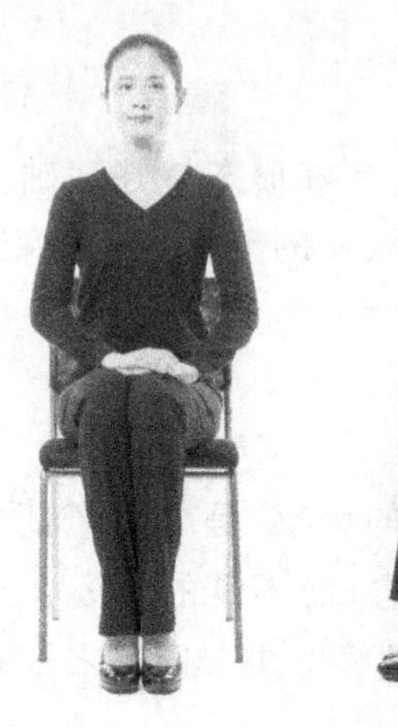
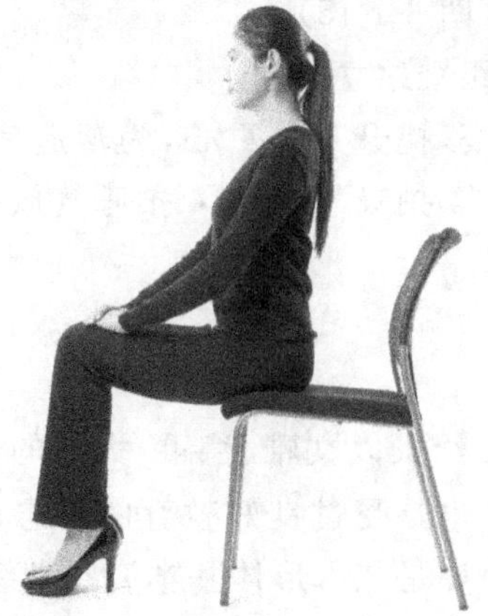

图 6-1-16

图 6-1-17

2. 斜放式(图 6-1-17)

挺胸直腰,面带微笑,双腿并拢,大小腿成 90 度,平行斜放于一侧,小腿与地面夹角大于 45 度,即双脚不超过肩宽。双手虎口相交轻握放于大腿上。该坐姿适合穿短裙的女士就座于较低位置时所用。

3. 曲直式(图 6-1-18)

挺胸直腰,面带微笑,双腿靠拢,一小腿垂直地面或前伸一点,另一腿后屈,两脚掌着地,前后脚保持在一直线上。双手虎口相交轻握放于左大腿上,两腿交换时,手可以不换。比较适合女性使用。

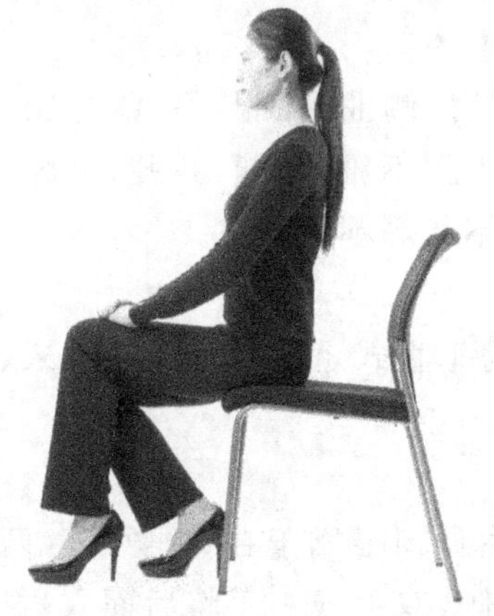
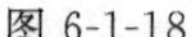

图 6-1-18

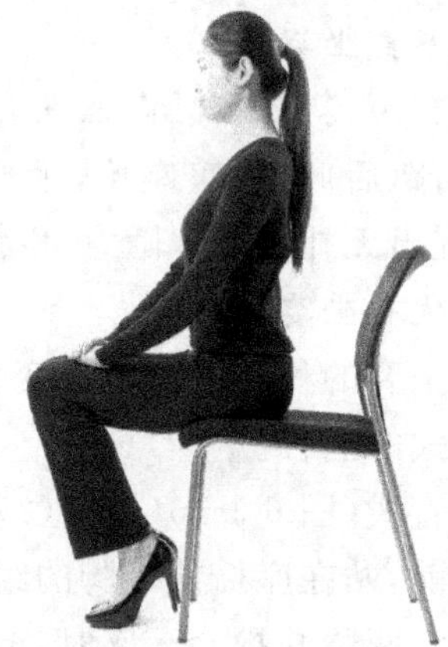

图 6-1-19

4. 后点式(图 6-1-19)

挺胸直腰,面带微笑,双腿靠拢,两小腿屈回,脚掌着地。双手虎口相交轻握放于左大腿上，或双手掌放于膝上，或座椅扶手上。此坐姿在一般场合都可采用，男女也都适用。

5.交叉式(图 6-1-20(1)—(3))

挺胸直腰，面带微笑，双腿靠拢，脚踝交叉，可向前、侧、后伸，两脚着地，脚尖不可向上翘起，小腿与地面夹角在 45—90 度之间。双手虎口相交轻握放于左大腿上，或分别放于座椅扶手上。此坐姿适用于各种场合，且男女都可以选用。

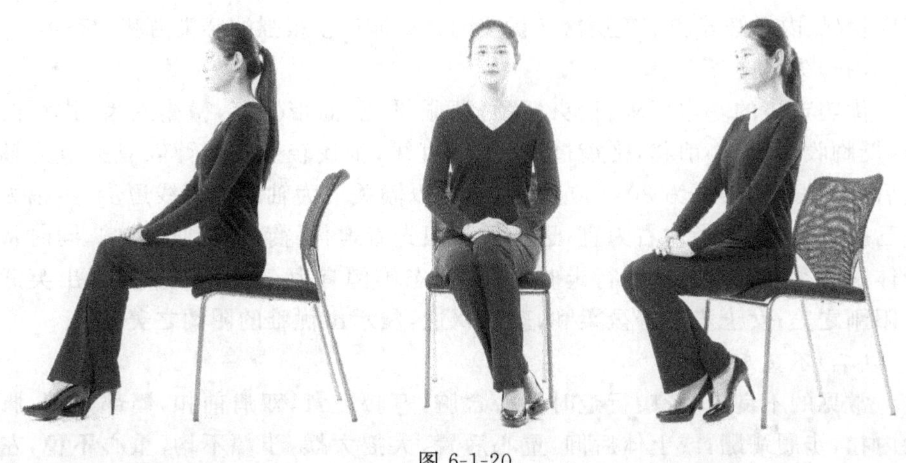

图 6-1-20

6.叠放式(图 6-1-21)

挺胸直腰，面带微笑，在垂直式或斜放式或后点式的基础上，将一腿交叠于另一腿上，交叠后的两腿之间没有缝隙，尤如一条直线，叠放在上面的腿，脚尖朝下。

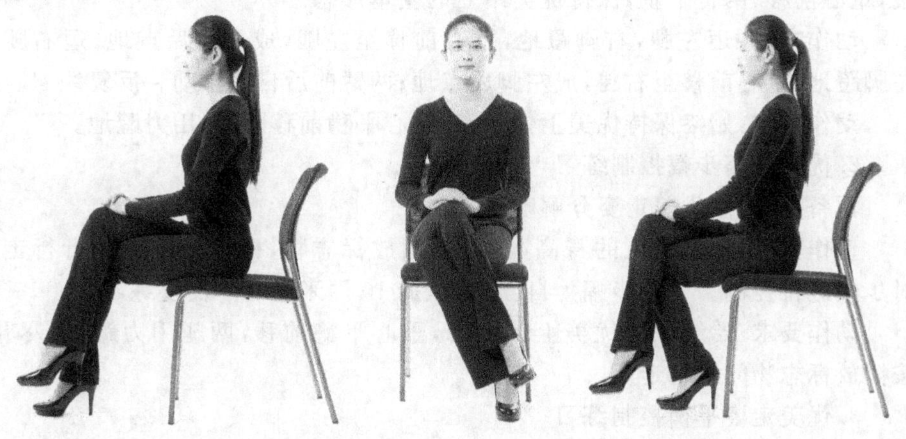

图 6-1-21

(四)优美坐姿的训练方法

所有优美坐姿的共同点是挺胸直腰,面带微笑,两腿、两膝靠拢,因此最常用、也最有效的训练方法是靠墙坐在方凳子上,两膝夹纸练习。每次练习5—10分钟/组,每天练5—8组。练习时纸张自始至终不能掉落,可配合不同手位练习。

三、走姿

走姿又称步态,是人行走的姿势和状态,能直接反映出一个人的精神风貌、健康状况、内心修养和审美层次。优美的走姿能产生很强的感染力和动态美。

(一)优美走姿

优美走姿的基本要求:抬头梗颈,两眼平视,面带微笑,微露六齿,拔背沉肩,挺胸收腹,重心前移,平衡过渡,行程直线,步伐轻盈。双臂以肩关节为轴前后自然摆动,摆幅为30—40厘米;两腿以髋关节为轴向前直线迈步,步幅为自己脚长加10厘米左右为宜;迈步后脚跟先着地,平衡过渡到前脚掌,同时将身体重心柔和推向前进。行走时,男士步态雄健有力,豪迈洒脱,显示出英武的阳刚之美;女士步态轻盈柔和,蕴涵飘逸,展示出优雅的阴柔之美。

(二)不良走姿

常见的不良走姿有:行走时低头含胸,弯腰驼背,双肩前扣,髋部紧锁,脚尖内扣,步履蹒跚,或上体后仰,重心后置,大摇大摆,步幅不均,重心不稳,左右摇晃,脚尖外撇,步履拖沓。

(三)优美走姿的训练方法

1. 优美走姿分解动作练习

预备姿势:抬头梗颈,两眼平视,面带微笑,微露六齿,拔背沉肩,挺胸收腹,重心前移,两臂下垂,保持优美站立的基本形态。

动作方法:迈左腿,右脚蹬地,重心前移至左腿,成右脚后点地;迈右腿,左脚蹬地,重心前移至右腿,成左脚后点地;两臂前后自然摆动。反复练习。

动作要求:始终保持优美上体姿态,重心平稳前移,两腿用力蹬地。

2. 优美走姿步幅控制练习

预备姿势:同优美走姿分解动作。

动作方法:根据个人的身高,在地上摆放标志物,根据标志物进行行走,对步幅进行控制。一般步幅为自己脚长,加10厘米左右。反复练习。

动作要求:始终保持优美上体姿态,重心平稳前移,两腿用力蹬地,尽量按摆放标志物间距行走。

3. 优美走姿平衡控制练习

预备姿势:同优美走姿分解动作。

动作方法：

(1)在地上画一条5厘米宽的直线，练习者先用余光看直线，两脚沿直线向前、向后走；然后闭眼沿直线走，观察是否有偏离。

(2)如果没有偏离，在10—15米处放一个醒目标志物，练习者对准标志物直线行走。

(3)头顶一本书或一个小靠垫，由单手扶书或垫子到双手放开，对准标志物直线行走。

(4)尽量抬高脚跟，重心落在前脚掌上，进行起落踵练习。

(5)用前脚掌走，以提高踝关节力量和稳定性。

以上五种方法反复练习。

动作要求：女士要求两脚内侧紧贴直线，男士两脚内侧可离直线2厘米左右。

四、蹲姿

在集体合影时，前排需用蹲姿；在取放低位物品时，会用蹲姿，以示修养；在与小朋友或个子较矮的人交流时，要用蹲姿，以示平等；与前排座位的人交流时，需用蹲姿，以示尊重；等等。蹲姿能反映一个人的涵养和素质，雅观的蹲姿可以给生活增添美，使人避免尴尬。常用的优美蹲姿有高低式蹲姿和交叉式蹲姿。

(一)高低式优美蹲姿(图6-1-22(1)—(2))

两腿靠紧下蹲，右脚在前，全脚着地，小腿几近垂直地面，外侧对于观众；左脚稍后，脚跟提起，前脚掌着地，左膝内侧靠于右小腿内侧中部以下；臀部坐于左小腿上，重心在左脚；上体挺直稍前倾。根据场合左右腿可交换蹲。

图6-1-22

图6-1-23

(二)交叉式优美蹲姿(图 6-1-23)

右腿交叉于左腿前,两腿靠紧下蹲;右脚在前,全脚着地,小腿几近垂直地面;左脚在后,脚跟提起,前脚掌着地,左膝外侧靠于右小腿外侧中部以下;臀部坐于左小腿上,重心在左脚;上体挺直稍前倾。根据场合左右腿可交换蹲。力量薄弱或柔韧性较好的女士采用较多。

(三)采用蹲姿的注意事项

1.女士下蹲,两腿一定要靠紧,尤其是穿裙子或旗袍的时候,更加要注意,以免出现不雅和尴尬。男士两腿之间可稍留有缝隙。

2.屈膝下蹲时,臀部一定要蹲下来,靠在小腿或脚跟上,避免弯腰翘臀式。弯腰翘臀式是既不文明又不礼貌的姿态,而且还容易造成腰部受伤。

第二节　艺术形体基本形态训练

形态是指物体或图形由外部的面或线条组合而呈现的外表,是事物内在本质在一定条件下的表现形式,包括形态和情态两个方面。人体的基本形态是指人的形状和姿态,主要由人的骨骼、肌肉、韧带和脂肪组成。人的骨骼从出生到成年会发生很大变化,但成年以后基本不变。人的身体形态由于生殖的需要,在青春期男女开始分化。成年人经常参加艺术形体形态训练,骨骼的抗挫能力会增强,肌肉的形状和韧带的柔韧度都会得到提升,脂肪的分布也会因荷尔蒙的作用而变化,从而形成健美的人体形态,美化人的整体形象。艺术形体基本形态训练主要包括头部、上肢、躯干、下肢的柔韧训练和力量训练。

一、柔韧训练

柔韧是艺术形体基本形态训练最重要的内容。良好的柔韧素质是完成艺术形体动作的基础,是提高动作质量的保证,是提升动作表现力和塑造优美造型的前提,同时也可增强预防运动损伤的能力。柔韧性的水平取决于骨关节、关节周围组织体积、关节的肌腱、韧带、肌肉和皮肤的伸展性,以及温度和人的情绪等等。

(一)头部柔韧训练

头部是人体中最引人注目、最具表现力的部位,每一种头部变化都伴随着一种神态美和体态美的展示。因此在人体活动中,头部形态的微小变化,对提高人体艺术性的表现力起着重要作用。头部柔韧性训练的主要内容有前后左右的屈、左右的转、绕、绕环以及转屈结合等。

1.前后左右屈(图 6-2-1(1)—(8))

音乐:3/4 中速或慢速的轻音乐。

预备:两眼平视,嘴角上扬,笑不露齿,挺胸收腹,双手叉腰,并腿站姿或坐姿。伴随音乐节奏做 4 次腹式呼吸,即用鼻呼吸,吸气时腹部向外凸起,呼气时腹部向内扁下去。以下阿拉伯数字均表示 1 个 3 拍的动作。

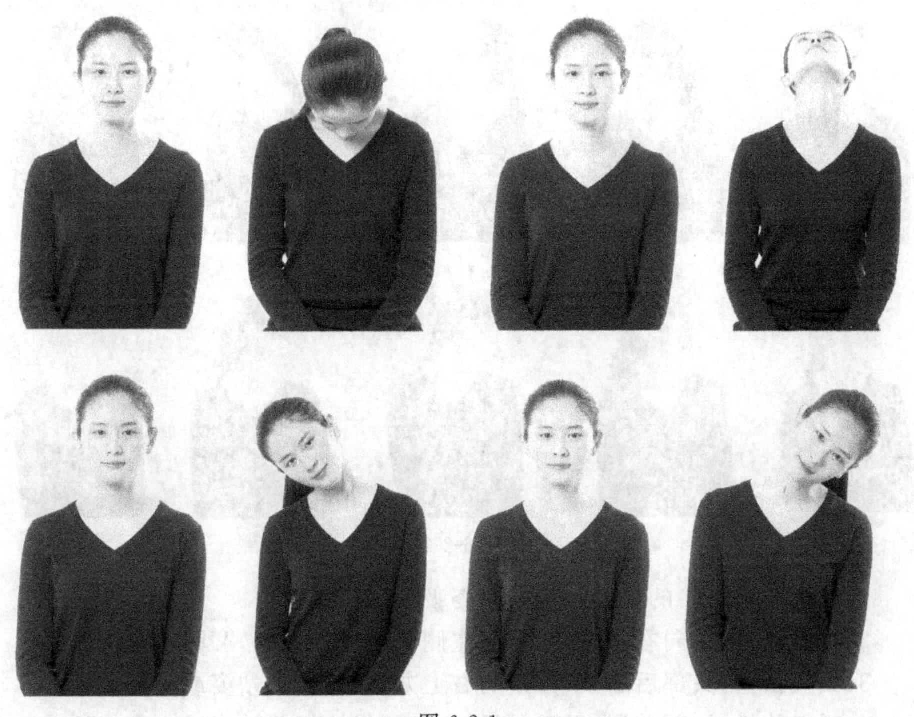

图 6-2-1

1:保持双手叉腰的优美站姿吸气。

2:呼气放松,头部前屈,下巴尽量靠近胸骨,颈后侧和背部有明显拉伸感。

3:吸气抬头还原至两眼平视,同预备式。

4:呼气放松,头部后屈,下巴尖尽量指向天空,颈和胸前侧有明显拉伸感。

5:吸气抬头还原至两眼平视,同预备式。

6:呼气放松,头部向右侧屈,右耳尽量靠近右肩,颈部左侧有明显拉伸感。

7:吸气抬头还原至两眼平视,同预备式。

8:呼气放松,头部向左侧屈,左耳尽量靠近左肩,颈部右侧有明显拉伸感。

提示:做以上动作,要始终保持优美站姿或坐姿,不要有耸肩、含胸等多余动作。8 个 3 拍动作每次要重复做 4 遍以上,在做“2、4、6、8”的动作时,要增加停留时间，每次后一遍比前一遍多保持 2 个 3 拍，以增加锻炼效果。

功效：降低呼吸频率，减缓心理压力；拉伸颈部韧带，增强颈部力量；加大头部活动，防治颈椎疾病。

2. 左右转及转屈结合（图 6-2-2(1)－(10)）

音乐：3/4 中速或慢速的轻音乐。

预备：同上。

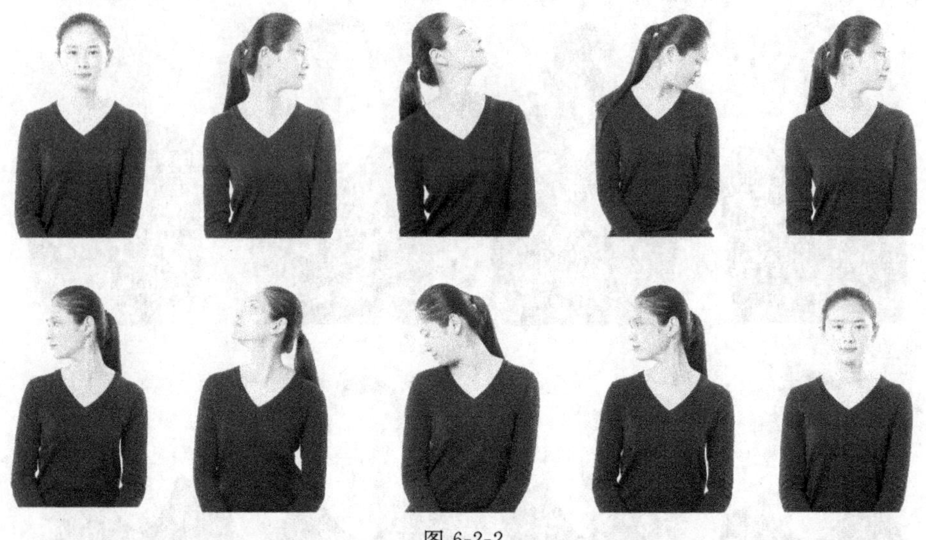

图 6-2-2

1：保持双手叉腰的优美站姿或坐姿吸气。

2：呼气放松，头向右水平转，颈部左侧有明显拉紧感，两眼平视向右看。

3：吸气抬头，头部后屈，下巴指向右上方，保持优美站姿或坐姿。

4：呼气放松，头部前屈，下巴尽量触右肩，保持优美站姿或坐姿。

5：吸气抬头，两眼平视向右看，保持优美站姿或坐姿。

6：呼气放松，头部水平向左转，颈部右侧有明显拉紧感，两眼平视向左看。

7：吸气抬头，头部后屈，下巴指向左上方，保持优美站姿或坐姿。

8：呼气放松，头部前屈，下巴尽量触左肩，保持优美站姿或坐姿。

9：吸气抬头，两眼平视向左看，保持优美站姿或坐姿。

10：呼气，头部向右平转至预备姿势。

提示：做以上动作，要始终保持优美站姿或坐姿，双手可叉腰，也可垂于体侧，但不要有耸肩、含胸、转体等多余动作。10 个 3 拍动作每次要重复做 4 遍以上，后一遍的每个动作应比前一遍多保持 2 个 3 拍，以增加锻炼效果。

功效：优雅音乐伴奏，控制呼吸节奏；释放心理压力，调整心态平衡；梳理头颈韧带，增强头部力量；加大活动范围，防治颈椎疾患。

3.绕与绕环(图 6-2-3(1)—(10))

音乐：3/4 中速或慢速的轻音乐。

预备：同上。

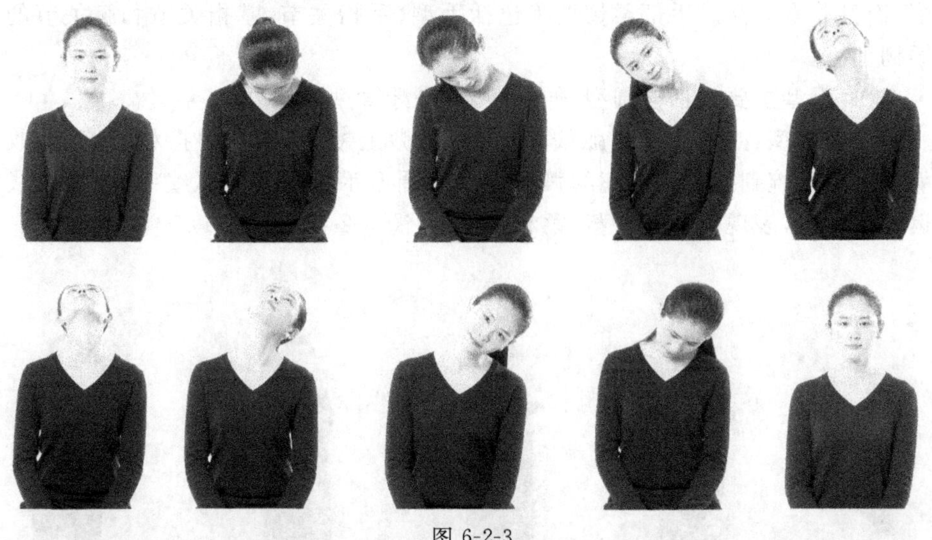

图 6-2-3

1：保持双手叉腰的优美站姿或坐姿吸气。

2：呼气放松，头经前屈向右绕至右侧屈，颈左侧和后侧有明显拉伸感。

3：吸气，头向后绕，经后屈绕至左侧屈，颈前侧、右侧和胸部有拉伸感。

4：呼气放松，头向前绕至前屈，然后向左绕至左侧屈，左耳尽量靠近左肩。

5：吸气，动作同 3，唯相反做。

6：呼气，头向前绕，经前屈，继续向左绕至左侧屈，左耳尽量靠近左肩。

7：吸气，头向后绕至后屈，下巴朝天，颈部前侧和胸部有明显拉伸感。

8：呼气放松，头部前屈至两眼平视，同预备站姿或坐姿。

提示：做以上动作，要始终保持优美站姿或坐姿，肩颈放松，不要有耸肩、含胸等多余动作。8 个 3 拍动作每次要重复做 4 遍以上，动作要与呼吸相匹配。

功效：提高人体平衡能力，拉伸颈部周围韧带，增加头部活动范围，预防治疗颈椎疾病。

(二)上肢柔韧训练

上肢主要指手、腕、前臂、肘、上臂和肩等部位。上肢的柔韧性训练主要包括手部、手臂和肩部的柔韧性训练。优美的上肢形态可以给人以艺术美的享受。

1. 手部柔韧训练

上肢线条的优美程度很大程度上取决于手的形态，她赋予整个上肢以生命。手不仅是上肢的延长线，更是上肢语言表达的主要部位。手部关节很多，而且非常灵活。手部柔韧训练包括手型、手指关节、掌指关节和腕关节的柔韧训练。

(1)手型主要包括椭圆型、伸展型、西班牙舞型。

①椭圆型：四指并拢呈弧线型，食指微微上翘，拇指与中指相对，且内收靠拢。从手腕到指尖呈圆润的弧线型。椭圆型手型通常配弧线手臂，做弧线运动动作中，表现出一种含蓄、柔和之美。(图 6-2-4(1)—(8))

图 6-2-4

配合椭圆型的专项练习有七个手位，即

一位手：两臂成弧线，两手中指相对，虎口向上，掌心斜向下，位于小腹前。

二位手：两臂成弧线，两手中指相对，虎口向上，掌心斜向下，于胸前平举。

三位手：两手中指相对，掌心相对，两臂成弧线上举，于额前上方。

四位手：两臂成弧线，一臂成三位手，另一臂成二位手。

五位手：两臂成弧线，一臂成三位手，另一臂成侧平举，掌心斜向下。

六位手：两臂成弧线，一臂成侧平举，另一臂成二位手。

七位手：两臂成弧线，同时侧平举，掌心斜向下。

②伸展型：四指伸直靠拢，拇指指腹与中指相对且内收，其余三指上翘靠拢。通常用于直臂动作中，表现出一种简约、干练之美。（图 6-2-5）

③西班牙舞型：五指分开，小指内旋，拇指稍向内收。（图 6-2-6）

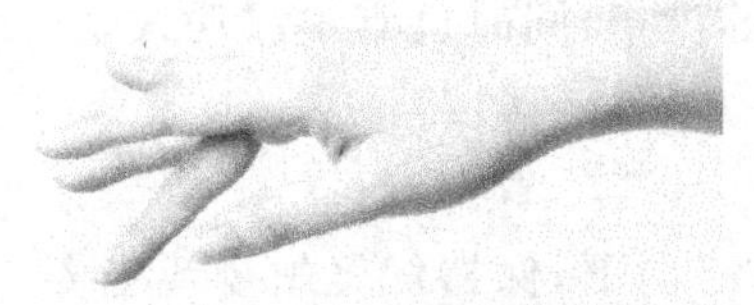

图 6-2-5

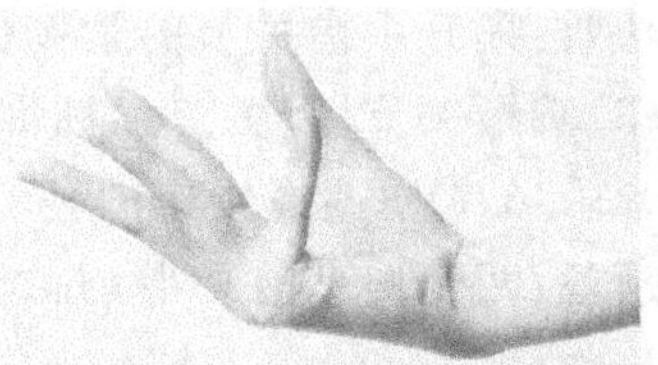

图 6-2-6

(2)手指关节柔韧训练（图 6-2-7(1)—(10)）

音乐：3/4 中速或慢速的轻音乐。

预备：两臂伸直前平举，五指分开，掌心向前立手腕，保持优美站姿或坐姿。

图 6-2-7

1：吸气，左手抓住右手大拇指第一指节向后拉伸。

2：呼气，左手抓住右手食指第一指节向后拉伸。

3:吸气,左手抓住右手中指第一指节向后拉伸。

4:呼气,左手抓住右手无名指第一指节向后拉伸。

5:吸气,左手抓住右手小拇指第一指节向后拉伸。

6—10:同1—5,唯左右手交换练习。

11:吸气,双手十指撑开,伸直成立掌。

12:呼气,双手指关节依次弯曲成握拳。

13:吸气,双手变掌向内旋转90度,十指相对,掌心向前,前臂有拉伸感。

14:呼气,两臂胸前平屈,掌心、掌根相靠,十指分开指向自己。

15:吸气,伸腕,十指和掌指关节相靠,两臂用力向内互压,拉伸掌指韧带。

16:呼气,两臂放松,同14。

提示:做以上练习,要始终保持优美站姿或坐姿。16个3拍动作每次重复练习4遍以上,每次要配合音乐和呼吸,将动作幅度做到最大。

功效:提升手指关节的柔韧性,预防键盘指,同时也有丰胸功效。

(3)掌指关节、腕关节柔韧训练(图6-2-8(1)—(12))

音乐:3/4中速或慢速的轻音乐。

预备:两臂伸直前平举,五指分开,掌心向下,保持优美站姿或坐姿。

图6-2-8

1:吸气,两臂不动,手腕背屈,十指向上,掌心向前,小臂前侧有拉伸感。

2:呼气,两臂不动,手腕前屈,十指向下,掌心向后,小臂背侧有拉伸感。

3:吸气,同1。

4:呼气,两臂伸直屈手腕,五指指腹相触成勾手,小臂背侧有明显拉伸感。

5:吸气,十指交叉,双臂向内旋转180度,掌心由内向外翻转,掌心向外。

6:呼气,屈左肘,右臂仍伸直,左手指将右手指尽量向后拉伸。

7:吸气,同5。

8:呼气,同6,唯左右手互换练习。

9:吸气,同5。

10:呼气,两臂胸前平屈,两掌向外旋转270度,掌心向上,两肘下沉相靠。

提示:做以上练习,要始终保持优美站姿或坐姿。10个3拍动作每次重复练习4遍以上,后一遍的每个动作应比前一遍多保持2个3拍,每次练习要配合音乐和呼吸,将动作幅度做到最大,以增强锻炼效果。

功效:提升掌指关节和腕关节柔韧性,拉伸上手臂线条,挺拔丰满胸部。

2.手臂和肩部柔韧训练

练习一(图6-2-9(1)—(2))

图6-2-9

双臂摆动绕环练习;面对把杆或墙面,上体前倾,两臂伸直压肩胸,保持抬头、挺胸、塌腰的形态练习;侧、背对把杆,向侧、前、上、转,拉肩胸练习;双手握木棒或橡皮筋或浴巾等,直臂向前、后转肩练习等。

练习二

音乐:3/4中速或慢速的轻音乐。

预备:两人一组间距2米左右,两脚左右开立,面对面保持优美站姿。吸气，双臂伸直前平举。呼气，上体前倾，手掌轻搭于同伴的三角肌上，目视前方。

1：吸气，抬头挺胸塌腰，两手掌将对方肩向下压，手臂和肩胸部有拉伸感。

2：呼气，含胸低头弓背收腹，两臂放松。

3—4：同1—2。

5：吸气，同1，唯将同伴肩向一侧下压。

6：呼气，同2。

7：吸气，同5，唯将同伴肩向另一侧下压。

8：呼气，同2。

提示：做以上练习，要始终保持优美站姿。8个3拍动作每次重复练习4遍以上，后一遍的每个动作应比前一遍多保持2个3拍，每次练习要配合音乐和呼吸，将动作幅度做到最大，以增强锻炼效果。

功效：提高肩关节柔韧性，拉伸手臂线条，挺拔丰满胸部，软化整个脊椎。

练习三（图6-2-10(1)—(5)）

音乐：3/4中速或慢速的轻音乐。

预备：双臂伸直上举，十指交叉，掌心向上，保持优美站姿，做4次深呼吸。

图6-2-10

1：吸气，抬头看手，两脚起踵，保持平衡。手臂躯干均有拉伸感。

2：呼气，双目平视，掌心向前，右臂屈肘于脑后，左臂屈肘于左肩上，左臂尽量将右臂往左下拉伸，右上臂有明显拉伸感。

3：同1。

4：同2，唯左右手臂交换练习。

5：吸气，右臂伸直上举，掌心向前，左臂屈肘于脑后，左手握住右肘上方。

6：呼气，右臂用力将左臂向右拉伸，目视左方。

7—8：同5—6，唯左右臂交换练习。

提示：做以上练习，要始终保持优美站姿。8个3拍动作每次重复练习4

遍以上，后一遍的双数动作应比前一遍多保持2个3拍，每次练习要配合音乐和呼吸，将动作幅度做到最大，该放松时要完全放松，以增强锻炼效果。

功效：提高肩关节柔韧性，拉伸手臂线条，挺拔丰满胸部，美化躯干两侧。

（三）躯干柔韧训练

练习一（图6-2-11(1)－(16)）

跪姿向后下胸腰，保持抬头挺胸塌腰形态练习；团身元宝滚动练习；俯卧或侧卧拉弓式练习；猫式、门闩式和蛇式练习等。

图6-2-11

练习二（图6-2-12(1)－(9)）

音乐：3/4慢速的轻音乐。

预备：两腿并拢成跪坐，上体前屈，前额触地；上体与大腿相靠，大腿与小腿相靠，臀部坐于足跟处；两臂放松于小腿两侧，掌心向上，做4次深呼吸。

1：吸气起身，两腿左右分开，与肩同宽成跪立，两臂经前上举至头顶上方，抬头看手，手臂和躯干均有拉伸感。

2：呼气，两臂向侧打开，双手掌撑于腰部，上体后屈，躯干前侧有拉伸感。

3：吸气，还原成1的动作。

4：呼气抬头后仰，上体后屈成反弓，双手掌贴于脚掌，躯干前侧有拉伸感。

5：吸气，双手撑腰，保持头后仰，上体略微上抬。

图 6-2-12

6:呼气,动作同 4。

7:吸气,还原成 1 的动作。

8:呼气,还原成预备动作。

提示:做以上练习,要始终保持优美跪姿。8 个 3 拍动作每次重复练习 4 遍以上,后一遍的“2、4、6”数动作应比前一遍多保持 2 个 3 拍,每次练习要配合音乐和呼吸,将动作幅度做到最大,该放松时要完全放松,以增强锻炼效果。

功效:软化脊椎,治疗驼背和腰部疾患,拉伸躯干和大腿前侧肌群,提高躯干柔韧性,另有提臀细腿功效。

练习三(图 6-2-13(1)—(7))

音乐:3/4 慢速的轻音乐。

预备:双腿并拢跪立,两臂自然下垂,两手掌心贴于大腿,做 4 次深呼吸。

1:吸气,两臂侧平举,掌心向下,右腿向右侧伸,脚背向上。

2:呼气,上体向右侧屈,右手触右脚,左臂上举,躯干左侧有明显拉伸感。

3:吸气,还原成 1 的动作。

4:呼气,还原成预备动作。

5—8:同 1—4,唯换腿、换方向做。

提示:做以上练习,要始终保持身体垂直于地面的优美跪姿。8 个 3 拍动作每次重复练习 4 遍以上,后一遍的“2、6”数动作应比前一遍多保持 2 个 3 拍。每次练习要配合音乐和呼吸,将动作幅度做到最大,以增强锻炼效果。

图 6-2-13

功效：拉伸躯干两侧韧带，提高躯干柔韧性，调理肠胃功能。

（四）下肢柔韧训练

练习一（图 6-2-14(1)—(14)）

图 6-2-14

勾、绷脚面练习；跪坐压脚背练习；坐位上体前屈，抱直腿练习；束角式、虎式和云雀式练习等。

练习二(图 6-2-15(1)－(5))

音乐:3/4 慢速的轻音乐。

预备:两腿伸直并拢坐于地面,脊椎垂直地面,两手自然放在大腿上。双目平视,做 4 次深呼吸。

图 6-2-15

1:吸气,两臂前平举,掌心向下,屈脚踝,脚趾向上。

2:呼气,上体挺直前倾,接近大腿,两腿伸直,两手抓脚,眼睛看脚。

3:吸气,上体挺直抬起,两腿伸直,两手抓脚,眼睛看脚。

4:呼气,上体紧贴两腿,前额触小腿,腿部后侧有明显拉伸感。

5:吸气,上体挺直抬起,双手抓脚,屈膝收腿,脚底相靠,两腿触地。

6:呼气,上体前倾,双手抓脚,两臂压腿,髋部和大腿内侧有明显拉伸感。

7:吸气,上体挺直抬起,双手抓脚,脚底相靠,两膝触地。

8:呼气,上体前倾,前额触地,两臂压腿,髋部和大腿内侧有明显拉伸感。

提示:做以上练习,要始终保持两腿贴地。8 个 3 拍动作每次重复练习 4 遍以上,后一遍的双数动作应比前一遍多保持 2 个 3 拍。每次练习要配合音乐和呼吸,将动作幅度做到最大,以增强锻炼效果。

功效:拉伸腿部和髋部韧带,提高下肢柔韧性;收紧腹部,调理肠胃。

练习三(6－2－16(1)－(5))

音乐:3/4 慢速的轻音乐。

预备:两腿伸直并拢坐于地面,脊椎垂直地面,两手自然放在大腿上。双目平视,做 4 次深呼吸。

图 6-2-16

1:吸气,右腿伸直向右打开,左腿屈膝,大小腿相靠,向左打开,两腿尽量在一直线上,两臂侧平举,掌心向下。

2:呼气,上体挺直向右侧屈,同时左转,脸朝天;右手虎口向下抓右脚,左臂越过左耳,左手抓右脚;躯干左侧和右腿后侧有明显拉伸感。

3—4:同1—2,唯换腿相反做。

5:吸气,左腿屈膝向前成弓步,右腿向后伸直,脚背着地,双手扶膝。

6:呼气,躯干垂直地面向下压,左腿伸直成纵叉,屈右腿,右脚尖向上,右手抓右脚,左臂前平举;右髋部前侧和右腿腹股沟韧带有明显拉伸感。

7:吸气,向后转,换腿做。

8:同6,唯换腿做。

提示:每次练习以上8个3拍动作,都要重复练习4遍以上,而且后一遍的双数动作应比前一遍多保持2个3拍。每次练习要配合音乐和呼吸,将动作幅度做到最大,以增强锻炼效果。

功效:拉伸腿部和腹股沟韧带,提高下肢柔韧性;提升臀部线条,调理肠胃。

总之柔韧训练应遵循“先热身,再拉伸;先动力,再静力;先简单,再复杂;先小幅度,再大幅度”的循序渐进原则。每个拉伸动作都要配合呼吸完成,通常在呼气时放松身体,加大练习幅度,比较安全,不易受伤。

二、力量训练

力量是指肌肉紧张或收缩时对抗阻力的能力。力量强的人在艺术形体训练中表现出速度快,控制力强,身体形态保持良好,比较容易掌握动作。而力量弱的人则表现出控制力差，不能高质量地完成动作，也不利于良好身体形态的保持。因此力量训练是艺术形体形态训练不可缺少的内容之一，主要包括头部、上肢、躯干和下肢力量训练。

（一）头部力量训练（图 6-2-17(1)—(20)）

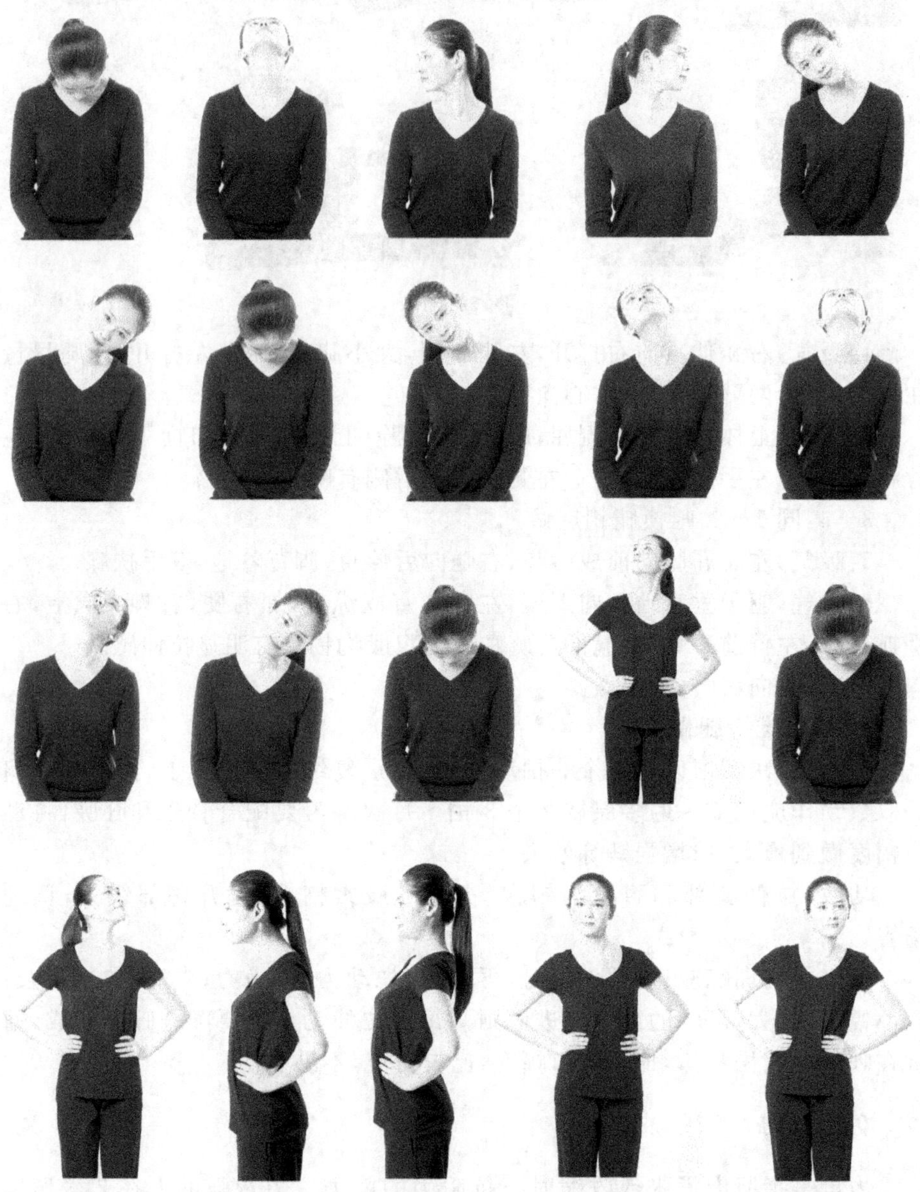

图 6-2-17

音乐:2/4 或 4/4 中速或慢速轻音乐。

预备:双手叉腰的优美站姿或坐姿。

第一个 8 拍(前后屈)

1—4:1 拍 1 动,用力低头—还原—用力抬头—还原。

5—8:1 拍 1 动,用力低头—用力抬头。

第二个 8 拍(左右转)

1—4:1 拍 1 动,用力右转头—还原—用力左转头—还原。

5—8:1 拍 1 动,用力右转头—用力左转头。

第三个 8 拍(左右屈)

1—4:1 拍 1 动,用力右侧屈头—还原—用力左侧屈头—还原。

5—8:1 拍 1 动,用力右侧屈头—用力左侧屈头。

第四个 8 拍(绕和绕环)

1—4:1 拍 1 动,用力低头—用力右前方抬头—用力低头—用力左前方抬头。

5—7:用力向右绕环一周。

8:向右绕 1/4 周,右前方甩头。

第五个 8 拍同第四个 8 拍,唯相反做。

第六个 8 拍(前后伸)

1—4:1 拍 1 动,头向前伸—向后移—向前伸—向后移。

5—8:1 拍 1 动,头向右移—向左移—向右移—向左移。

第七个 8 拍(水平绕和绕环)

1—4:头水平顺时针绕一周半。

5—8:同 1—4,唯相反做。

第八个 8 拍同第四个 8 拍。

提示:做以上动作,要始终保持优美站姿或坐姿,动作要干净利索,但用力不可过猛;不要有耸肩、含胸等多余动作。每次练习至少重复做 4 遍以上。

功效:增强颈部力量,提高平衡能力,防治颈椎疾病。

(二)上肢力量训练

练习一(图 6-2-18(1)—(3))

图 6-2-18

各种俯撑、仰撑和侧撑练习，如跪式、水平式、斜式（上高下低和下高上低）、悬空式的俯撑、仰撑和侧撑等练习；手持轻器械，做手臂姿态的控制练习、各方向的连续小绕、拔转等练习；双人或多人做倾斜或托举等练习。

练习二（图 6-2-19(1)—(5)）

音乐：2/4 或 4/4 或 3/4 中速音乐。

预备：俯卧屈踝，脚趾撑地，两臂屈肘，双手掌于胸外侧撑地，目视前下方。

图 6-2-19

第一个 8 拍（俯卧撑加下犬式后踢腿）

1：呼气，双臂伸直，用力将身体平直推离地面成十字俯撑。

2：吸气，屈肘，身体平直下沉接近地面。

3—4：同 1—2。

5：呼气，右腿伸直后踢，左脚着地，屈髋提臀，双臂伸直上举，用力推地。

6：吸气，动作不变，重心尽量上提，百汇穴尽量接近地面。

7：呼气，右腿并左腿，还原到双臂和髋部都伸直的十字俯撑。

8：吸气，同 2。

第二个 8 拍同第一个 8 拍，唯换左腿做。

第三个 8 拍（俯卧撑加上犬式屈膝后踢腿）

1—4：同第一个 8 拍 1—4。

5：呼气，同 1。

6：吸气，抬头沉肩，重心前移，上体垂直地面，双腿伸直，脚背着地。

7：呼气，右腿屈膝后踢。

8：吸气，还原同 2。

第四个 8 拍同第三个 8 拍,唯换腿做。

提示:注意配合呼吸和音乐,循序渐进,量力而行;力量较好的,直接配 2/4 或 4/4 中速音乐,力量相对较弱的,配 3/4 中速音乐比较好。每次练习至少重复做 4 遍以上。

功效:增强上肢力量,提高躯干控制能力,防治驼背等疾患。

(三)躯干力量训练

练习一

由立或卧开始,做上体快速的前屈、侧屈和后屈练习;由立、坐或卧开始,做双脚或单腿的连续快举、摆、踢练习;由卧开始,两头起等练习。

练习二(图 6-2-20(1)—(4))

音乐:2/4 或 4/4 中速音乐。

预备:仰卧屈膝,大小腿夹角约 90 度;双臂屈肘贴地,十指交叉贴于后脑。

图 6-2-20

第一个 8 拍(屈腿仰卧起坐加转体)

1:呼气,收腹挺胸抬上体,胸部触及大腿,上肢和躯干始终保持同一面上。

2:吸气,还原至预备。

3—4:同 1—2。

5:呼气,收腹挺胸抬上体,躯干右转 90 度,左肘触膝,两肘在同一面上。

6:吸气,同 2。

7—8:同 5—6。

第二个 8 拍同第一个 8 拍,唯第 8 拍时两臂伸直上举,两腿伸直并拢。

第三个 8 拍(仰卧起坐两头起加转体)

1:呼气,收腹挺胸抬上体,直腿绷脚抬下肢,双手触脚尖于腹部上方。

2:吸气还原成仰卧,两臂伸直上举,两腿伸直并拢,脚面直绷。

3—4:同 1—2。

5:呼气,收腹挺胸抬上体,右转 90 度,右腿伸直绷脚抬起,左腿贴地不动,两臂侧平举,左手触右脚尖,目视右手。

6:吸气,还原成 2。

7—8:同 5—6,唯换另一侧,方向相反做。

第四个 8 拍同第三个 8 拍。

提示:注意动作与呼吸和音乐的配合,挺直躯干、梗住颈部做动作。每次练习至少重复做 4 遍以上。

功效:增强躯干力量,减少腹部脂肪;提高协调能力,防治便秘疾患。

练习三(图 6-2-21(1)—(2))

音乐:2/4 或 4/4 中速音乐。

预备:俯卧,两臂伸直上举,两腿绷直并拢。

图 6-2-21

第一个 8 拍(俯卧两头起)

1:吸气,腰背肌收缩抬上体,腿部和臀大肌收缩抬下肢,上肢用力上抬。

2:呼气,还原至预备。

3—4:同 1—2。

5:吸气,同 1,抬头,后屈上体。

6—7:保持 5 的动作不变。

8:呼气,还原成预备动作。

第二个 8 拍同第一个 8 拍,唯第 8 拍时,还原成俯卧,双手抓脚。

第三个 8 拍(反弓拉伸)

1:吸气,腰背肌收缩抬上体,腿部和臀大肌收缩抬下肢,两手抓脚向上拉。

2:呼气还原成俯卧,双手抓脚。

3—4:同 1—2。

5:吸气,同 1,抬头,后屈上体成反弓。

6—7:保持 5 的动作不变。

8:呼气,还原成 1 的动作。

第四个 8 拍同第三个 8 拍。

提示:注意动作与呼吸和音乐的配合,尽量上体后屈、抬头提臀做动作。每次练习至少重复做 4 遍以上。

功效:增强躯干力量,减少腹部脂肪;雕塑躯干形态,提高肠胃功能;美化臀部线条,防治腰颈疾患。

(四)下肢力量训练

练习一

连续进行双腿或单腿起踵立压脚跟练习;双腿或单腿蹲起练习;连续完成某一种或几种小跳或大跳动作;单腿立或起踵立或半蹲立,另一腿弯曲或伸直向前、侧、后举起控腿,同时可加上躯干向前、侧、后的弯曲,加大动作幅度等练习。

练习二(图 6-2-22(1)—(5))

图 6-2-22

音乐:2/4 或 4/4 中速欢快音乐。

预备:双手叉腰,优美站姿。

第一个 8 拍(开合跳加分腿跳)

1:吸气,双手叉腰,双脚起跳,脚面绷直,脚尖向下;落地时,左右开立。

2:呼气,双手叉腰,双脚起跳,脚面绷直,脚尖向下;落地时,双脚并拢。

3—4:同 1—2。

5:吸气,双脚起跳,四肢、躯干伸直,两臂侧上举,掌心向外,两腿左右分开，脚尖向下，成"火"字。

6：呼气，双手叉腰，上体直立，双脚并拢，屈膝落地。

7—8：同5—6。

第二个8拍（吸腿跳收腹跳）

1：吸气，双手叉腰，双脚起跳，右腿屈膝高于腰；两脚面绷直，脚尖向下。

2：呼气，双手叉腰，双脚落地。

3—4：同1—2，唯换腿做。

5：吸气，双脚起跳，上体直立，收腹屈腿，双腿并拢触胸部，双手触脚底。

6：呼气，双脚前脚掌落地，保持优美站姿。

7—8：同5—6。

第三个8拍（弹踢腿跳加击腿跳）

1：吸气，双手叉腰，双脚起跳，两脚面绷直，右腿屈膝后踢，左脚落地。

2：呼气，双手叉腰，左脚起跳，两脚面绷直，右腿前踢伸直，左脚落地。

3—4：同1—2，唯换腿做。

5：吸气，双手叉腰，左脚起跳，两脚面绷直，右腿直腿侧踢，左脚落地。

6：呼气，双手叉腰，左脚起跳，两脚面绷直，左腿直腿靠右腿，左脚落地。

7—8：同1—2，唯换腿、换方向做。

第四个8拍（原地跳加跳转180度）

1—2：双手叉腰，双脚原地起跳落地2次；跳起时脚面绷直，脚尖向地。

3：吸气，原地跳起右转180度，双臂体侧自然摆动，以保证平衡和高度。

4：呼气，落地缓冲，保持身体平稳。

5—8：同1—4，唯相反做。

提示：每次练习至少重复做4遍以上。注意掌握动作节奏，挺直躯干做动作；跳起时，脚面有绷直的过程。

功效：加强下肢力量，提高协调能力，增强心肺功能。

力量训练的方法有多种多样，有发展上肢支撑力和屈伸力的，也有发展躯干快速收缩力和控制力的，还有发展下肢支撑力和弹跳力的，等等。做这些练习都要注意将一般性和专门性的力量训练结合起来，通过改变动作数量、动作速度、动作幅度、连接方法以及练习条件来发展局部和全身的力量。

第三节　艺术形体把杆训练

艺术形体的把杆训练是指练习者借助扶持把杆进行躯干和下肢的基本

动作训练，是一种辅助身体形态训练的重要手段。通过扶把杆进行躯干和下肢的屈伸、绕环、摆动、波浪、平衡以及身体形态和姿态控制等训练，能有效地发展练习者躯干和下肢的力量、柔韧、灵巧和协调性，使练习者正确掌握身体形态和基本姿态的控制能力，提高身体重心的平衡能力；同时借助把杆进行慢动作和分解动作练习，能够发展细致的肌肉用力感觉，建立正确的动作概念，掌握立、转、跳的正确技术，为形成优美的身体形态、基本姿态、完成复杂的徒手动作和持轻器械动作打下良好的基础。

一、扶把方法(图 6-3-1(1)—(3))

常用的扶把方法有双手正面扶把、单手侧面扶把和双手背面扶把三种，但无论哪种扶把杆动作，都要求扶把杆的手轻轻地放在把杆上，肩、肘、腕下沉，两眼平视，而不是用力抓把杆或将身体不必要地依靠在把杆上。

图 6-3-1

二、把杆练习的主要内容、方法和技术要领

把杆练习的主要内容分为下肢练习和躯干练习两大类。

(一)下肢练习

1. 站立(图 6-3-2(1)—(10))

站立是开始艺术形体训练的第一关，没有稳定的站立，就没有轻盈的跳、潇洒的转和优美的舞姿造型。常用的把杆站立有一位至五位五个脚位，其共同要求是抬头挺胸，拔背沉肩，收腹立腰，提臀紧腿；身体垂直于地面，重心落在两腿上；两脚尖始终向外，两腿伸直外旋，内侧肌群收紧，胯膝充分外展。

一位：两脚尖向外，两脚跟靠拢，两脚在一横线上。

图 6-3-2

二位:两脚尖向外,两脚跟左右间距约一脚,两脚在一横线上。

三位:两脚尖向外,一脚跟重叠于另一脚足弓处,两脚平行横立。

四位:两脚尖向外,一脚跟对于另一脚足弓处,两脚前后平行间距约一脚。

五倍:两脚尖向外,一脚跟对于另一脚尖,两脚前后靠拢,平行横立。

练习方法:

初级:双手正面扶把;单手扶把;双手背后扶把;一至五位脚站立;起踵立;单腿屈膝前、侧、后举起踵立。

中级:一至五位起踵立;单腿直腿前、侧、后举站立。

高级:单腿直腿前、侧、后举,起踵立;单腿直腿前、侧、后举,半蹲立;单腿前、侧、后举,上体前、侧、后屈,站立或起踵立。

2.蹲(图 6-3-3(1)—(5))

图 6-3-3

蹲是腿的屈伸练习，能有效地增强腿部肌肉力量和控制平衡的能力。蹲是跳的基础训练，根据蹲的深度可分为半蹲和全蹲，其共同要求是抬头挺胸，拔背沉肩，收腹立腰，腿外旋，膝外展，起落时躯干始终垂直于地面，臀部对脚跟。

半蹲：两腿屈膝，大小腿夹角大于90度，脚跟着地。

全蹲：两腿屈膝，大小腿夹角小于90度，脚跟离地。

练习方法：

初级：双手正面扶把，一至五位半蹲或全蹲；双手正面扶把，单腿蹲起，另一腿擦地滑动。

中级：单手侧面扶把，一至五位半蹲或全蹲；单手侧面扶把，单腿蹲起，另一腿擦地滑动。

高级：单手侧面扶把，一至五位起蹲、半蹲和全蹲；双手正面扶把，单腿蹲起，另一腿向前、侧、后举起和落下。

3. 擦地（图 6-3-4(1)—(8)）

图 6-3-4

擦地是摆动腿起动的必经过程。根据擦地方向不同可分为向前、向侧和向后擦地。其共同要求是上体始终保持优美站姿，重心落在支撑腿上，髋固定摆正；摆动腿以脚尖带动脚掌，脚面绷直，腿外旋绷紧伸直，沿地面向不同方向迅速有力地擦出；收回时脚面放松，脚跟下压收回至一位脚。向前擦地时，脚趾外侧点地。向侧擦地时，脚面膝盖外展，脚趾腹点地。向后擦地时，大脚趾内侧点地。

练习方法：

初级：双手正面扶把，一位向侧擦地；双手扶把，五位向前、后擦地。

中级：单手扶把，一位向侧擦地加压脚跟；单手扶把，五位向前侧后擦地。

高级：单手侧面扶把，五位向前、侧、后擦地加移重心。

4. 点地

点地是在擦地基础上，将摆动腿收紧、绷直、外旋，以髋关节为轴，快速轻巧点地的动作。点地时，支撑腿脚跟与摆动腿脚尖始终保持在一条直线上，目的是提高腿的控制能力和重心的稳定性。

练习方法：同擦地。

5. 小踢腿（图 6-3-5(1)—(6)）

图 6-3-5

小踢腿是指腿绷直快速小幅度摆动动作，目的是训练腿快速绷直的肌肉感觉和提高腿的速度和力量。根据小踢腿方向不同可分为向前、向侧和向后小踢腿。其共同要求是上体始终保持优美站姿，重心落在支撑腿上，髋固定摆正；摆动腿以髋关节为轴，经擦地快速有力向前、侧、后绷直小幅度踢起，疾停于两腿夹角约 25 度或 45 度位置上，并始终保持摆动腿外旋或外展；落下时经擦地收回至五位或一位。向前和向后小踢腿时，脚面膝盖外展；向侧小踢腿时，脚面膝盖向侧。

练习方法：

初级：双手正面扶把，向前、侧、后小踢腿。

中级：单手侧面扶把，向前、侧、后小踢腿。

高级：单手侧面扶把，向前、侧、后小踢腿，加支撑腿的起落踵。

6. 弹踢腿(图 6-3-6(1)—(12))

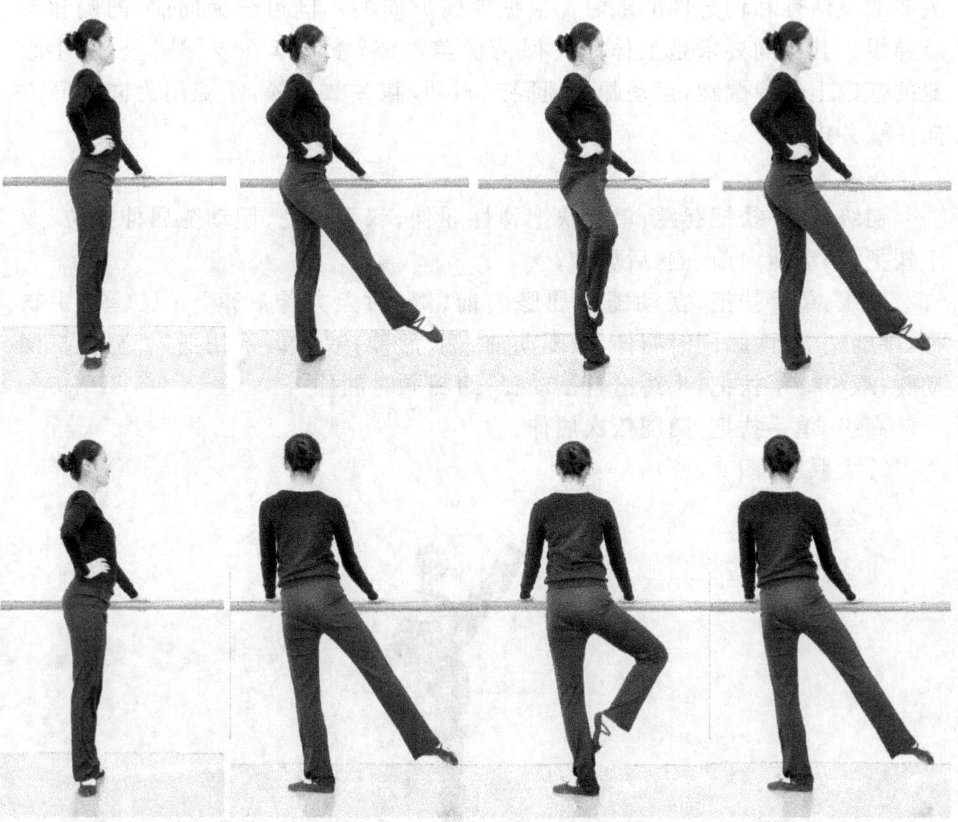

图 6-3-6

弹踢腿是指摆动腿的弹性屈伸，是增强腿部力量、韧性和平衡能力，提高关节的灵活性和稳定性的练习。根据弹踢方向的不同可分为向前、向侧和向后弹踢。其共同要求是上体始终保持优美站姿，重心落在支撑腿上，在小踢腿的基础上做弹踢腿，摆动腿大腿固定不动，膝关节放松，小腿用力向不同方向弹踢并疾停。

练习方法：

初级：双手扶把起踵；单手扶把弹性屈伸；双手扶把，摆动腿屈伸换位；双手扶把，摆动腿向前、侧、后屈伸。

中级：单手扶把，摆动腿经屈膝向前、侧、后上方伸展落下；双(单)手扶把，单腿站立，两腿同时屈伸，摆腿向前、侧、后伸；双(单)手扶把，直腿击打摆动腿；双(单)手扶把，半蹲击打摆动腿，两腿同时屈伸。

高级：单手扶把，两腿依次屈伸。

7. 大踢腿(图 6-3-7)

图 6-3-7

大踢腿是指腿的大幅度摆动动作，目的是训练腿的速度、力量和柔韧性，以加大动作幅度。根据大踢腿方向不同可分为向前、向侧和向后大踢腿。其共同要求是上体始终保持优美站姿，重心落在支撑腿上，髋固定摆正；摆动腿以髋关节为轴，经擦地迅速有力向前、侧、后绷直踢起，保持摆动腿外旋，并用背部发力带动踢腿；落下轻，并经擦地收回至五位或一位。向前和向后大踢腿时，脚面外展；向侧大踢腿时，脚面向上。大踢腿要做到快如风、落地轻、重心稳、姿态美。

练习方法：

初级：双手正面扶把，单腿向前、侧、后摆腿 90 度。

中级：单手侧面扶把，单腿向前、侧、后摆动；双手扶把，单腿屈膝前、后摆腿，上体前后屈；双手正、背面扶把，单腿左右摆动。

高级：双手正面扶把，单腿屈膝前后摆动；单手侧面扶把，单腿屈膝前、后摆腿，上体前后屈；单手侧面扶把，单腿直腿前、后摆腿，上体后前倒；双手背面扶把，左右摆腿，接绕环摆腿。

8. 压腿(图 6-3-8(1)—(3))

压腿是指两腿伸直，髋摆正，支撑腿平稳支撑重心，摆动腿脚面绷直放于把杆上，上体向摆动腿靠近，目的是拉长韧带，增加腿的柔韧性和运动幅度，加强腰和腿的肌肉力量。根据压腿方向的不同可分为正压腿(向前)、侧压腿(向侧)和后压腿(向后)。其共同要求是三正一直加摆、振，即脚、肩、髋对正，两腿伸直，上体摆动，臀部振动。正压腿时，髋要正，腹部靠近大腿；侧压腿时，双肩水平侧倒于腿前；后压腿时，髋摆正，上体尽量向后屈。值得注意的是，在完成压腿后，要做几次腿的放松，再做几次用力大踢腿，使肌肉、韧带不但拉升，而且有弹性和力量。

图 6-3-8

练习方法：

初级：前、侧、后压腿。

中级：前、侧、后压腿加上体倾倒；前、侧、后压腿加支撑腿蹲起。

高级：向前压腿，上体前后摆动，接向前滑叉压腿；向侧压腿，上体左右摆动，接向侧滑叉压腿；向后压腿，上体前后摆动，接向后滑叉压腿。

9.划圈（绕环）

划圈是指支撑腿平稳支撑身体重心，摆动腿以髋关节为轴，最大幅度地在地上或空中划圈，目的是训练髋关节和膝关节的灵活性。划圈时应保持两腿外旋性，动作要圆滑、流畅。

练习方法：

初级：双手扶把，地面向前划圈；双手扶把，地面向后划圈。

中级：单手扶把，地面向前、后划圈；单手扶把半蹲，地面向前、后划圈；单手扶把，直腿在 90 度上绕腿。

高级：单手扶把，单腿前、侧举，小腿在空中划圈；单手扶把，直腿在斜面大绕环；地面和空中划圈组合。

10.移重心（图 6-3-9(1)—(6)）

图 6-3-9

移重心是指上体保持直立优美姿态，将身体重心从一腿平稳移动至另一腿的运动。根据移动方向的不同可分为向前、后、左、右移重心，要求动作连贯、协调，目的是提高在移动时腿的控制能力和身体的正确姿态。前后移重心时，必须经过前后擦、点地，两腿屈膝，四位半蹲的动作过程；左右移重心时，必须经过左右擦、点地，两腿屈膝二位半蹲的过程。

练习方法：

初级：双手扶把，向前、侧、后移重心；单手扶把，向前、侧、后移重心。

中级：单手扶把，向前、侧、后并步移重心。

高级：单手扶把，向前、侧、后移重心，加身体波浪；单手扶把，向前、侧、后并步移重心，加身体波浪。

11. 转体和旋转

手扶把杆做转体和旋转的辅助练习，目的在于借助把杆进行单腿支撑重心的训练，体会复杂的转体和旋转技术，防止转体和旋转时摔倒。值得注意的是在转体和旋转前轻扶把杆，转体时离开把杆，转体和旋转结束时不要依靠把杆。转体时以脚掌推地起踵，踝关节顶直，立髋、立腰、沉肩、头向上顶，重心落在以大脚趾为主的前三脚趾和前脚掌上。旋转时，借助手臂和腿的同向摆动、支撑腿脚跟推地扭转的力量，以及腰部扭紧的力量转动，全身协调配合，保持重心的稳定。

练习方法：预备均为单手扶把。

初级：双脚转体 180 度；单腿起踵立，摆动腿由侧开始，转体 180 度；单腿起踵立，摆动腿由前向侧绕腿，转体 180 度；单腿前摆、后摆转体 180 度。

中级：交叉腿转体 360 度；单腿起踵，向前、后转体 360 度；单腿起踵，由前向侧屈膝，绕腿反转 360 度；单腿起踵，摆动腿由前经侧向后绕腿；单腿起踵，摆动腿由后经侧向前绕腿；由二位半蹲，侧举腿起踵立。

高级：双手扶把，翻身旋转；单腿起踵，转体 720 度；单腿前摆转体 360 度；由前经侧向后绕腿旋转 360 度；半蹲屈腿向前、后转体 360 度。

12. 跳跃(图 6-3-10(1)—(6))

扶把杆可进行跳跃的起、落和空中姿态的辅助练习，目的在于体会正确的起跳、落地和空中用力的肌肉感觉，为徒手的跳跃动作打好基础。稳定而有弹性的蹲是起跳的基础，起跳时脚掌推地，脚趾扒地，跳起时脚面绷直，脚尖向下；落地时，脚趾、前脚掌、全脚掌依次着地，屈膝缓冲。不加空中姿态的各位置小跳，上体垂直地面，双手轻扶把杆；若做空中屈腿、分腿动作时，上体可稍前倾，借向上跳起的力量，双手用力撑把杆，增加起跳后重心的高度，充分体会空中动作，跳至最高点时，最大幅度地完成空中动作。

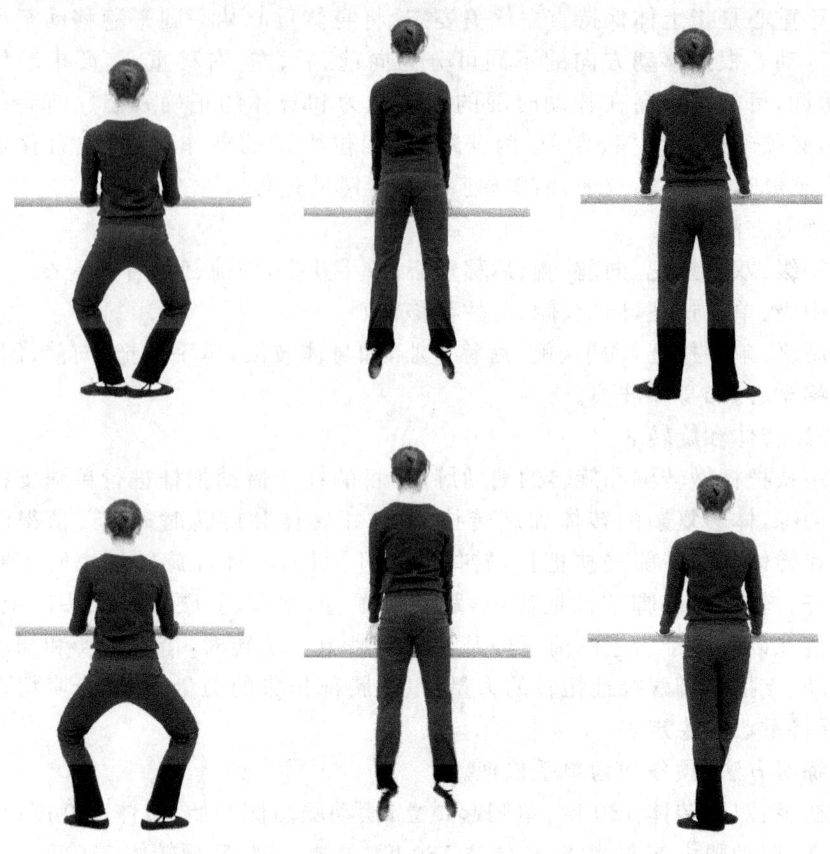

图 6-3-10

练习方法：

初级：一位起踵；一位小跳；单腿起踵压脚跟；双手扶把，双跳单落，另一腿前、侧、后举；向侧摆腿小跨跳；向前跨步跳；向侧跨步跳。

中级：五位小跳；二位、五位交换起踵立；五位、二位交换跳；单腿小跳；换腿小跳；向侧跨跳；前后分腿跳单腿落地；左右分腿跳单腿落地；向前摆腿跳单腿落地；向前跨跳；双手扶把，屈腿跳、大分腿跳；向前、后交换腿跳。

高级：双手扶把五位交换跳；二、五位交换跳起，单脚落；双手扶把屈体跳；向前后左右屈膝摆腿跳；向左右直腿摆腿跳；单手扶把，向前后交换腿跳；前后直腿摆腿结环跳；分腿跳组合。

（二）躯干练习

躯干是上、下肢动作的枢纽，躯干的主要部位是肩、胸和腰，其中腰部的力量、柔韧和灵活性是完成动作、形成优美形态和姿态的关键。

1. 压肩胸

双手正面扶把杆与肩同宽，两腿伸直，抬头挺胸塌腰向下压；双手背对把杆，双腿屈膝下蹲，臀部碰脚跟，身体向后压，拉伸肩胸肌肉和韧带。

练习方法

初级：两腿开立，向前、侧、后压肩胸；两腿开立，高、中、低斜体俯卧撑。

中级：配合呼吸向前、侧、后压肩胸；双脚起踵立，向前、侧压肩胸。

2. 躯干向前、侧、后弯曲和扭转（图 6-3-11(1)—(4)）

图 6-3-11

躯干向前、侧、后弯曲和扭转，可在双脚立、点地立、弓步立等姿势中缓慢进行或快速进行，以增大动作幅度，增强腰部的控制能力。躯干前屈时，挺胸贴腿；躯干后屈时抬头挺胸，肩胛骨夹紧，下胸腰，髋向上立；躯干侧屈时，以腰为轴，向侧拉长弯曲，肩、髋对正，整个身体在同一面上，垂直地面向侧屈。

躯干扭转时，髋和下肢不动，以腰为轴，整个身体向左、右转动，同时可加躯干向前、侧、后的弯曲，形成扭曲姿态。各方向的弯曲、扭转都要充分拉长，腰部同侧屈肌用力收紧，伸肌放松，下肢做固定动作，使躯干在稳定的重心上做弯曲和扭转动作。

练习方法：

初级：双手扶把，躯干前、后屈；单手扶把，躯干前、后屈；单手扶把，躯干侧屈；单手扶把，前点地立，躯干前后屈；单手扶把，后点地立，躯干前后屈。

中级：单手扶把，前点地立，支撑腿半蹲，躯干前后屈；单手扶把，侧弓步，躯干侧屈；单手扶把，单腿前、侧举，躯干前、后、侧屈；单手扶把半蹲，躯干向前、侧、后屈。

高级：单手扶把，起踵立半蹲，躯干向前、侧、后屈；单手扶把，躯干后下摆，同时单腿前上摆；单手扶把，躯干前下摆，同时单腿后上摆。

3.躯干绕环

躯干以腰为轴在额状面、矢状面和水平面上做绕环。绕环时要保持重心稳定，躯干放松，将肩、胸、腰充分拉长，以手臂或头带动在额状面上经左、下、右、上绕环；在矢状面上经前、上、后、下绕环；在水平面上经前、侧、后、侧绕环。各方向的绕环均应圆滑、连贯、幅度大，速度可快可慢。躯干绕环能有效地发展腰部的柔韧、灵敏、力量、协调和动力性的平衡能力。

练习方法：

初级：单手扶把，躯干额状面、矢状面和水平面绕环。

中级：单手扶把，点地、弓步、半蹲，躯干做额状面、矢状面和水平面绕环。

高级：单手扶把，起踵立，躯干后下摆，同时单腿前上摆和躯干前下摆，同时单腿后上摆。

4.身体波浪(图 6-3-12(1)—(8))

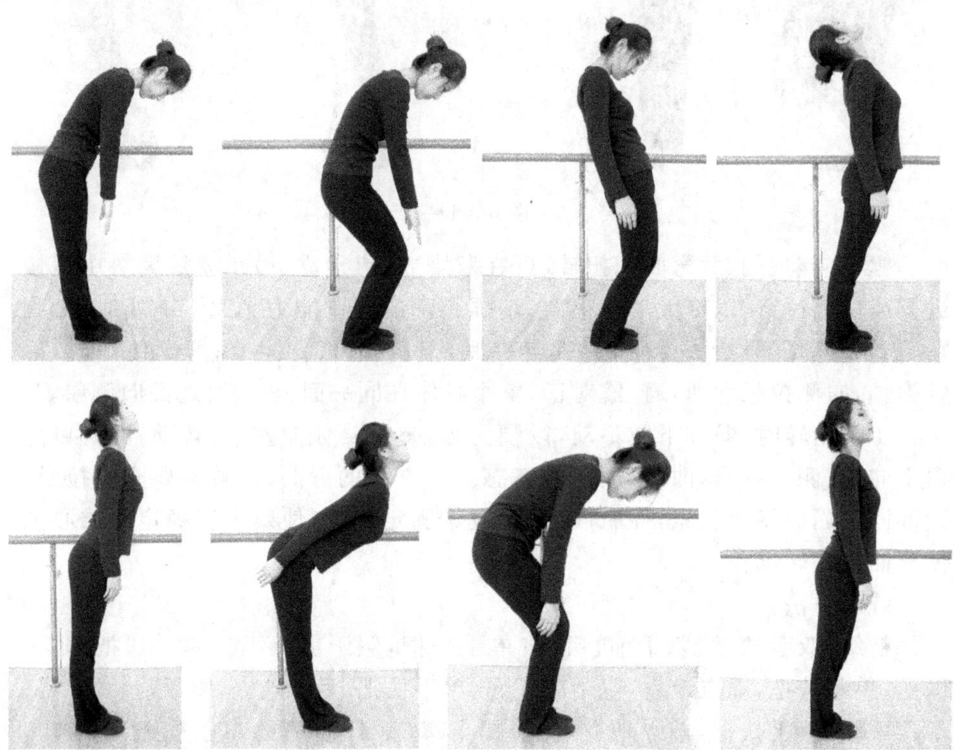

图 6-3-12

双手或单手扶把杆，做向前、侧、后大幅度或小幅度的波浪，以及螺旋形和水平方向的横波浪。借助把杆维持身体平衡，大胆体会大幅度、多曲线的身体弯曲和各关节依次弯曲、伸展的分解慢动作，掌握正确的波浪动作技术。

练习方法：

初级：双手扶把杆，身体向前、侧、后波浪的分解动作；双手扶把杆，身体向前、侧、后移重心；单手扶把杆，身体向前、侧、后移重心。

中级：单手扶把杆，身体向前、侧、后小波浪和大波浪。

高级：单手扶把杆，身体向前、侧、后波浪加向前、侧、后移重心；单手扶把杆，螺旋波浪；单手扶把杆，水平横波浪。

总之，在练习下肢动作时要注意腿的绷直和外开（或外旋），保持髋、膝、脚尖一条线上；要轻抚把杆，重心在支撑腿上，摆动腿自由地动作，以便离开把杆后，能高质量地完成动作。整个把杆动作练习应从双手扶把到单手扶把，从扶把到脱把，结合起来练；将动静交替、腰腿交替、两腿交替和不同类型动作交替起来练；将绷直与勾屈、开胯与扣胯、收紧与放松、控制与顺势等方法结合起来。

第四节　基本姿态、形态、把杆组合训练

基本姿态、形态、把杆组合训练是单个基本姿态、形态、把杆动作训练的延伸部分，是对身体各部分基本姿态和形态进行系统的专门训练。通过各组合训练可规范站姿、坐姿、蹲姿和走姿动作，提高形体动作的灵活性，增强形态的优美性，对培养练习者优雅的形体姿态和健美的形态有着重要的意义。本节组合主要介绍基本姿态、形态和把杆训练的五套组合动作。

一、基本姿态组合训练

艺术形体基本姿态包括站姿、坐姿、走姿和蹲姿等，因其头部和躯干的基本要求是一致的，所以基本姿态组合训练的重点放在头部和躯干上。通过基本姿态组合练习，进一步改善练习者姿态的原始状态，使其姿态更加端庄、优美、协调。

（一）姿态组合一

音乐：2/4 或 4/4 抒情、缓慢音乐。

预备：两臂侧下举，并立优美站姿。组合动作配合音乐 4 拍一吸，4 拍一呼。

第一个 8 拍（并立优美站姿）（图 6-4-1）

1—8：双臂腰后环抱，并立优美站姿。

第二个 8 拍（并立优美站姿配一位手）（图 6-4-2）

1—8:两脚跟靠拢,脚尖外开 45 度,两臂腹前下举,掌心斜向下,目视双手。

第三个 8 拍(小八字优美站姿配二位手)(图 6-4-3)

图 6-4-1　　图 6-4-2　　图 6-4-3　　图 6-4-4　　图 6-4-5

1—8:两脚尖外开 45 度,与肩同宽,两臂前平举,掌心斜向下,目视双手。

第四个 8 拍(小八字起踵优美站姿配三位手)(图 6-4-4)

1—8:大八字起踵立,两臂上举,掌心相对,目视双手。

第五个 8 拍(右丁字步优美站姿配四位手)(图 6-4-5)

1—8:右脚跟靠左脚弓,两脚垂直,右臂前平举,左臂上举,目视右臂。

第六个 8 拍(大八字步优美站姿配五位手)(图 6-4-6)

1—8:右脚向右成大八字,右臂侧平举,左臂上举,目视右臂。

第七个 8 拍(左丁字步优美站姿配六位手)(图 6-4-7)

1—8:左脚跟靠右脚弓,两脚垂直,左臂前平举,右臂侧平举,目视左臂。

图 6-4-6　　图 6-4-7　　图 6-4-8

第八个 8 拍(大八字步优美站姿配七位手)(图 6-4-8)

1—8:左脚向左成大八字,两臂侧平举,目视左臂。

第九至十六个 8 拍同第一至八个 8 拍,唯左右轮换做。

第十七个 8 拍(左后弓步配左臂前下右臂后上手位)

1—8:左腿屈膝支撑,右脚尖前点地,左臂前下举,右臂后上举,目视右臂。

第十八个 8 拍(右侧点地配五位手)

1—8:左腿支撑,右脚尖侧点地,左臂侧平举,右臂上举,目视左臂。

第十九个 8 拍(左前弓步配右臂前下左臂后上手位)

1—8:左腿屈膝支撑,右脚左后点地,右臂前下举,左臂后上举,目视左臂。

第二十个 8 拍(左交叉式蹲姿配互握手位)

1—8:右腿交叉于左腿后,臀部坐于右小腿,脚跟离地,双手互握于左膝上。

第二十一至二十四个 8 拍同第十七至二十个 8 拍,唯左右轮换做。

重复第一至二十四个 8 拍一遍。

动作要求:

1.躯干始终保持挺胸、拔背、收腹、立腰的优美姿态。

2.头部随着手臂的换位而转动。

3.集中注意力练习,尽量做到 4 拍吸气,4 拍呼气,并与动作协调平稳配合。

(二)姿态组合二

音乐:2/4 或 4/4 抒情、缓慢音乐。

预备:两臂侧下举,并立优美站姿。

第一个 8 拍(并立优美站姿)

1—8:双臂腰后环抱,两腿伸直并拢,优美并立站姿,2 拍一动,左右转头。

第二个 8 拍(并立优美起踵立姿)

1—8:十指交叉翻掌于头顶上方,两腿伸直,并立起踵优美站姿,目视手指。

第三个 8 拍(小八字开立优美站姿)

1—8:双手虎口交叉重叠,手背贴腰,两脚跟间距半脚,脚尖外开 30 度左右,2 拍一动,左右向侧倒头。

第四个 8 拍(小八字起踵开立优美站姿)

1—8:十指交叉向后伸,小八字起踵开立站,抬头挺胸看天空。

第五个 8 拍(左丁字步优美站姿)

1—8:双手虎口交叉重叠,掌心贴丹田,双脚落踵,左脚后跟顶于右足弓内侧,夹角小于90度,头部绕环一周。

第六个8拍(右丁字步优美站姿)

1—8:同第五个8拍,换腿做,头部相反转一周。

第七个8拍(并立优美站姿)

1—4:吸气,缓慢抬头,双臂伸直打开至侧上举,两腿并立。

5—8:呼气,头部还原,双臂原路返回至侧下举,两腿并立。

第八个8拍(并立优美站姿加起踵立)

1—4:吸气,缓慢抬头,双臂伸直打开至侧上举,同时双脚跟离开地面起踵。

5—8:呼气,头部还原,双臂原路返回至侧下举,同时双脚跟落踵着地。

第九个8拍(并立优美站姿和坐式蹲姿)

1—4:吸气,缓慢抬头,双臂伸直向两侧打开至上举合掌。

5—8:呼气,目视双手,两腿屈膝下蹲成坐式蹲姿,躯干垂直于地面。

第十个8拍(并立优美蹲姿和起踵立站姿)

1—4:吸气,目视双手,两腿伸直,同时双脚跟离开地面起踵。

5—8:呼气,目视双手,落踵两腿屈膝下蹲,躯干垂直于地面。

第十一个8拍(优美蹲姿和站姿)

1—2:吸气,保持蹲位,两臂前后平举,躯干前倾30度,目视后手。

3—4:呼气,还原至预备式。

5—8:同1—4,相反做。

第十二个8拍同第十一个8拍。

第十三个8拍(左高右低式优美蹲姿)

1—2:吸气抬头,两臂向侧打开至侧平举,左腿向前一步,重心在左腿。

3—8:呼气下蹲,左小腿垂直地面,右腿屈膝紧贴于左腿,膝盖向下,双手互拉,左臂放于左腿上,上体直立,目视前方。

第十四个8拍(右高左低式优美蹲姿)

1—8:同第十三个8拍,换腿做。

第十五个8拍(右交叉式蹲姿)

1—8:右腿交叉于左腿前掌着地,左脚跟离地,双手放于右腿上,目视前方。

第十六个8拍(左交叉式蹲姿)

1—8:同第十五个8拍,换腿做。

重复第一—十六个8拍两遍。

动作要求:

1. 躯干始终保持直立、挺拔、协调、优美的姿态。

2. 头部做屈、伸、转、绕环等动作时保持颈部直立,与躯干动作协调配合。

3. 集中注意力练习呼吸与动作的配合。

二、基本形态组合训练

艺术形体基本形态训练主要包括头部、上肢、躯干、下肢的柔韧训练和力量训练,通过组合训练,提高使练习者在任何情况下都能保持优雅身体形态的能力。

(一)柔韧训练组合

音乐:2/4 或 4/4 抒情、缓慢音乐。

预备:两臂侧下举,并立优美站姿。

第一个 8 拍(优美站姿加弹动配手臂波浪)

1—2:双腿弹动一次,右臂侧下波浪一次,左臂下举,目视右臂。

3—4:双腿弹动一次,左臂侧下波浪一次,右臂下举,目视左臂。

5—8:双腿弹动一次成起踵立,两臂侧平举波浪一次,目视前方。

第二个 8 拍(行走、立配手臂波浪)

1—2:右腿向右前 45 度走一步,右臂前下、左臂后下波浪一次后落于体侧。

3—4:左腿继续向前一步,右臂前平、左臂后平波浪一次后落于体侧。

5—6:右腿继续向前一步,左腿后举,右臂前上举,左臂后平举,目视右手。

7—8:右腿起踵立,左腿后举,两臂掌心向外,原位波浪一次,目视右手。

第三个 8 拍(蹲加顶髋配手臂绕环)

1—2:左腿屈膝落于右腿右前,顶左髋,右手搭左肩,目视右手。

3—4:右腿屈膝并左腿,顶右髋,左手搭右肩,目视右手。

5—8:左右顶髋四次,双腿逐渐伸直,两臂由内向外绕至三位手,掌心相对。

第四个 8 拍(并立加全身向前波浪)

1—8:并立全身向前波浪一次,两臂体侧向前绕环一周至三位手,掌心相对。

第五个 8 拍(侧点地立加体侧屈配手臂波浪)

1—4:右脚右侧点地,躯干右侧屈,两臂侧上举,波浪一次,目视右手。

5—8:躯干侧弹动一次,左臂体前绕一周,两臂波浪一次,眼随手动。

第六个 8 拍(大八字开立配后伸手臂)

1—2:两腿伸直大八字开立,抬头挺胸塌腰,两臂侧平举,掌心向上。

3－8:抬头挺胸塌腰,两臂伸直夹紧,体后十指交叉往远伸,目视天空。

第七个8拍(大八字开立加躯干前倾配手臂后抬)

1－4:抬头挺胸塌腰,躯干前倾,两臂伸直,食指伸直指向天空,目视前方。

5－8:抬头挺胸塌腰,躯干继续前屈,两腿伸直,双手抓住脚踝,目视前方。

第八个8拍

1－4:低头含胸收腹,两腿伸直,双手跨下触地向后伸,目视双手。

5－8:依次上抬腰、胸、颈,还原成预备式。

第九－十六个8拍同第一－八个8拍,唯相反做。

重复第一－十六个8拍两遍。

(二)力量训练组合

音乐:2/4或4/4热情、欢快音乐。

预备:两臂侧下举,并立优美站姿。

第一个8拍(高抬腿原地踏步配手臂前后摆动)

1－8:右腿开始,交替高抬腿原地踏步8次,配手臂前后摆动,目视前方。

第二个8拍(点步配单臂胸前平屈)

1－2:右腿向右1步,左脚点于右脚内侧,右臂胸前平屈伸1次,目视右臂。

3－4:同1－2,唯相反做。

5－8:同1－4。

第三个8拍(弓步吸腿配双臂冲拳)

1－2:右腿前弓步,左腿屈膝上抬,两臂前冲拳后收回腰侧,目视左臂。

3－4:左腿向后撤回,右腿并左腿,两臂前冲拳后收回腰侧,目视双臂。

5－8:同1－4,唯相反做。

第四个8拍(交叉步加小跳配大轮臂)

1－4:右做交叉步1次,第4拍左腿并右腿,小跳1次,两臂大轮回一周。

5－8:同1－4,唯相反做。

第五－八个8拍同第一－四个8拍。

第九个8拍(落地俯撑)

1－4:右腿向右侧弓步,左手撑地,右臂侧平举,目视右手。

5－8:右腿并左腿,两腿伸直,双手撑地成俯撑,目视前方。

第十个8拍(俯卧撑2次)

1－2:两腿伸直与躯干保持一直线,屈双肘,上臂平行地面,前臂垂直地面。

3－4:两腿伸直与躯干保持一直线,伸直双臂,呼气,目视前方。

5—8:同1—4。

第十一—十二个8拍同第十个8拍(俯卧撑4次)。

第十三个8拍(俯卧两头起4次)

1:两臂上举伸直,两腿伸直并拢,同时向后抬起成反弓,目视前上方。

2:还原成俯卧。

3—8:同1—2。

第十四个8拍同第十三个8拍(俯卧两头起4次)。

第十五个8拍(翻身成仰卧,仰卧两头起2次)

1—2:四肢和躯干伸直抬离地面,双手双脚于腹部上方相碰,目视双脚。

3—4:还原成仰卧,双臂上举。

5—8:同1—4。

第十六个8拍同第十五个8拍(仰卧两头起2次)。

重复第十六—第一个8拍一遍。

三、把杆组合训练

艺术形体的把杆组合训练是单个把杆动作训练的延伸,是身体形态和姿态训练的重要内容和有效手段,它包括下肢训练和躯干训练两部分。通过扶把杆组合训练,使枯燥的、单一的把杆训练具有灵活性、丰富性和系统性,使练习者在愉悦的情境中,达到提高身体形态和基本姿态控制能力的目的。

(一)下肢训练组合1:擦地+小踢腿

音乐:2/4或4/4激情、欢快音乐。

预备:右手侧面扶把,左臂由一位经二位到七位手,左丁字步优美站姿。

第一个8拍(向前擦地)

1—8:右腿支撑,左腿1拍1动向前擦地,配左臂侧平举,目视左手。

第二个8拍(向左侧擦地)

1—8:右腿支撑,左腿1拍1动向左侧擦地,配左臂上举,目视左腋下方。

第三个8拍(向后擦地)

1—8:右腿支撑,左腿1拍1动向后擦地,配左臂前平举,目视前方。

第四个8拍(向左侧擦地)

1—8:同第二个8拍。

第五—八个8拍同第一—四个8拍,唯向后转,换腿和手做。

第九—十六个8拍同第一—八个8拍,唯换做小踢腿。

(二)下肢训练组合2:点地+小踢腿

音乐:2/4或4/4激情、欢快音乐。

预备:右手侧面扶把,左臂由一位经二位到七位手,左丁字步优美站姿。

第一个8拍(向前擦地+点地)

1:右腿支撑,左腿向前擦地,左臂侧平举,目视左手。

2—3:左腿以髋关节为转,直腿向下点地2次,左臂侧平举,目视左手。

4:右腿支撑,左腿直腿收回成左丁字步,左臂侧平举,目视左手。

5—8:同1—4。

第二个8拍同第一个8拍,唯向侧做擦地+点地,左臂上举,目视左腋下方。

第三个8拍同第一个8拍,唯向后做擦地+点地,左臂前平举,目视前方。

第四个8拍同第一个8拍。

第五—八个8拍同第一—四个8拍,唯向后转,换腿和手做。

第九—十六个8拍同第一—八个8拍,唯换做小踢腿+弹踢。

(三)下肢训练组合3:大踢腿

音乐:2/4或4/4激情、欢快音乐。

预备:右手侧面扶把,左臂由一位经二位到三位手,左腿后点地优美站姿。

第一个8拍(向前大踢腿)

1—8:右腿支撑,左腿2拍1动做向前大踢腿4次,左臂上举,目视前方。

第二个8拍同第一个8拍,唯向左侧做大踢腿4次,左臂侧平举,目视前方。

第三个8拍同第一个8拍,唯正面双手扶把杆向后做大踢腿,目视前上方。

第四个8拍同第三个8拍。

第五—六个8拍同第三个8拍,唯换左腿做向后大踢腿,目视前上方。

第七—八个8拍同第二—三个8拍,唯换右腿做。

第九—十六个8拍重复第一—八个8拍。

(四)躯干训练组合:压肩胸腰

音乐:2/4或4/4抒情、优雅音乐。

预备:两手正面扶把杆,大八字开立优美站姿,距把杆1米左右。

第一个8拍(正面向下压肩胸)

1—2:抬头挺胸,上体前俯,躯干后屈成反弓,向下压肩胸腰,目视上方。

3—4:低头含胸,弓背收腹,躯干前屈成拱形,目视小腹。

5—8:同1—4,双腿始终伸直。

第二个8拍同第一个8拍。

第三—四个8拍同第一—二个8拍,唯躯干左转,压右肩胸腰,双腿伸直。

第五一六个 8 拍同第三一四个 8 拍，唯换左做。

第七一八个 8 拍同第一一二个 8 拍。

第九个 8 拍(背对把杆下蹲压肩)

1—8：双手扶把腰靠把杆，双腿并拢屈膝下蹲，脚跟着地臀触脚跟，低头。

第十个 8 拍(反弓拉伸)

1—8：抬头挺胸躯干后屈，双腿伸直髋部前顶，脚跟离地目视天空。

第十一一十六个 8 拍同第九一十个 8 拍，重复第九一十个 8 拍动作 3 遍。

学习思考题

1. 艺术形体基本姿态训练包括哪些？如何保持和运用优美的形体姿态？
2. 艺术形体基本形态训练包括哪些？
3. 如何根据自己的体形特点，编制 2 套基本形体姿态和形态组合。
4. 什么是把杆训练？把杆训练对人体的姿态和形态有何作用？
5. 描述电影、电视中 2 个不同人物或角色在剧情中的姿态及形态特点。

推荐书目及网站

[1]寿文华，等. 体育舞蹈[M]. 北京：人民体育出版社. 1987. 3

[2]刘玉贤，等. 形体训练[M]. 北京：中国物资出版社. 2006. 4

[3]陆保钟，等译. 艺术体操[M]. 北京：北京体育学院出版社. 1987. 6

[4]王爱兰. 艺术体操[M]. 北京：人民体育出版社. 1987. 3

[5]樊莲香，等. 形体与形象塑造[M]. 广州：中山大学出版社. 2004. 7

[6]http://www. caa－gym. org/

[7]http://cctv. cntv. cn/lm/jianshenwuqilai/index. shtml

[8]http://sports. 39. net/

[9]http://www. 51fit. com/

[10]http://www. jingcaijs. com/forum. php

第七章 艺术形体的局部训练

本章导读 本章主要介绍和示范人体面部、颈部、肩部、胸部、腰部、髋部、腿部、腕部、踝部等身体部位的艺术形体训练方法，为练习者有针对性地对身体局部进行训练提供方法，同时对提高练习者创编有自身特点的艺术形体组合动作具有启发作用。

第一节 面部、颈部训练

面部是表现力最为丰富的部位，个体的喜怒哀乐都可以从其面部表现出来；人体颈部姿态的正确与否对整体的姿态优美起决定性的作用，现代人伏案工作和注视电脑屏幕的时间大大增加，颈部负担实在过重，颈部患病率提升速度非常之快。因此加强面部和颈部的训练，既是预防颈椎疾病的需要，也是提高人体艺术表现力的需要。

一、面部训练

（一）鼓腮训练（图 7-1-1）

1.动作要领：先将口腔充满空气，鼓腮使空气在口腔内发生快速颤动 1 分钟，再使空气在口腔内上下、左右各流动 1 分钟，最后腮部按顺时针和逆时针方向各绕 36 圈，吞咽所产生的津液。双眼配合腮部的活动方向一起转动。

2.练习目的：丰富面部表情和眼神的表现力，提升面部肌肤弹性和眼肌运动能力。

图 7-1-1

（二）表情夸张训练（图 7-1-2(1)—(5)）

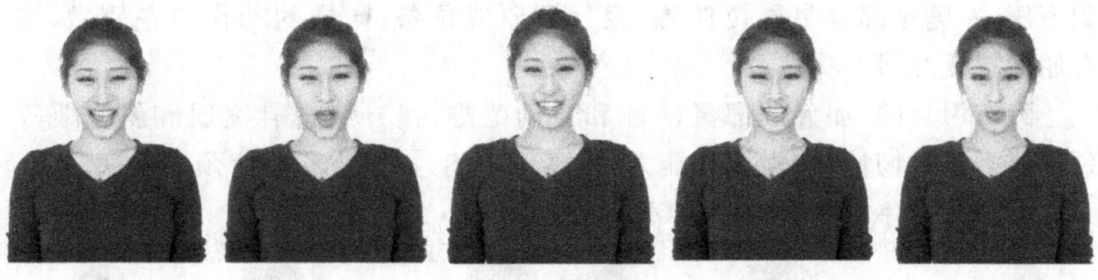

图 7-1-2

1. 动作要领：保持优美站姿，配合腹式呼吸法练习以下动作。用鼻腔深吸一口气，使腹部鼓起，呼气时张大嘴巴，大声发出拼音 a 的声音，气体慢慢从口腔中流出，腹部缓慢扁下去；用同样的方法练习拼音 o、e、i、u 的发声。

2. 练习目的：增大表情肌的张力和运动域值，降低呼吸频率，提高腹肌、呼吸肌和隔肌等肌肉力量，增加肺活量，同时宣泄不良情绪，调适心境。

二、颈部训练

（一）前后左右屈伸（图 7-1-3(1)—(4)）

图 7-1-3

1. 动作要领：预备时颈部放松，保持优美站姿。呼气时颈部前屈，下巴尽量往胸骨靠拢，双手十指交叉肩上屈肘，两肘外展成一直线，掌心贴后脑，轻用力将头向下压；吸气时颈部后屈，下巴指向天空，两手将下巴轻用力向上提拉，颈部前侧有明显拉伸感，前后屈伸重复练习 8 次，还原成预备姿态。呼气时颈部向右侧屈，右臂右侧平屈，前臂经头顶右手贴于左耳，轻用力将头向右侧下压，左侧颈部有明显拉伸感，吸气还原成预备；同样的动作向左侧做，左右屈伸重复练习 8 次。

2. 练习目的：加大颈部灵活性和活动范围，提升胸锁乳突肌和斜方肌等颈部肌力和柔韧性，增强抗挫能力，提高平衡能力，预防和治疗颈部疾病。

（二）“米”字练习（图 7-1-4(1)—(12)）

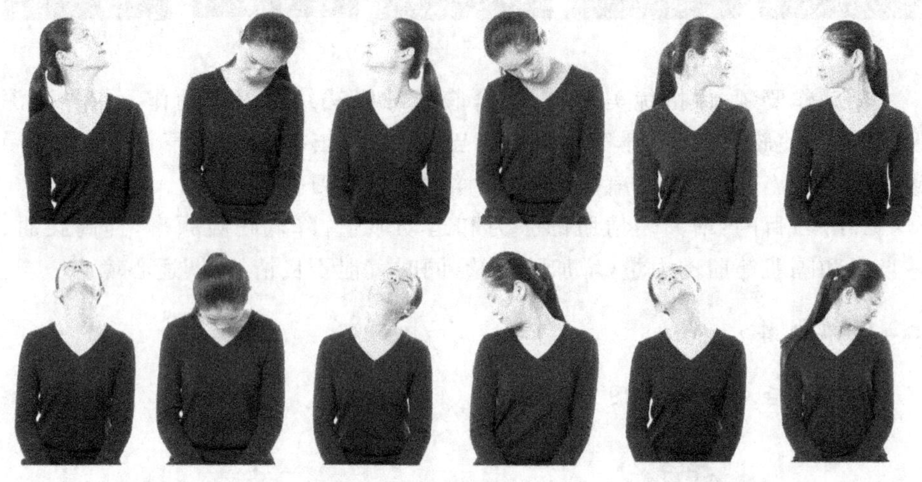

图 7-1-4

1. 动作要领：预备时颈部放松，保持优美站姿。按照抬头吸气，低头呼气的原则，用下巴在最大活动范围内写“米”字。在起落笔处，可保持几个呼吸，再往下写。

2. 练习目的：提高平衡能力，预防和治疗颈部疾病。

第二节　肩部、胸部、背部训练

人的肩部、胸部和背部都是反映人体精神面貌和体型的重要部分，其中胸部曲线是女性形体曲线的第一标志部位。无论站姿、坐姿还是蹲姿，第一个进入人们视觉范围的就是肩胸背。男性圆润、平整、宽阔、结实的肩胸背使人感觉朝气蓬勃、精神焕发、安全可靠，具有阳刚之气；女性柔和、平整、丰富、挺拔的肩胸背使人靓丽妩媚、挺拔秀丽、婀娜多姿，具有阴柔之美。

一、肩部训练

(一)持重物前、侧平举(图 7-2-1(1)—(4))

图 7-2-1

1. 动作要领:预备时手持哑铃等重物,保持优美站姿。吸气时,两臂向前或侧平举,呼气时,还原成预备姿势。重物重量为自己所能举起重物重量的50%左右,每组平举或侧举 15—20 次,每次练习 3—5 组。

2. 练习目的:增强肩部三角肌、冈上肌、冈下肌等肌肉力量,使肩部更结实。

(二)持重物提沉肩

1. 动作要领:预备时手持哑铃等重物,保持优美站姿。吸气时,双肩向上提起,呼气时,还原成预备姿势。重物重量为自己所能举起重物重量的 70%左右,每组提沉 15—20 次,每次练习 3—5 组。

2. 练习目的:增强三角肌、斜方肌、冈上、下肌和大、小圆肌等肩部肌肉力量。

二、胸部训练

(一)俯卧撑(图 7-2-2(1)—(3))

图 7-2-2

1. 预备:两手分开略宽于肩,十指向前,手掌撑地;两腿伸直并拢,脚趾撑地,抬头,挺胸,收腹,躯干与腿保持在同一直线上,目视前方。

2. 动作要领:吸气时,双臂屈肘,身体保持伸直状态向下,胸部尽量接近地面,屏气 1—3 秒;呼气时,双臂用力推地,身体保持伸直状态离开地面。女士连续做5—8次，男士连续做10—15次，每次3—5组。力量弱者可双膝跪地做，力量强者可垫高下肢做。

3. 练习目的：增强胸大肌、胸小肌和肋间肌的肌力，使男士更加强壮魁梧，女士更加健美丰满，曲线更为优美动人。

(二)屈、直臂扩胸

1. 动作要领：预备时手持哑铃等重物，双臂胸前平屈，保持优美站姿。吸气时，挺胸两臂后扩(直臂或屈臂)，呼气时，还原成预备姿势。重物重量为自己所能举起重物重量的50%左右，每组扩胸15—20次，每次练习3—5组。

2. 练习目的：增强胸大肌力量和心肺功能，矫正含胸等不良姿态，使胸部挺拔、丰满，更具弹性和美感。

三、背部训练

(一)俯卧抬上体(图7-2-3)

图7-2-3

1. 动作要领：两腿伸直并拢俯卧，双手互握于腰部。吸气时，抬头挺胸抬上体；呼气时，还原成俯卧。也可以由另一人坐于练习者小腿上，双手互握对方的手，在练习者抬起上体时，另一人用力将练习者的双手往后拉，使其上体抬得更高。每组练习20—30次，每次练习3—5组。

2. 练习目的：增强背阔肌、竖脊肌和斜方肌肌力，预防和治疗背部疼痛及驼背。

(二)仰卧美人鱼(图7-2-4(1)—(2))

图7-2-4

1. 动作要领：两腿伸直并拢仰卧，两掌心贴地放于臀下。呼气时，低头看脚；吸气时，抬头挺胸抬上体，头顶着地，保持3—5个腹式呼吸；呼气时低头看脚，还原成仰卧。每组练习3—5次，每次练习3—5组。

2. 练习目的：增强背阔肌、竖脊肌、斜方肌和胸锁乳突肌的力量，软化脊椎周围的软组织，预防和治疗颈椎疾病、背部疼痛和驼背。

第三节 腰部、腹部训练

腰部和腹部是人体的主干段，也是体内脂肪最容易聚集的部位。男子脂肪主要储存在肚脐以上部位，女子脂肪主要储存在肚脐及以下部位。腰腹部是影响人体形态健美的关键部位，是人们首先关注到的焦点部位。

一、腰部训练

(一)弹腰下腰加耍腰(图 7-3-1(1)—(6))

1. 动作要领：预备时两腿左右开立略宽于肩。吸气时，两臂打开至侧平举，上体略微后仰；呼气时，上体前屈，两臂体前环抱；吸气时，抬上体至直立，两臂侧打开至上举；呼气时，抬头挺胸上体后屈，两臂侧打开，双手触同侧双脚跟，也可上体后屈扭转，一臂上举，另一手触异侧脚跟。重复练习 10－16 次，再练习耍腰，即以腰为轴左右水平各绕环 8—10 圈。每次练习 3—5 组。

图 7-3-1

2. 练习目的：增强腰肌力量和柔韧性，减少腰腹部脂肪，预防和治疗腰椎疾病。

(二)左右扭胯

1.动作要领:预备时抬头挺胸,两脚左右开立与肩同宽,双手可叉腰,也可扶把杆等。上体始终保持向前正面,以腰为轴,腰部以下向左转,两脚尖向左,左脚脚跟着地,右脚前脚掌着地,重心始终保持在两腿中间。同样的动作向右转做。熟练之后可以加上小跳练习。每组练习30—40次,每次练习3—5组。

2.练习目的:增强腰部和胯部力量及灵活性,减少腰腹部脂肪,呈现腰部迷人曲线,降低腰臀比系数,延年益寿。

二、腹部训练

(一)船式屈伸腿(图7-3-2(1)—(2))

1.动作要领:四肢伸直仰卧。呼气时,上体和下肢同时抬起,与地面夹角约30度,两臂伸直掌心相对与地面平行,保持这一体位,两腿做依次或同时屈伸的练习20—40次,同样的姿势保持在与地面夹角约60度状态,做同样的屈伸腿动作20—40次,每次练习3—5组。

图7-3-2

2.练习目的:锻炼腰部、下腹部、髂腰肌、骶棘肌、横突棘肌和股四头肌等肌群,对于减少小腹部和大腿的脂肪,效果甚好。

(二)举腿仰卧起坐(图7-3-3(1)—(2))

图7-3-3

1. 动作要领：仰卧举腿，两腿始终并拢伸直垂直于地面。呼气时，抬上体，双手触同侧脚尖或异侧脚尖，保持1—3秒；呼气时，还原仰卧。练习5—8次，然后连续做起上体，双手触同侧或异侧脚尖20—30次，每次练习3—5组。

2. 练习目的：增强腰肌和上腹部肌肉力量，尤其是腹直肌、腹外斜肌、腹内斜肌和腹横肌的力量，对于减少上腹部和大腿的脂肪效果好。

第四节　臀部、腿部训练

臀部是人体最肥厚、曲线最明显的部位，也是体现人体上下身比例的关键部位。臀部往上翘，可提高人体重心，显现好身材，产生健美视觉。腿部是支撑人体重量的主要部位，与臀部的曲线连为一体，形成人体优美的曲线和直线线条。

一、臀部训练

（一）虎式加跪撑后踢腿（图7-4-1(1)—(3)）

图7-4-1

1. 动作要领：两臂与肩同宽，掌心着地，两腿并拢，小腿及脚背贴地，大腿和手臂始终垂直地面。呼气时，低头含胸，右腿离地，膝触前额，保持1—3个呼吸；吸气时，抬头挺胸塌腰，右腿向后上方伸展，保持3—5个呼吸，练习5—7次；接着练习连续后踢腿20—30次。之后换左腿做同样的练习，每次练习3—5组。请注意：在后踢腿时，脚面要绷直，腿要伸直从正后方踢起，抬头后仰看脚尖。

2. 练习目的：锻炼臀部、腰部和腹部肌肉，消除臀部和腰腹部多余脂肪，促进臀部肌肉向上收，形成前平后翘的健美臀部曲线。

(二)桥式(图 7-4-2(1)—(2))

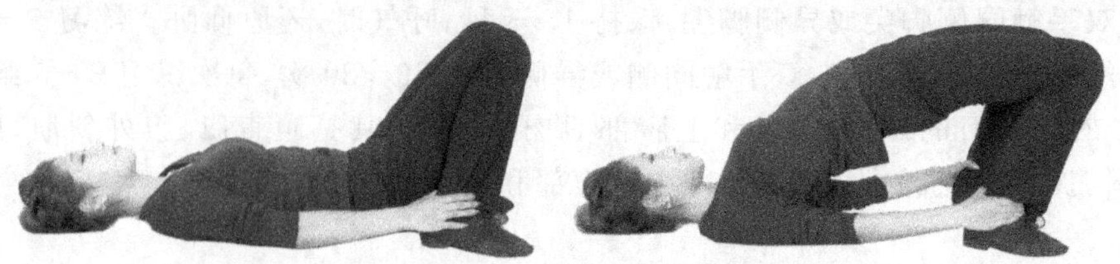

图 7-4-2

1.动作要领:两腿屈膝分开与肩同宽,脚掌着地,脚跟靠臀仰卧,两手抓同侧脚踝。吸气时,提臀顶胯,尽量使大腿和腹部与地面平行,小腿和胸椎垂直地面,有能力者可以加上抬脚跟的动作,保持 3—5 个呼吸;呼气时,放下臀部,还原成预备式,重复练习 5—8 次,每次练习 3—5 组。

2.练习目的:提臀紧腹细腿,增强生殖器官功能,治疗和预防痔疮等疾病。

二、腿部训练

(一)倒立蹬车(图 7-4-3(1)—(6))

图 7-4-3

1.动作要领:仰卧肩倒立,双手撑腰。以髋、膝两关节为轴,向空中最远端做蹬自行车圆周运动练习,每组蹬 30—40 次,每次练习 3—5 组。

2. 练习目的：锻炼腰腹肌控制能力和腿部肌肉的反向运动能力，在腿部失重状态下练习，有利于回心血流量的增加，减轻腿部负担，使腿型变得修长健美。

(二)仰卧剪腿升降(图 7-4-4(1)—(5))

1. 动作要领：四肢伸直仰卧。两腿同时做向内收紧交叉，向外打开伸展的左右开合或上下交换运动，类似剪刀的动作，同时两腿离地逐渐抬高至上举，然后逐渐向下靠近地面。每组向上和向下各交叉练习 30—40 次，每次 3—5 组。

2. 练习目的：根据力学原理，利用自身下肢重量，锻炼腰腹部、臀部和腿部的肌肉力量，尤其是增强股四头肌、缝匠肌、大腿内侧肌、股二头肌和腓肠肌肌力，减少腹部脂肪，健美腿型。

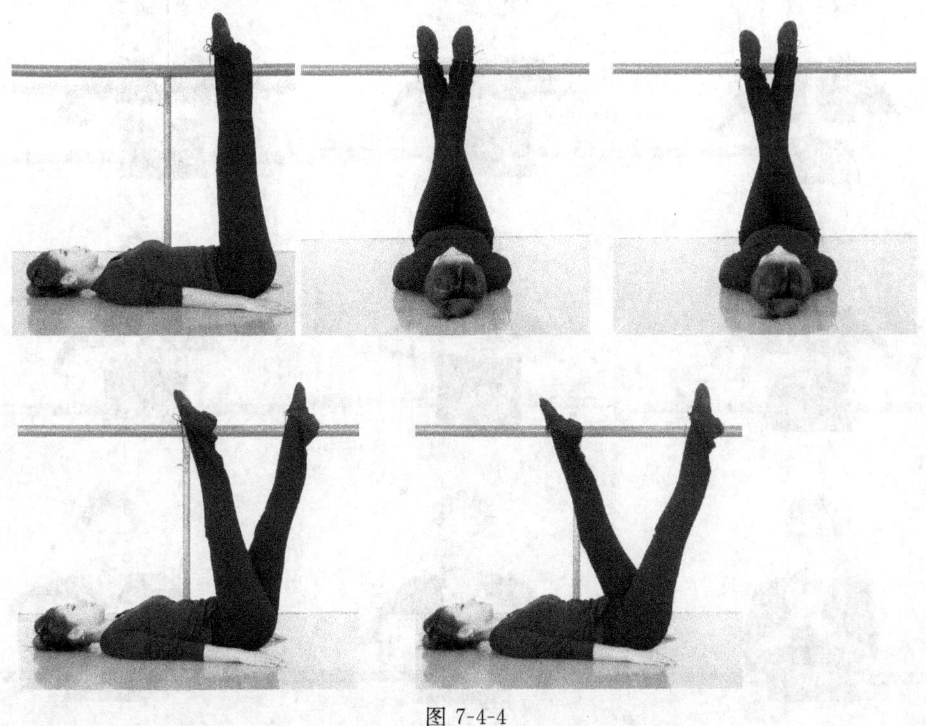

图 7-4-4

第五节　腕部、踝部训练

腕部是人体最灵活的关节部位，是上肢身体语言表达的最关键部位，表现力极为丰富；踝部是支撑人体重量最远端的一个关节部位，是下肢身体语言表达的最关键部位。注重腕部和踝部的力量、柔韧和稳定性训练，增强其功能，能将人的内心情感用肢体语言表达得淋漓尽致。

一、腕部训练

（一）屈伸抖动（图 7-5-1(1)—(9)）

1. 动作要领：两手掌心相贴，两臂胸前平屈，吸气时，两臂同时相对挤压，可同时内外转手腕 180 度 8—10 次；呼气时，松开双手。重复练习 8—10 次。然后换成两手背相贴，做同样的动作 8—10 次。最后两臂放松于体侧，抖动手腕 36 次。上述动作循环做 3—5 组。

图 7-5-1

2. 练习目的：锻炼胸肌、手臂和腕部力量，增加腕部灵活性，促进血液循环。

（二）仰俯卧撑（图 7-5-2(1)—(2)）

图 7-5-2

1. 动作要领：平卧垫子上，两臂左右分开与肩同宽，十指向前，掌心着地，两腿并拢伸直，放于垫高物上，保持 1—3 分钟；起身放松腕部，换成仰撑 1—3 分钟。每次练习 3—5 组。无论是俯撑还是仰撑，身体都要保持平、直，不能有起伏或凹凸。

2. 练习目的：锻炼腕力、臂力和腰腹肌控制力，为手臂和其他动作打好基础。

二、踝部训练

1. 悬空起落踵（图 7-5-3）

图 7-5-3　　图 7-5-4

动作要领：优美站姿，用前脚掌站在高出地面 10 厘米左右的固定物上，如台阶、道牙等。吸气时，抬脚跟，重心在前脚掌上，保持 3—5 个呼吸；呼气时，脚跟下压，重心落在脚跟上，保持 3—5 个呼吸。每次做 5—8 次。也可连续做起落踵练习 30—50 次，每次练习 3—5 组。每次练习时，起落踵的幅度尽量大些。

练习目的：锻炼小腿腓肠肌、比目鱼肌、跟腱、踝部及脚底肌肉和韧带，使小腿线条更加柔和健美，增强踝部力量和韧性，保护踝部，预防和治疗脚底抽筋。

2.屈伸绕脚踝(图 7-5-4(1)—(2))

动作要领：坐在椅子或地上，双腿并拢伸直，屈脚踝，双手支撑在臀部后方，上体保持优美坐姿。吸气时，抬头挺胸、提臀、绷脚面，使整个身体保持在一条直线上，保持 3—5 个呼吸；呼气时，放松还原到预备式，练习 5—8 次；再抬起双脚做左右绕踝各 20—30 圈。也可连续做此练习 30—50 次，每次练习 3—5 组。

练习目的：增强上肢、背部、腰腹部、腿部和踝部力量，使踝部张弛有度。

第六节　组合训练

组合训练是艺术形体单个动作训练的延伸，是对身体各部分姿态和形态进行综合系统的专门训练。通过组合训练可改善练习者身体姿态和形态，增强不同场合站姿、坐姿、走姿和蹲姿的美观，同时提高身体动作的灵活性、协调性、柔韧性、优美性和艺术性，提升练习者的气质和行为艺术修养，符合社交礼仪的要求。

一、单人组合训练

(一)站立位组合训练

音乐：2/4 或 4/4 激情、欢快音乐。

预备：立正，优美站姿。

第一个 8 拍(颈腕踝)

1：起落踵压脚跟一次，两臂前平举，屈腕还原一次，点头还原一次。

2：同 1。

3：同 1，唯立掌还原一次，仰头还原一次。

4：同 3。

5：双腿弹动前脚掌击地一次，立掌手腕右屈还原一次，头右屈还原一次。

6：同 5。

7—8：同 5—6，唯向左做二次。

第二个 8 拍(颈肩臂)

1—4：右腿向右侧一步，头向右绕环一周，左臂于头顶上逆时针一周。

5—8:同1—4,唯相反做一次。

第三个8拍(颈肩腕踝)

1:右腿向前1步,左脚后点地,右臂右侧上举,目视右手。

2:左腿并右腿,左臂左侧上举,目视左手。

3:屈膝半蹲,含胸低头,双手交叉,掌心贴于后脑,两肘后展成一直线。

4:同3,唯抬头挺胸塌腰,目视天空。

5:同4,唯上体和头向右转,目视右肘。

6:还原成4。

7:同5,唯向左做。

8:还原成预备姿势。

第四个8拍(颈肩腕踝)

1:右脚尖前点地,上体右转,两臂伸直后屈手腕,双肩上提,目视左肩。

2:右脚尖后点地,右臂前平举,左臂侧平举,目视右手。

3:重心后移至右腿,两臂落下经一位手至侧平举,掌心向下,目视右手。

4:左腿并右腿,上体左转还原立正,两臂上举,目视双手。

5—6:两臂继续向内体前划立圆3/4圈至侧平举,目随手动至平视前方。

7—8:两臂由内向外体前划立圆5/4圈至体侧,目随手动至平视前方。

第五个8拍(颈胸背腕)

1:右腿向右侧一步,直臂握拳,右臂上左臂下,向后振胸一次,目视左侧。

2:左腿并右腿,还原成预备姿势。

3:右腿向右侧一步,上体右转,两臂经前平举向后扩胸一次,目视右拳。

4:左腿并右腿,还原成预备姿势。

5:右腿向右侧一步成左右开立,双手体后十指交叉,掌心向上,低头含胸。

6—7:两臂外翻上抬,抬头挺胸塌腰,目视天空。

8:右腿并左腿,还原成预备姿势。

第六个8拍(胸背腰腹)

1:右腿向右一步,左脚尖点地,左臂前平举,右臂上举,上体向左侧屈。

2:左腿并右腿,还原成预备姿势。

3:右腿向右侧一步成左右开立,双手腹前十指交叉,掌心向上,目视掌心。

4:直腿起踵,两臂伸直上举,掌心向上,目视手背。

5—7:直腿落踵,上体前屈与地面平,两直臂上举,掌心向前,目视手背。

8:右腿并左腿,还原成预备姿势。

第七个8拍(腰腹臀腿)

1:右腿向右一步成左右开立,两臂侧平举,目视前方。

2:两腿伸直左右开立,上体前屈右转,两臂侧平举左手碰右脚,目视右手。

3:同 2,唯向左做,目视左手。

4:抬上体,双手十指向下,掌心贴于腰部,目视前方。

5—7:抬头挺胸,上体后屈,目视后方。

8:还原成预备姿势。

第八个 8 拍(腰腹臀腿)

1—4:两臂上举,上体按逆时针方向绕一周,目视双手。

5—8:同 1—4,唯顺时针绕一周。

第九至十六个 8 拍重复第一至八个 8 拍,唯相反做。

第十七个 8 拍(开合跳加击掌)

1:两腿左右跳开,两臂侧平举,目视前方。

2:两腿跳起并拢,两手头顶击掌,目视双手。

3—4:同 1—2,唯 4 时,腹前击掌。

5—8:同 1—4。

第十八个 8 拍(弓步跳配振臂)

1:两腿前后跳开成右弓步,两手握拳直臂上举,后振一次,目视双手。

2:还原成预备姿势。

3—4:同 1—2,唯 3 换左弓步。

5—8:同 1—4。

第十九个 8 拍(前吸腿跳配肘碰膝)

1:右腿屈膝向左前吸跳起,左臂屈肘碰右膝,右臂握拳后上举,目视右手。

2:还原成预备姿势。

3—4:同 1—2,唯 3 左膝碰右肘,左臂握拳后上举,目视左手。

5—8:同 1—4。

第二十个 8 拍(屈膝左右踢小腿跳配手碰脚)

1:左腿跳起,右腿屈膝向左踢小腿,左手碰右脚,右臂后上举,目视右脚。

2:左腿跳起,右腿屈膝向右踢小腿,右手碰右脚,左臂后上举,目视右脚。

3—4:同 1—2,唯 2 还原成预备姿势。

5—8:同 1—4,唯换腿做。

第二十一个 8 拍(正踢腿跳配大腿下击掌)

1:左腿跳起,右腿屈膝正踢,双手于右腿下方击掌,目视右脚。

2:还原成预备姿势。

3—4:同 1—2,唯 4 直腿正踢。

5—8:同 1—4,唯换左腿正踢。

第二十二个8拍(侧踢腿跳配一、三位手)

1:左腿跳起,右腿屈膝右踢触右肩,左臂三位,右臂一位,目视右膝。

2:还原成预备姿势。

3—4:同1—2,唯4直腿右侧踢。

5—8:同1—4,唯换左腿左侧踢。

第二十三个8拍(后踢腿跑跳)

1—8:后踢腿跑8次,两臂自然前后摆,目视前方。

第二十四个8拍(小马跳)

1—8:左右小马跳各跳2次,两臂体侧放松抖动。

第二十五至三十二个8拍重复第十七至二十四个8拍。

(二)坐卧位组合训练

音乐:2/4或4/4抒情、缓慢音乐。

预备:两腿伸直并拢坐,双手撑于臀部两侧,优美坐姿。

第一个8拍(颈臂腕踝)

1:屈脚踝,两臂伸直前平举,十指向上,掌心向前,抬头挺胸,目视天空。

2:伸脚踝,两臂伸直前平举,十指向下,掌心向后,低头挺胸,目视大腿。

3—8:同1—2,唯8还原成预备姿势。

第二个8拍(颈肩腰踝)

1:两踝、上体、头向右侧屈,两臂伸直上举,两手互握成剑指,目视食指。

2:同1,唯向左侧屈。

3—8:同1—2,唯8还原成预备姿势。

第三个8拍(颈背腹踝)

1—4:两脚离地屈膝胯,两臂环抱大腿,脚踝和头顺时针绕一周,双目轻合。

5—8:同1,唯逆时针绕一周,8还原成预备姿势。

第四个8拍(背腰腹腿)

1:双手握脚踝,左腿屈膝离地,右腿伸直上举,收腹直背立腰,目视右脚。

2:同1,唯左右腿交换做。

3—4:两腿并拢伸直上举,收腹直背立腰,目视双腿。

5:两腿伸直左右分开成"V"字,收腹直背立腰,目视前方。

6:两腿并拢伸直上举,收腹直背立腰,目视双腿。

7—8:同5—6,唯8还原成预备姿势。

第五个8拍(肩腰腹腿)

1—2:双腿伸直常坐,上体前屈靠双腿,两臂上举,双手碰脚。

3—4：右腿屈膝脚尖点地，上体抬起挺直右转，两臂胸前平屈，目视右肘。

5—8：同1—4，唯换腿做，8还原成预备姿势。

第六个8拍（臂腰腹腿）

1：双手撑地紧腰提臀，两腿伸直脚尖点地，抬头挺胸直背，目视后方。

2：双手后支撑，右腿用力上踢，目视右脚尖。

3—7：同1—2，唯左右腿轮换做。

8：还原成预备姿势。

第七个8拍（胸腰腿胯）

1—2：两脚底相对开胯屈膝收腿，两膝着地，双手握脚，抬头挺胸仰望星空。

3—7：两肘压两腿，上体前屈，前额靠地。

8：还原成预备姿势。

第八个8拍（胸腰腿胯）

1—4：两腿伸直左右分开，上体前屈贴地，两直臂上举前伸，目视双手。

5—8：上体贴地，两脚尖内旋带动腿内转，两腿收紧并拢成俯卧，目视双手。

第九个8拍（背腰腹臀）

1—8：两臂伸直上举，连续做8个两头起，目视前上方。

第十个8拍（臂腰腹臀）

1—8：连续做4次俯卧撑或跪卧撑，目视前上方。

第十一个8拍（臂腰臀腿）

1：双手和左脚撑地，收腹提臀成下犬式，右腿向后大踢腿，目视前方。

2：右腿收回并左腿成双手双脚着地下犬式，目视前方。

3—8：同1—2，唯左右腿轮换做，8成跪坐。

第十二个8拍（肩腰腿踝）

1：双脚脚背和小腿着地跪立，三位手，目视双手

2—3：左腿跪立，右腿右伸展，上体右屈，左臂上举，右臂侧举，目视右手。

4—7：下肢不变，左臂体前绕一周，上体还原后再向右屈，目视左手。

8：右腿收回，还原成1的姿势。

第十三个8拍（肩腰腿踝）

1—8：同第十二个8拍，唯换左做。

第十四个8拍（腰臀腿）

1：两腿并拢向右伸直，上体左倒成左前臂侧撑卧，目视右腿。

2—7：右腿向右侧大踢腿3次，目视右脚脚尖。

8:向右转身 180 度,成右侧卧。

第十五个 8 拍(腰臀腿)

1—6:左腿向左侧大踢腿 3 次,目视左脚脚尖。

7—8:仰卧垂直举腿,绷脚面,两臂伸直上举,手背贴地,目视脚尖。

第十六个 8 拍(腰腹腿踝)

1:两腿垂直上举屈脚踝,挺胸收腹抬上体,双手碰脚,目视脚尖。

2:上体还原,成仰卧垂直举腿。

3—8:同 1—2,唯 8 还原成预备姿势。

重复第一至十六个 8 拍 3—5 遍。

二、双人组合训练

(一)站立位组合训练

音乐:2/4 或 4/4 抒情、缓慢音乐。

预备:二人相距 2 臂距离,面对面立正,优美站姿。

第一个 8 拍(颈腕踝)

1:两臂前平举立掌,与同伴手掌相贴,两臂外旋,两脚尖外开,抬头仰视。

2:两臂以掌根为轴内旋,两脚以脚尖为轴脚跟外开,向外行走,低头俯视。

3—8:同 1—2,唯 5—8 两脚向内行走。

第二个 8 拍(颈肩胸背)

1:两腿左右开立正压肩,两腿伸直,抬头挺胸塌腰,压肩胸,目视对方。

2:低头含胸,拱背收腹,目视小腹。

5—8:同 1—2。

第三个 8 拍(肩胸背腰)

1—8:同第二个 8 拍,唯向单侧压肩胸。

第四个 8 拍(肩胸背腰)

1—8 同第三个 8 拍,唯向另一侧压肩胸。

第五个 8 拍(肩胸背腰)

1—2:与同伴互握双手,体前左右各摆动一次,目视双手。

3—4:双臂摆至最高点时,两人同时转体 360 度,目视双手。

5—8:同 1—4,唯相反做,8 还原至两人左右并排靠拢站立。

第六个 8 拍(肩胸腰腿)

1:两人外侧腿同时向侧一步成侧弓步,外侧手互握,臂上举,目视外臂肘。

2:还原至左右开立站,目视前方。

3—8:同 1—2,唯 8 还原后两人左右换位站。

第七个 8 拍(肩胸腰腿)

1—8:同第六个 8 拍,唯相反做,8 还原成两人互握双手,背靠背站立。

第八个 8 拍(肩胸腰腹)

1:两人右腿向前一步成弓步,两臂上举,抬头挺胸下腰,目视双手。

2:还原至两腿前后开立,两臂上举,目视前方。

3—4:同 1—2。

5—8:同 1—2,唯换左腿前弓步,8 重心移到前腿,后腿并前腿转体 180 度。

第九至十六个 8 拍重复第一至八个 8 拍,唯相反做。

第十七个 8 拍(开合跳加击掌)

1:两腿左右跳开,两手掌互击对方手掌,目视双手。

2:两腿跳起并拢,两手背互击对方手背,目视双手。

3—8:同 1—2。

第十八个 8 拍(弓步跳配推掌)

1:两腿前后跳开成右弓步,两手掌相贴,左手前推,右手收回,目视前手。

2:跳回成预备姿势,两臂前平举,相互推掌,目视双手。

3—4:同 1—2,唯 3 换左弓步。

5—8:同 1—4。

第十九个 8 拍(前吸腿跳配手碰膝)

1:同侧腿向异侧前吸腿跳,异侧手碰异侧膝,另一臂后上举,目视前手。

2:还原成预备姿势。

3—4:同 1—2,唯 3 同侧腿向同侧大踢腿,两臂侧平举,目视踢腿脚尖。

5—8:同 1—4。

第二十个 8 拍(前吸腿跳配肘碰膝)

1—8:同第十九个 8 拍,唯换腿做。

第二十一个 8 拍(扭腰转胯跳配上下摆臂)

1:跳起成前脚跟、后脚尖着地,腰胯转向前腿,上体正对同伴,四目相对。

2:同 1,唯腰胯相反转 180 度,两手掌相贴,单数上举,双数下探。

3—8:同 1—2,唯 8 还原成反向并排站,左侧手挽手,目视前方。

第二十二个 8 拍(向前大踢腿跳配挽手叉腰)

1:左腿跳起,右腿向前吸腿跳,逆时针转 45 度,双手叉腰,目视右膝。

2:左腿跳起,右腿还原成并立,继续逆时针转 45 度,双手叉腰。

3—4:同 1—2,唯 4 直腿向前大踢腿,目视右脚脚尖。

5—8:同 1—4。

第二十三个8拍同第二十二个8拍，唯换左腿踢腿，顺时针做。

第二十四个8拍(小马跳)

1—8:左右小马跳各跳2次，两臂体侧放松抖动，8还原成预备姿势。

第二十五至三十二个8拍重复第十七至二十四个8拍。

(二)坐卧位组合训练

音乐:2/4或4/4抒情、缓慢音乐。

预备:两腿伸直并拢，脚底相贴而坐，两臂前平举，双手互拉，优美坐姿。

第一个8拍(颈背腰腿)

1:一人上体后仰，同伴上体前屈，双腿双臂伸直，挺胸直背，目视对方。

2:同1，唯相反做。

3—6:同1—2。

7—8:双腿左右分开成横叉，双脚内侧相贴，双手互握上臂，挺胸收腹立腰。

第二个8拍(胸腰腹腿)

1:下肢同上，上体挺胸立腰向同侧屈，双臂侧上举，目视天空。

2:上体还原直立。

3—8:同1—2。

第三个8拍(胸腰腹腿)

1—8:同第二个8拍1—8，唯换另一侧做。

第四个8拍(臂腰腹腿)

1:上下肢同上，唯上体一前屈一后仰。

2:同1，唯上体相反做。

3—6:同1—2。

7:双腿屈膝收于腹前，脚尖点地，双臂伸直，双手互握于双腿外侧。

8:双腿并拢向上伸直，脚底互贴，挺胸收腹立腰，上体后仰，目视双脚。

第五个8拍(臂腰背腿)

1:双腿伸直不动，上体前屈碰腿，收腹立腰，屈臂互拉，目视对方。

2:上体还原，双臂伸直，目视双脚。

3—8:同1—2。

第六个8拍(臂腰腹腿)

1:下肢同上，一臂侧平举，另一手仍互握，上体向外拧转，目视侧平举手。

2:还原双手互握，目视双手。

3—8:同1—2。

第七个8拍(臂腰腹腿)

1—8:同第七个8拍,唯换另一侧做,8还原成双脚互抵,肘撑直体侧卧。

第八个8拍(腰臀腿)

1:单脚互抵,一腿绷直侧踢,踢时胯离地,身体成一直线,目视踢腿脚尖。

2:还原成肘撑直体侧卧。

3—8:同1—2,唯8身体转90度成俯撑,双脚互抵或单脚互抵,另一腿后举。

第九个8拍(臂胸腰腿)

1—8:连续做4次俯卧撑。

第十个8拍(腰臀腿)

1—8:同第八个8拍,唯换腿做,8还原成双脚或单脚互抵的俯撑。

第十一个8拍(臂胸腰腿)

1—8:连续做4次俯卧撑,唯8还原成双脚尖互碰、前额触大腿的跪坐。

第十二个8拍(腰腹臀腿)

1:提臀抬上体成上体后仰反弓的跪立,双臂上举,双手互握,目视双手。

2:上体还原成上体碰大腿,大腿碰小腿,小腿和脚背着地的跪坐。

3—8:同1—2,唯8还原成单腿贴地屈膝,单腿伸直脚互碰的同向并排坐姿。

第十三个8拍(肩胸腰腿)

1:直腿脚底互抵,上体向直腿侧屈,双臂上举,双手互握,目视天空。

2:上体还原直立,双臂侧平举,目视同伴。

3—8:同1—2,唯8还原成预备姿势。

第十四个8拍(腰腹臀)

1—8:连续做4次仰卧起坐,8还原成第十二个8拍的8,唯屈伸腿互换坐姿。

第十五个8拍(肩胸腰腿)

1—8:同第十三个8拍,唯换腿相反做。

第十六个8拍(腰腹臀)

1—8:连续做4次仰卧起坐,唯8还原成预备姿势。

重复第一至十六个8拍3—5遍。

学习思考题

1. 艺术形体局部训练包括哪些?

2. 艺术形体局部训练中,你认为哪个部分你最薄弱?如何针对性地加强?

3. 艺术形体局部训练中,你认为哪个部分你最有优势?如何发挥你的优势?

4. 掌握书中提供的局部训练组合动作两套以上。

5. 单人和双人局部训练组合动作分别有哪些优势?请你与你的朋友一起创编一套八个8拍的单人或双人局部训练组合动作。

推荐书目及网站

[1](法)德拉威尔著,李振华译.肌肉健美训练图解[M].济南:山东科学技术出版社,2012.5.

[2](英)韦勒编著,李振华译.女性形体与健美训练图解[M].济南:山东科学技术出版社,2012.5.

[3](日)山崎浩子著,王其明译.超简单,艺术体操塑身法[M].福州:福建科技出版社,2004.10.

[4]张芃.艺术形体训练[M].北京:中国纺织出版社,2008.11.

[5]金庆玲.21世纪中等职业教材系列:形体训练[M].北京:北京邮电大学出版社,2009.5.

[6]王霞.全民健身项目指导用书——形体训练[M].长春:吉林出版集团有限责任公司,2010.1

[7] http://video.baidu.com/v? word=%B0%C5%C0%D9%D0%CE%CC%E5%D1%B5%C1%B7&ct=301989888&rn=20&pn=0&db=0&s=0&fbl=800

[8]http://video.baidu.com/v? ct=301989888&rn=20&pn=0&db=0&s=8&word=%D0%CE%CC%E5%D1%B5%C1%B7%CE%E8%B5%B8%B0%D1%B8%CB&fr=ala0

[9]http://v.youku.com/v_show/id_XMTE2Mjk1MjM2.html

[10]http://www.56.com/w95/play_album-aid-10301300_vid-NjkxOTU0OTA.html

第八章　艺术形体基本步法、舞步及其组合

本章导读　本章主要介绍艺术形体基本步法和轻器械训练方法，帮助练习者提高站、坐、行、跑、跳等基本姿态的艺术性和美感。通过组合动作的示范，丰富练习者自我训练和才艺展示的内容，也为教练员和组织开展集体活动者提供创编思路。

第一节　艺术形体基本步法

人的行走姿态是人体最自然、最基本的动态姿势，具有节奏感和流动感，行走姿势的美观直接反映出一个人的健康状况、文化修养和气质。艺术形体的基本步法训练包括各种优美的走、跑、轻跳和舞步的训练，各种大移动都要结合步法进行。练习者通过专门训练，能熟练掌握各种步法，并将各种动作完成得轻松、自然、活泼、节奏感强，具有强烈的表现力和独特的风格，使行走的姿态更规范、更优美、更有风度。本节主要介绍柔软步、足尖步、变换步、滚动步、弹簧步等步法。

一、走

(一)柔软步

柔软步是由脚尖过渡到前脚掌，再到全脚掌依次着地的走法，分为向前柔软步、向侧柔软步、向后柔软步和柔软步转体等。

1.动作要领

(1)向前柔软步(图 8-1-1(1)—(5))

预备姿势：双手叉腰，八字步站立或丁字步站立。

图 8-1-1

动作做法：右腿绷脚面，膝盖伸直，腿外旋向前迈出，由脚尖柔和地过渡到全脚掌着地，同时身体重心向前移至右腿直立，左腿伸直脚尖后点地。紧接着左腿膝关节放松，经体下垂线，向前下伸腿，脚面、膝盖绷直，继续前进。

(2)向侧柔软步：做法同向前柔软步，唯方向向侧，重心随出腿方向移动。

(3)向后柔软步：做法同向前柔软步，唯方向向后，重心随出腿方向移动。

(4)柔软步转体：做法同上，唯方向向出腿方向转，重心随出腿方向移动。

2. 动作要求：

(1)摆动腿自然向前、侧、后伸出，不要抬举过高，重心随出腿方向移动。

(2)走步时髋部放松，收腹、立腰，头随出腿脚的脚尖方向自然转动。

(3)动作自然、连贯、柔和。

3. 练习方法：

(1)双手叉腰，原地练习擦地至脚尖点地及擦地收回，两腿交替进行练习。

(2)双手叉腰慢动作分解练习。脚尖点地－前脚掌着地－全脚掌着地－重心前移至后腿点地。由四拍一步过渡到二拍一步、一拍一步，体会正确动作要领。

(3)配合两臂前后摆动等动作，练习向前、侧、后及转体和弧线柔软步走。

(二)足尖步

1. 动作要领：

足尖步由起踵立开始，从脚尖点地过渡到前脚掌着地的走，分为向前足尖步、向侧足尖步、向后足尖步、足尖碎步及足尖大步半蹲走等。

(1)向前足尖步(图 8-1-2(1)－(3))

预备姿势：双手叉腰，八字步站立或丁字步起踵立。

动作做法：右腿绷脚面，膝盖伸直，腿外旋向前迈出，由脚尖柔和地过渡到前脚掌着地，同时身体重心向前移至右腿起踵直立，左腿伸直脚尖后点地。

紧接着左腿膝关节放松，经体下垂线，向前下伸腿，脚面、膝盖绷直，继续前进。

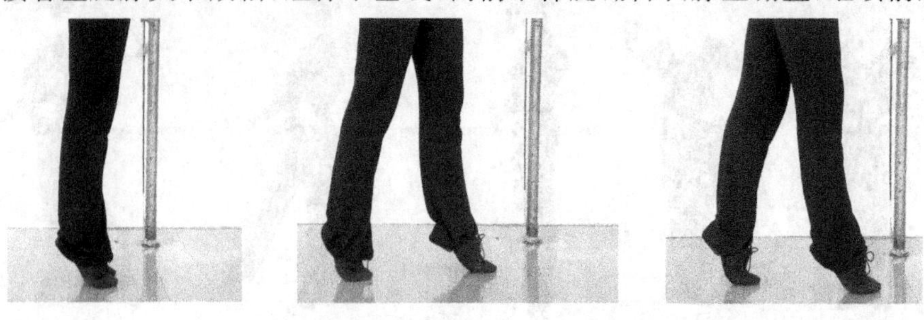

图 8-1-2

(2)向侧足尖步：做法同向前足尖步，唯方向向侧，重心随出腿方向移动。

(3)向后足尖步：做法同向前足尖步，唯方向向后，重心随出腿方向移动。

(4)足尖碎步：做法同上，唯迈步较小，节拍较快。

2.动作要求：

(1)摆动腿自然向前、侧、后伸出，不要抬举过高，重心随出腿方向移动。

(2)走步时髋部放松，收腹、立腰，头随出腿脚的脚尖方向自然转动。

(3)步幅均匀且不宜过大；起踵宜高且重心平稳；两脚沿一直线走。

3.练习方法：

(1)原地起落踵练习。

(2)单手扶把慢速练习，体会动作要领。

(3)双手叉腰慢速练习，由二拍一步过渡到一拍一步，体会正确动作要领。

(4)配合两臂前后摆动等动作，练习向前、侧、后及碎步和弧线足尖步走。

(三)滚动步

1.动作要领：

滚动步是富有弹性的脚掌滚动式着地的步法，分为原地滚动步、原地五位滚动步、扭膝滚动步和行进间滚动步等。

(1)原地滚动步(图 8-1-3(1)—(3))

预备姿势：双手叉腰，双脚并步起踵立。

动作做法：右腿屈膝，脚掌向前滚动至脚尖点地，左腿直膝脚掌向后滚动至全脚掌着地，随后两脚反向运动还原至预备姿势，再开始两腿轮换重复练习。

(2)原地五位滚动步：做法同原地滚动步，唯屈膝向侧，保持五位起踵立和五位半蹲姿势，像不倒翁一样。

(3)扭膝滚动步：做法同原地滚动步，唯扭髋屈膝向内或向外做。

(4)行进间滚动步：做法同原地滚动步，唯经前后起踵开立，后脚向前或前脚向后时，边滚动边沿地面移动。

图 8-1-3

2. 动作要求：

(1)滚动步必须经过双脚起踵立交替过程移重心，但中间不停顿。

(2)脚掌的滚动要柔和有力，屈膝腿的脚面要充分绷直，脚尖点地，小腿垂直地面；髋腰上提并放松，且随两腿的动作向前后左右扭转。

(3)动作有弹性、连贯、柔和。

3. 练习方法：

(1)扶把原地慢速练习，仔细体会动作要点。

(2)双手叉腰原地练习、行进间练习。

(3)配合两臂前后摆动等动作，练习各种滚动步。

二、跑

(一)柔软跑

跑动时前腿脚面和膝盖绷直、外旋、前伸，由脚尖经过前脚掌过渡到全脚掌柔和着地，并随之屈膝缓冲；后腿充分蹬直，髋向前顶，两腿柔软而有弹性地交替前进；空中有一短暂的小跨跳，挺胸夹背，重心始终在支点前。

(二)足尖跑

1. 足尖小跑：跑动时前腿脚面和膝盖绷直、外旋、前伸，由脚尖过渡到前脚掌着地；后腿充分蹬直，上体保持挺胸抬头稍前倾，重心始终在支点前。跑动时步幅小，步频快，重心高。

2. 足尖大步跑：跑动时前腿脚面和膝盖绷直、外旋、前伸，由脚尖过渡到前脚掌着地，并随之屈膝缓冲；后腿充分蹬直，空中有一短暂的小跨跳，上体保持挺胸抬头稍前倾，重心始终在支点前。

(三)弹性跑

跑步时前腿膝关节放松屈膝前摆，向前下伸直，前脚掌着地，经屈膝缓冲后充分蹬直，后腿蹬离地面后自然弯曲，小腿后摆，两腿交替而有弹性地向前跑。

三、轻跳

（一）跑跳步

跑跳步属于简单的轻跳步法，具有轻快、活泼、有弹性等特点，可原地练习，也可行进间练习或加转体练习。

1.动作要领：

左腿小跳，同时右腿屈膝上提，两脚面绷直。右腿前脚掌落地膝屈缓冲后立即起跳，两腿交替进行。

2.动作要求：

(1)用前脚掌起落，屈膝抬腿时膝盖低于大腿；腾空时，两脚脚面绷直。

(2)小跳时短促有弹性，跳与落节奏准确、明快。

(3)动作连贯、轻松、活泼、协调、有弹性。

3.练习方法：

(1)双手叉腰原地练习，掌握后，配合各种手臂动作练习。

(2)双手叉腰行进间练习和加转体练习，掌握后配合各种手臂动作练习。

（二）踏跳步

1.动作要领：

左腿向前一步蹬地跳起，同时右腿伸直后举，两脚面绷直。两腿交替练习。踏跳步有直膝踏跳步、屈膝踏跳步和转体踏跳步等。

2.动作要求：

(1)踏跳时重心向上，上体正直，收腹立腰，举腿和蹬地同时进行。

(2)动作协调，节奏准确，姿态舒展，轻松自如。

3.练习方法：

(1)双手叉腰练习后举腿踏跳步，掌握后练习前进、后退、转体等各方向的举腿踏跳步。

(2)配合各种手臂动作练习各种踏跳步。

（三）并步跳（卡洛泼步）

并步跳是常用于动作之间的连接或跳步前的过渡步伐。并步跳分为向前并步跳、向侧并步跳和向后并步跳等。

1.动作要领：

右腿向前（侧、后）一大步，稍屈膝柔软着地，重心移至右腿，右腿蹬地跳起，同时左腿在空中并于右腿成三位脚，左脚着地并稍屈膝，右腿前（侧、后）

下举。两腿交替练习。

2. 动作要求：

(1)卡洛泼步要经过弓步，身体重心随上步前移，并由屈膝腿蹬地起跳。

(2)空中两腿夹紧成三位脚，膝和脚面绷直，收腹立腰。

(3)动作连贯，有腾空，身体正直。

3. 练习方法：

(1)双手叉腰练习向前、侧、后成弓步，后腿并于前腿成提踵立。

(2)双手叉腰完整练习向前、侧、后的并步跳。

(3)配合各种手臂动作反复练习。

(四)波尔卡

波尔卡的特点是轻松、欢快，有向前波尔卡、向侧波尔卡、向后波尔卡和跳转体波尔卡、前后点跳波尔卡等。

1. 动作要领：

节前拍：右腿原地小跳落地成屈膝半蹲立，左腿绷直前下举，上体稍前倾。第一拍：左腿直腿向前落地，重心前移，右腿并左腿向前并步跳，上体稍左转。第二拍：左腿直腿向前一步的同时原地小跳一次，同时右腿绷直前下举。两腿交换练习。其他波尔卡同向前波尔卡，唯方向不同或先前后点跳，再接波尔卡。

2. 动作要求：

(1)必须有节前拍的小跳，且跳起后要单脚前脚掌落地，重心随之移动。

(2)身体前后倾斜、转胸、转髋及稍留头动作的配合要协调，腿部动作轻盈、活泼、明快、连贯，使动作更具表现力。

3. 练习方法：

(1)双手叉腰原地练习节前拍小跳动作：单腿小跳，另一腿前下举。

(2)双手叉腰练习向前、侧、后的波尔卡。

(3)配合各种手臂动作练习各种波尔卡。

第二节　艺术形体基本步法组合

艺术形体基本步法组合是将若干个单个的艺术形体基本步法编排在一起所进行的练习。组合动作的练习可以巩固和提高单个动作的质量，加大练习强度和密度，丰富练习内容和想像力，使练习者在不同的变化中愉快地练习。

一、柔软步组合

音乐:2/4 或 4/4 中速抒情、优雅音乐。

预备:右丁字步立正,两臂一位手。

第一个 8 拍(8 个向前柔软步,配 1—4 位手)

1—2:右腿开始做 2 个向前柔软步,两臂做一手位,目随手动。

3—4:右腿开始做 2 个向前柔软步,两臂做二手位,目随手动。

5—6:右腿开始做 2 个向前柔软步,两臂做三手位,目随手动。

7—8:右腿开始做 2 个向前柔软步,右臂侧平举,左臂上举,目视右手。

第二个 8 拍(3 个向前擦地、2 个向前点地,配五位手)

1—4:左腿支撑,右腿做 2 个向前擦地,右臂侧平举,左臂上举,目视右手。

5:左腿屈膝支撑,右腿向前擦地,右臂侧平举,左臂上举,目视右手。

6—7:左腿屈膝支撑,右腿前点地 2 次,右臂侧平举,左臂上举,目视右手。

8:两腿伸直,右腿收回,向左腿并拢,右臂侧平举,左臂上举,目视右手。

第三个 8 拍(4 个右侧柔软步、4 个左侧柔软步,配 5—7 位手)

1—2:右腿开始向右做 2 个侧柔软步,右臂上举,左臂侧平举,目视右前方。

3—4:右腿开始向右做 2 个侧柔软步,右臂前平举,左臂侧平举,目视右手。

5—6:右腿开始向左做 2 个侧柔软步,右臂侧平举,左臂前平举,目视左手。

7—8:右腿开始向左做 2 个侧柔软步,两臂侧平举,即七位手,目视左手。

第四个 8 拍(3 个右侧擦地、2 个右侧点地,配五位手)

1—4:左腿支撑,右腿做 2 个侧擦地,右臂上举,左臂侧平举,目视右下方。

5:左腿屈膝支撑,右腿向右侧擦地,右臂上举,左臂侧平举,目视右下方。

6—7:左腿屈膝支撑,右腿右侧点地 2 次,手臂同上,目视右下方。

8:两腿伸直,右腿收回,向左腿并拢,两臂成一位手,目视双手。

第五个 8 拍(6 个向后柔软步,配手臂绕环;2 个前点地)

1—3:右腿开始做 3 个向后柔软步,左手叉腰,右臂体侧划立圆,目随手动。

4:右腿支撑,左腿前点地,左手叉腰右臂上举,上体右转 90 度,目视前方。

5—7:左腿开始做 3 个向后柔软步,左臂体侧划立圆一周,目随手动。

8:左腿支撑,右腿前点地,两臂成三位手,目视前方。

第六个 8 拍(3 个向后擦地、2 个向后点地,配六位手)

1－4：左腿支撑，右腿做 2 个后擦地，右臂前平举，左臂侧平举，目视右手。

5：左腿屈膝支撑，右腿向后擦地，右臂前平举，左臂侧平举，目视右手。

6－7：左腿屈膝支撑，右腿后点地 2 次，手臂同上，目视右手。

8：两腿伸直，右腿收回，向左腿并拢，两臂成一位手，目视双手。

第七个 8 拍(8 个向前柔软步转体，配直臂摆)

1：右腿做 1 个向前柔软步，两臂伸直前后摆动。

2：左腿做 1 个向前右转 90 度柔软步，两臂伸直前后摆动。

3－8：同 1－2，唯 8 做向前柔软步。1－8 拍共右转 270 度。

第八个 8 拍(1 个向前小踢腿，5 个左弧线转 450 度柔软步，3 个原地踏步)

1：右脚跺地，左腿向前小踢腿，两臂腹前交叉后打开侧下举，掌心向前。

2－6：左腿开始左后弧线走 450 度，双手叉腰，上体向右拧转，目视前上方。

7－8：原地屈膝踏步 3 次，双手于右肩上方击掌 3 次。

第九至十六个 8 拍同第一至八个 8 拍，唯换左腿开始做。

二、足尖步组合

音乐：2/4 或 4/4 中速轻快、活泼音乐。

预备：右丁字步起踵立，两臂一位手。

第一个 8 拍(4 个向前足尖步，配两臂向外划立园，加上体波浪)

1－3：右腿开始向前 3 个足尖步，上体右转 90 度，两臂由一位手经七位手至三位手，目随右手动。

4：右腿并左腿，起踵立，上体左转 90 度回正，两臂三位手，目视双手。

5－7：同时缓慢屈膝下蹲，上体左转 90 度，做一上体向后波浪，两臂由三位手经七位手至一位手，目视左手。

8：双腿伸直，起踵立，上体右转 90 度回正，目视前方。

第二个八拍(3 个向前小踢腿、2 个向前弹踢腿，配六位手)

1－4：左腿支撑，右腿向前小踢腿 2 次，左臂前平举的六位手，目视左手。

5：左腿支撑，右腿向前小踢腿，左臂前平举，右臂侧平举，目视左手。

6－7：左腿支撑，右腿向前弹踢 2 次，左臂前平举，右臂侧平举，目视左手。

8：右腿收回并左腿成右丁字步，两臂成一位手，目视前方。

第三个 8 拍(5 个向右侧足尖碎步，配双臂体前绕；向前移重心，手臂波浪)

1－3：右腿开始向右侧做 5 个足尖碎步，双臂经右侧绕至三位手，目随手动。

4:右腿屈膝支撑,左腿伸直绷脚,右前方下举,双臂左侧下举,目视双手。

5—8:左腿向前移重心,右腿后点地,双臂经小腹前交叉后,向侧打开至右臂前上举,左臂侧平举,双臂波浪一次,同时上体向前波浪一次,目随右手动。

第四个 8 拍(3 个右侧小踢腿、2 个右侧弹踢,配五位手)

1—4:左腿支撑,右腿向右侧小踢腿 2 次,右臂上举的五位手,目视右下方。

5:左腿支撑,右腿向右侧小踢腿,右臂上举,左臂侧平举,目视右下方。

6—7:左腿屈膝支撑,右腿右侧弹踢 2 次,手臂同上,目视右下方。

8:右腿并左腿成右丁字步,起踵立,两腿伸直,两臂成一位手,目视双手。

第五个 8 拍(4 个向后足尖步,双手叉腰;前、后、右侧点地各 1 次)

1—4:右腿开始做 4 个向后足尖步,双手叉腰,上体向右转 90 度,目视前方。

5:左腿屈膝支撑,右腿伸直绷脚前点地,上体后倾向右拧转,目视前上方。

6:左腿屈膝支撑,右腿伸直绷脚后点地,上体前倾向右拧转,目视前下方。

7:左腿屈膝支撑,右腿伸直绷脚右侧点地,上体左转回正,目视前方。

8:右腿并左腿,两腿伸直并立,两臂成一位手,目视前方。

第六个 8 拍(3 个向后小踢腿、2 个向后弹踢,配六位手)

1—4:左腿支撑,右腿向后小踢腿 2 次,右臂前平举的六位手,目视右手。

5:左腿支撑,右腿向后小踢腿,右臂前平举,左臂侧平举,目视右手。

6—7:左腿支撑,右腿向后弹踢 2 次,右臂前平举,左臂侧平举,目视右手。

8:右腿并左腿成右丁字步,起踵立,两臂成一位手,目视双手。

第七个 8 拍(秧歌足尖步,4 个向前足尖步,配直臂摆)

1:右腿向左前方做 1 个足尖步,两臂伸直前后摆动。

2:左腿向后做 1 个足尖步,两臂伸直前后摆动。

3:右腿向右侧做 1 个足尖步,两臂伸直前后摆动。

4:左腿向右前方做 1 个足尖步,两臂伸直前后摆动。

5—8:右腿开始向前做 4 个足尖步,两臂伸直前后摆动。

第八个 8 拍(右腿划圈,配七位手致谢)

1—4:左腿屈膝支撑,右腿伸直绷脚,由前向右划圈至后点地,两臂体前交叉,掌心向上水平打开至侧平举,目视右手。

5—6:左腿屈膝支撑,右腿屈膝绷脚,收于左膝后,右脚尖点于左脚左后方,右手触左肩,左手背贴于腰部,上体前倾,目视前下方。

7—8:两腿伸直,右腿并左腿成右丁字步,起踵立,两臂成一位手。

第九至十六个8拍同第一至八个8拍，唯换左腿开始做。

第三节　艺术形体基本舞步

本节艺术形体基本舞步主要介绍弹簧步、变换步和华尔兹舞步。

一、弹簧步

弹簧步是单腿立踵舞姿及跳步的基础动作，包括普通的向前弹簧步、向侧弹簧步、侧交叉弹簧步以及前举膝弹簧步和跳的弹簧步等。配2/4或4/4拍音乐。(以向前弹簧步为例)(图8—3—1(1)—(4))

图8-3-1

(一)动作要领

1.预备姿势：双手叉腰，起踵立。

2.第一拍：右腿向前一步，由脚尖过渡到全脚掌柔软着地并稍屈膝，重心前移至右腿；左腿屈膝在后，脚踝放松，脚尖稍点地。

3.第二拍：右腿伸直并起踵立，左腿绷直前下伸。两腿交替进行。其他各种弹簧步要领相同，唯出步方向和举腿不同。

(二)动作要求

1.上步着地时，要从脚尖滚动式着地过渡到全脚掌柔和着地，膝关节被动弯曲，就像压弹簧一样，对抗性用力。步幅适中，重心起伏柔和、连贯。

2.主动蹬直支撑腿各关节时，起踵要高，保持稳定的重心，显示出动作的弹性。

3.腿和脚要有控制、有弹性地依次屈伸，就像弹簧一样伸缩很有弹性。

(三)练习方法

1.双手叉腰或扶把杆，原地练习单、双腿屈伸起踵立。

2.双手叉腰行进间练习向前、侧、侧交叉以及举膝和跳的弹簧步。

3.配合各种手臂动作练习各种弹簧步。

二、变换步

变换步是由两个柔软步、一个并步和一个变化步组成，配 4/4 拍音乐。变换步动作多样，包括向前变换步、向侧变换步、向后变换步、前举膝变换步、后举腿变换步、转体变换步、变换步跳和变换步跳转等。(以向前变换步为例)(图 8-3-2(1)—(5))

图 8-3-2

（一）动作要领

1.预备姿势：小八字站立。

2.第一拍：右腿向前（侧、后）做一柔软步（或屈膝柔软步，以加大幅度）。

3.第二拍：左腿并右腿，成左脚在后的三位脚。

4.第三拍：同第一拍，右腿继续做一柔软步。

5.第四拍：左腿伸直后（侧、前）点地或举腿等。做转体变换步时，此时右腿内（外）旋转，右脚前脚掌着地转动；做变换步跳时，此时右腿跳起；做变换步跳转时，此时做跳转动作。

（二）动作要求

1.动作顺序：柔软步－并步－柔软步－点地等，动作变化均在第四拍体现。

2.上体正直，收腹立腰，髋要摆正；动作连贯、舒展，四肢配合协调。

（三）练习方法：

1.双手叉腰分四拍练习普通变换步，掌握后分二拍练习。

2.掌握向前、侧、后变换步后，双手叉腰练习转、跳、跳转等变换步。

3.配合各种手臂动作练习各种变换步。

三、华尔兹

华尔兹有“舞中皇后”之美誉。她是由一个屈膝柔软步和两个足尖步组成，配3/4音乐。华尔兹具有轻盈飘逸、潇洒典雅、优美流畅等特点，动作形式变化多样，包括向前华尔兹、向后华尔兹、向侧华尔兹、折线华尔兹、转体华尔兹等。

（一）动作要领

1.向前（后）华尔兹

（1）预备：双手叉腰起踵立。

（2）第一拍：左腿向前（后）做一屈膝柔软步，重心前移至左腿。

（3）第二－三拍：左、右腿依次向前（后）做足尖步。

接着换右腿开始做，然后左右腿交替连贯做。

2.向侧华尔兹

（1）预备：双手叉腰起踵立。

（2）第一拍：左腿向左侧一步，左脚柔软着地并稍屈膝，重心左移至左腿。

（3）第二拍：右腿交叉于左腿左后方，做一足尖步，重心在右腿。

（4）第三拍：左腿向右腿靠拢做一足尖步。

接着换右腿开始向右侧做向右侧华尔兹，然后左右腿交替连贯做。

3. 折线华尔兹

(1)预备：双手叉腰起踵立，面向2点，即右前方45度。

(2)第一拍：左腿向2点做一向前屈膝柔软步，重心前移至左腿。

(3)第二拍：右腿继续向2点做一足尖步，重心移至右腿。

(4)第三拍：以右脚为轴，左转90度，即面对8点，左腿经过右脚内侧向前(即向8点)做一足尖步，重心移至左腿。

接着换右腿开始做向左前(即8点)折线华尔兹，然后左右腿交替连贯做。向后的折线华尔兹动作与向前的折线华尔兹相同，唯方向相反而已。

注意：第一拍总是左腿向右前(后)方出步或右腿向左前(后)方出步，第二拍继续沿行进方向出步，第三拍向出步腿的同侧转90度。

4. 转体华尔兹(以向前左转180度为例)

(1)第一拍：左腿向前做一屈膝柔软步，左脚着地时脚尖向左转60度，重心前移至左腿，并微向左侧倾斜。

(2)第二拍：右腿向前做一足尖步，右脚着地时脚尖向左转90度，左脚尖继续左转90度，重心移到右腿。

(3)第三拍：以右脚为轴继续左转30度，左腿向后做一足尖步，重心移至左腿。

接着换右腿开始做向后转体180度的华尔兹，然后重复循环沿直线做。

注意：向前进的步伐要大一点，向后退的步伐要小一点，即"进步要大的，退步要小的"，同时两脚底要灵活转动，要特别注意直线行进和二人的默契配合。

(二)动作要求

1. 重拍在第一步，第一步要柔软，且重心很快移至屈膝的腿上。

2. 向前、后、折线华尔兹的三步步幅均等，步幅适中。

3. 动作起伏自然、柔和、连贯，起伏明显。

(三)练习方法

1. 双手叉腰练习一个柔软步和两个足尖步的华尔兹。

2. 双手叉腰练习一个屈膝柔软步和两个足尖步的华尔兹。

3. 配合各种手臂动作练习向前、侧、后的华尔兹及交叉组合动作。

4. 叉腰练习向前、后的折线华尔兹，配合各种手臂动作练习。

5. 叉腰练习向前、后转体180度和360度的华尔兹，配合手臂动作练习。

6. 单人掌握各种华尔兹动作后，进行二人或多人集体配对交换练习。

第四节　艺术形体基本舞步组合

一、弹簧步组合

音乐:2/4 或 4/4 中速欢快、弹动音乐。

预备:右丁字步,起踵立,两臂成一位手。

第一个 8 拍(4 个向前弹簧步,配直臂前后摆动)

1—8:右腿开始做 4 个向前弹簧步,两臂伸直前后摆动,目视前方。

第二个 8 拍(4 个向前大踢腿,配六位手,斜上举手)

1:左腿支撑,右腿伸直绷脚,脚尖后点地,右臂前平举六位手,目视左手。

2:左腿支撑,右腿向前大踢腿,左臂前上举,右臂侧上举,目视前方。

3—8:3—7 同 1—2,8 还原成右丁字步,起踵立,两臂成一位手。

第三个 8 拍(4 个向右侧交叉弹簧步,配右手叉腰,左臂前后摆动)

1—8:右腿开始向右侧交叉弹簧步 4 个,右手叉腰,左臂前后摆,目视左手。

第四个 8 拍(4 个向右大踢腿,配两臂侧平举)

1:左腿支撑,右腿屈膝绷脚,脚尖左后侧点地,两臂侧平举,目视前方。

2:左腿支撑,右腿向右侧大踢腿,两臂侧平举,目视前方。

5—8:3—7 同 1—2,8 还原成右丁字步,起踵立,两臂成一位手。

第五个 8 拍(4 个向前举膝弹簧步,配六位手)

1—8:右腿开始做 4 个向前举膝弹簧步,配直臂六位手,目视前平举的手。

第六个 8 拍(4 个向后大踢腿,配一、三位手)

1:左腿支撑,右腿向后大踢腿,双臂由一位经二位至三位手,目视双手。

2:左腿支撑,右腿前点地,两臂还原至一位手,目视双手。

3—8:3—7 同 1—2,8 还原成右丁字步,起踵立,两臂成一位手。

第七个 8 拍(4 个向前举膝弹簧步跳,配五位手)

1—8:右腿开始做 4 个向前举膝弹簧步跳,配直臂五位手,目视上举手。

第八个 8 拍(4 个向右侧弹簧步,配右手叉腰,左臂直臂体前绕环)

1—4:右腿开始做 4 个向右侧弹簧步,右手叉腰,左臂体前绕环,目视左手。

5—6:右腿向前一步,左腿后点地,两臂向内绕至侧上举,目视前上方。

7—8:左转 180 度,右腿并左腿成丁字步,起踵立,两臂成一位手。

第九至十六个 8 拍同第一至八个 8 拍，唯换左腿开始做。

二、变换步组合

音乐：4/4 中速抒情、典雅音乐。

预备：右丁字步立正，两臂侧平举。

第一个 8 拍（1 个向前变换步，配一位、六位手；2 个小踢腿）

1—4：右腿向前变换步 1 个，左腿后点地，两臂经一位至六位手，目随手动。

5—8：右腿支撑，左腿向后小踢腿 2 个，左臂在前的六位手，目视前方。

第二个 8 拍同第一个 8 拍，唯换腿做。

第三个 8 拍（1 个向右侧变换步，配一位、五位手，2 个向左侧弹踢腿）

1—4：右腿开始做 1 个向右侧变换步，两臂经一位至左臂上举的五位手。

5：右腿屈膝支撑，左腿屈膝绷脚面收于右腿后，配一位手，目视双手。

6：右腿伸直，起踵立，左腿向左侧弹踢，两臂侧平举，目视前方。

7—8：同 5—6。

第四个 8 拍同第三个 8 拍，唯换腿做。

第五个 8 拍（1 个向后变换步，配一臂前下举，一臂后上举，3 个前点地）

1—4：右腿开始做 1 个向后变换步，"4"右腿屈膝支撑，左腿伸直绷脚面，脚尖前点地，上体稍后倾，右臂前下举，左臂后上举，两掌心向下，目视右手。

5—7：保持 4 的姿势，左腿前点地 3 个。

8：右腿伸直支撑，左腿并右腿成右丁字步，两臂成一位手，目视双手。

第六个 8 拍同第四个 8 拍，唯换腿做。

第七个 8 拍（1 个向前举膝变换步，配六位手；起踵压脚跟）

1—4：右腿开始做 1 个向前变换步，"4"右腿直腿支撑，起踵立，左腿屈膝外旋绷脚面，前平举，右臂前平举，左臂侧平举，目视右手。

5—8：右脚 2 拍一动向下压脚跟 2 次，其余保持原有姿态。

第八个 8 拍同第七个 8 拍，唯换腿做。

第九个 8 拍（1 个向前的后举腿变换步，配五位手；后举腿，起落踵）

1—4：右腿开始做 1 个向前变换步，"4"右腿直腿支撑，起踵立，左腿屈膝绷脚面，向后平举，左臂上举，右臂侧平举，目视右手。

5：右腿屈膝支撑，左腿靠右腿，两臂还原成一位手，目视右手。

6：同 4。

7—8：同 5—6。

第十个 8 拍同第九个 8 拍，唯换腿做。

第十一个 8 拍(2 个转体变换步,转体配一位、二位、三位手)

1—4:右腿开始做 1 个向前变换步,“4”右腿直腿支撑起踵立,右转 180 度,左腿直腿绷脚向前摆起至最高点后,脚尖带动向内旋转 180 度,成向后举腿,两臂由一位经二位至三位手,目视前方。

5—8:左腿开始做 1 个向后变换步,“4”左腿直腿支撑起踵立,右转 180 度,右腿直腿绷脚向后摆起至最高点后,脚尖带动向外旋转 180 度,成前举腿,两臂由一位经二位至三位手,目视前方。

第十二个 8 拍(向后划圈)

1—2:左腿屈膝支撑,右腿直腿绷脚,脚尖前点地,两臂直臂腹前交叉,掌心向下,上体微向左倾斜,目视双手。

3—7:左腿屈膝支撑,右腿向外划圈至后点地,两臂水平向外打开至侧平举。

8:左腿伸直,右腿并左腿成左丁字步,两臂成一位手。

第十三至十四个 8 拍同第十一至十二个 8 拍,唯换腿做。

第十五个 8 拍(2 个后举腿变换步跳,配一位、五位手)

1—8:同第九个 8 拍 1—8,唯“4”和“8”为单腿起跳。

第十六个 8 拍(变换步跳转)

1—8:同第十一个 8 拍 1—8,唯“4”和“8”为单腿起跳。

三、华尔兹组合

1.单人华尔兹组合

音乐:3/4 中速抒情圆舞曲。

预备:右丁字步,起踵立,两臂一位手。

第一个 3 拍(1 个向前华尔兹,配一臂侧平举,一臂体前绕)

1—3:左腿开始做 1 个向前华尔兹,左臂侧平举,右臂体前绕,目视摆动手。

第二个 3 拍同第一个 3 拍,唯换右腿开始做。

第三个 3 拍(1 个向左侧华尔兹,配五位手)

1—3:左腿开始做 1 个向左侧华尔兹,左臂侧平举,右臂上举,目视右上方。

第四个 3 拍同第三个 3 拍,唯向右侧做。

第五个 3 拍(1 个后退华尔兹,转上体,两臂侧平举摆动波浪)

1—3:左腿开始做 1 个向后华尔兹,上体左转 90 度,两臂侧平举,目视右手。

第六个3拍同第五个3拍，唯向右做。

第七至八个3拍同第三至第四个3拍。

第九个3拍(1个向前右折线华尔兹，双手叉腰)

1—3：左腿开始向右前方做1个“之”字步，双手叉腰，目视左前下方。

第十个3拍(1个向前左折线华尔兹，双手叉腰)

1—3：右腿开始向左前方做1个“之”字步，双手叉腰，目视右前下方。

第十一至十二个3拍同第九至十个3拍。

第十三个3拍(移重心，右点地造型)

1—3：左腿支撑，右腿右侧点，上体向右侧弯曲，左臂上举，右臂前平举。

第十四个3拍同第十三个3拍，唯相反做。

第十五个3拍(1个向前左转180度转体华尔兹)

1—3：左腿开始向前做左转180度转体华尔兹，两臂经一位、二位至三位手。

第十六个3拍(1个向后左转180度转体华尔兹)

1—3：右腿开始向后做左转180度转体华尔兹，两臂侧打开至七位手。

第十七至二十四个3拍同第一至八个3拍。

第二十五个3拍(1个向后右折线华尔兹，双手叉腰)

1—3：左腿开始向右后方做1个“之”字步，双手叉腰，目视右前下方。

第二十六个3拍(1个向后左折线华尔兹，双手叉腰)

1—3：右腿开始向左后方做1个“之”字步，双手叉腰，目视右前下方。

第二十七至二十八个3拍同第二十五至二十六个3拍。

第二十九至三十个3拍同第十三至十四个3拍。

第三十一个3拍(1个向后右转180度转体华尔兹)

1—3：左腿开始向后做右转180度转体华尔兹，两臂落于体侧。

第三十二个3拍(1个向前右转180度转体华尔兹)

1—3：右腿开始向前做右转180度转体华尔兹，两臂由一位经二位至三位手。

2. 双人及双人以上集体华尔兹组合

音乐：交换舞伴。

预备：A在B的左边，同向、并肩而立。

第一个3拍(起始动作)

A1：右手五指并拢，掌心向上，手臂伸直上抬至前平举，目视右手。

B1：左手五指并拢，掌心向下，与A合掌，直臂上抬至前平举，目视左手。

第二个3拍(起始动作)

A1:起踵立,左手五指并拢,掌心向上,经前平、侧平举至手背贴于腰部。

B1:起踵立,右手五指并拢,掌心向上,经前平、侧平举至手背贴于腰部。

第三一四个 3 拍(2 个向前华尔兹,一臂前平举,另一手背贴腰)

A1:左腿开始向前 2 个华尔兹,上体保持不变,目视前方。

B1:右腿开始向前 2 个华尔兹,上体保持不变,目视前方。

第五个 3 拍(1 个向外侧移重心)

A1:左腿向左做一左侧移重心,右手拉住 B 左手,两臂成侧平举,目视对方。

B1:右腿向右做一右侧移重心,左手拉住 A 右手,两臂成侧平举,目视对方。

第六个 3 拍(A 向右侧华尔兹,B 向左前方左转 180 度华尔兹)

A1:右腿向右侧 1 个华尔兹,双手虎口向上腹前与 B 手拉手面对面,目视 B。

B1:左腿向左前方做 1 个左转 180 度华尔兹,与 A 面对面,手拉手,目视 A。

第七个 3 拍(1 个侧华尔兹,A 配六位手,B 配三位手)

A1:左腿开始向左侧 1 个华尔兹,左臂侧平举,右臂搂 B 腰,目视对方。

B1:右腿开始向右侧 1 个华尔兹,两臂向侧打开,上举至三位手,目视对方。

第八个 3 拍同第七个 3 拍,唯相反做。

第九个 3 拍(A 向前右折线华尔兹,B 向后左折线华尔兹)

A1:左腿向右前方做 1 个折线华尔兹,左手指向上屈臂侧平举,右臂搂 B 腰。

B1:右腿向左后方做 1 个折线华尔兹,右手与 A 左手互握,右臂架于 A 臂上。

第十个 3 拍同第九个 3 拍,唯左右互换做。

第十一个 3 拍(A 向右前方做左转 180 度华尔兹,B 右侧华尔兹)

A1:左腿开始向右前方做 1 个左转 180 度华尔兹,背对圆心位于 B1 左侧,B2 右侧,两臂伸直贴于体侧,目视前方。

B1:右腿开做 1 个右侧华尔兹,双手相叠,手背贴于腰部,目视前方。

第十二个 3 拍(1 个后退华尔兹)

A1:右腿开始做 1 个后退华尔兹,上体保持不变,目视前方。

B2:左腿开始做 1 个后退华尔兹,上体保持不变,目视前方。

第十三一十四个 3 拍(2 个向前华尔兹)

A1:左腿开始向前2个华尔兹,左手五指并拢,掌心向上,直臂上抬至前平举,右手五指并拢,屈肘,手背贴于腰部,目视前方。

B2:右腿开始向前2个华尔兹,右手五指并拢,与A1合掌,左手五指并拢,屈肘,手背贴于腰部,目视前方。

第十五个3拍(A向前左转180度华尔兹,B小幅度向前华尔兹)

A1:左腿向前做1个左转180度华尔兹,与B2面对面,双手互握,目视对方。

B2:右腿开始做1个小幅度向前华尔兹,与A1面对面,双手到握,目视对方。

第十六个3拍(A1右侧华尔兹,B2向前左转180度华尔兹)

A1:右腿开始做1个右侧华尔兹,左臂上举,手指向下牵住B2右手指于左上方逆时针画一圈后,落于B2腰左侧,右手握住B2左手于腹前,目视对方。

B2:左腿向前做1个左转180度华尔兹,位于A1左侧,右臂胸前屈肘手指向上,拉住A1左手向左画弧线后落于腰左侧,左手于腹前握住A1右手,目视对方。

第十七个3拍(1个外摆腿后退华尔兹)

A1:左腿后退,右腿外摆向后华尔兹,双手交叉互握,四目相对后再向前看。

B2:右腿后退,左腿外摆向后华尔兹,双手交叉互握,四目相对后再向前看。

第十八个3拍(1个向前华尔兹)

A1:右腿开始做1个向前华尔兹,双手交叉互握,目视前方。

B2:左腿开始做1个向前华尔兹,双手交叉互握,目视前方。

第十九个3拍同第十七个3拍(1个外摆腿后退华尔兹)。

第二十个3拍(1个向外侧移重心)

A1:右腿开始做1个向右侧移重心,上体左侧屈,两臂侧平举,目视对方。

B2:左腿开始做1个向左侧移重心,上体右侧屈,两臂侧平举,目视对方。

第二十一个3拍(1个侧交叉步)

A1:左腿向右做1个右交叉步,配六位手水平摆动,目视右手。

B2:右腿向左做1个左交叉步,配六位手水平摆动,目视左手。

第二十二个3拍(1个侧移重心)

A1:右腿开始做1个向右侧移重心,两臂经一位至六位手,目视右手。

B2:左腿开始做1个向左侧移重心,两臂经一位至六位手,目视左手。

第二十三个3拍(1个向前华尔兹)

A1:左腿开始做1个向前华尔兹,左臂体前绕一周,右臂侧平举拉B3左手。

B3:右腿开始做1个向前华尔兹,右臂体前绕一周,左臂侧平举拉A1右手。

第二十四个3拍(A做1个侧华尔兹,B左转360度华尔兹)

A1:右腿开始做1个右侧华尔兹,左臂侧平举,右手拉B3左手,目视B3。

B3:左腿左转360度华尔兹于A1体前,双手体前交叉与A1互握,目视前方。

第二十五个3拍(1个向侧弓步移重心)

A1:左腿向左一步移重心成左侧弓步,上体右转90度,目视对方。

B3:右腿向右一步移重心成右侧弓步,上体左转90度,目视对方。

第二十六个3拍(1个侧华尔兹)

A1:右腿开始,在B3身后做1个右侧华尔兹,位于B3右侧,目视对方。

B3:左腿开始,在A1身前做1个左侧华尔兹,位于A1左侧,目视对方。

第二十七个3拍(1个外摆后退华尔兹)

A1:左腿后退,右腿外摆后退华尔兹,左右手于腰后握B3左右手,目视对方。

B3:右腿后退,左腿外摆向后华尔兹,左右手于腰后握B3左右手,目视对方。

第二十八个3拍(1个向前华尔兹)

A1:右腿开始做1个向前华尔兹,双手握法不变,目视前方。

B3:左腿开始做1个向前华尔兹,双手握法不变,目视前方。

第二十九个3拍同第二十七个3拍(1个外摆腿后退华尔兹)。

第三十个3拍(1个转体360度华尔兹)

A1:右腿开始做1个向右侧转体360度的华尔兹,配七位、二位、七位手。

B3:左腿开始做1个向左侧转体360度的华尔兹,配七位、二位、七位手。

随着舞曲循环往复下去。

学习思考题

1. 艺术形体的基本步法有哪些?分别阐述这些基本步法的动作要领。

2. 分别将艺术形体基本步法配合手臂和躯干动作编排八个8拍的基本步法组合。

3. 艺术形体的基本舞步有哪些？分别阐述这些基本舞步的动作要领。

4. 分别将艺术形体基本舞步配合手臂和躯干动作编排八个8拍的基本舞步组合。

5. 编排十六个8拍的华尔兹团体舞组合。

推荐书目及网站

[1]刘志红. 形体训练教程(第二版)[M]. 北京:高等教育出版社,2009.7.

[2]段黔冰. 形体训练. [M]. 北京:科学出版社,2008.8.

[3]向智星. 形体训练(第二版)[M]. 北京:高等教育出版社,2004.3.

[4]张美江等. 形体美训练教程[M]. 上海:华东师范大学出版社,2009.

[5]赵晓玲等. 中国科学院教材建设专家委员会规划教材——形体训练(第三版)[M]. 北京:科学出版社,2012.6.

[6]http://rg.sport.org.cn/news/videos/index.html

[7]http://www.zhwdw.com/wdjx/zhishi/wdcs/81472.shtml

[8]http://v.youku.com/v_show/id_XMzAyNDc5MDAw.html

[9]http://www.56.com/w45/play_album-aid-9219722_vid-MzMxNDQxMzQ.html

第九章 艺术形体轻器械训练

本章导读 艺术形体轻器械训练是指练习者运用轻器械的长度、重量、性能和形态等特点进行摆动、绕环、转动、滚动、拍击、抛接等动作，使器械运动与身体动作融为一体，将器械成为手臂的延伸，加大动作幅度和运动强度，增强动作节奏和美感。本章重点介绍绳、圈、球和纱巾的性能、基本技术和练习方法。

第一节 绳

绳是一种软轻器械，绝大多数人都接触过绳，如跳绳活动。跳绳可以锻炼和增强人的心肺功能和弹跳能力，培养和提高动作的节奏感和协调性。艺术形体组合中的绳操不仅包括各种大跳和有节奏的小跳，而且还有各种摆动、绕环、∞字动作的变化以及抛接动作，与各种舞步、跳跃和转体结合，形成活泼欢快的动作和节奏，使弹跳、耐力、节奏感、协调性以及速度、灵活性等得到充分的发展。

一、握绳方法

用食指和拇指握住或食指和中指夹住绳结头下部 2－3cm 处，绳结头在手心悬空，手腕放松。随绳形的变化握绳方法有多种，可用两手握绳两端，或单手握单绳、二折、三折、四折的绳端，或双手握二折、三折、四折绳两端，或双手握绳中部，或一手握绳一端，另一手握绳中部等。

二、绳的基本动作

(一)摆动

1. 动作方法:双手握绳向前、后摆绳;双手握绳经上或下向左、右摆动,或经体前在水平面上向左右摆动;单手握双绳向前后、左右及水平方向摆动。

2. 动作要领:所有摆动均以肩为轴提绳摆动,手臂经体前下、侧下时稍屈肘,避免绳触地。绳上摆至极点时,直臂伸肩,充分拉开;摆中绳始终保持U形。向前后左右摆动至极点时,绳应充分拉直成为手臂的延长线,而摆动的力量则通过手指传到绳的全部长度上,使绳硬、直且有速度;摆绳力量要柔和、顺势,用力节奏与绳的运动速度吻合,保持正确的绳形。

3. 练习方法:先原地双手握绳垂直面上向前后、左右摆绳,再结合移重心练习;双手握绳在垂直面上向前、后摆转体180度;侧交叉步时,垂直向左、右摆绳;水平面上的左、右摆绳接缠腰;在体前经下向左、右摆绳接大绕环及平转。

(二)绕环、∞字动作和小五花

1. 绕环:双手或单手握绳可在不同面上,向不同方向做各种绕环。

(1)动作方法:绕环分为大绕环、中绕环和小绕环。大绕环是以肩关节为轴,握绳在不同面上向各种方向做直臂绕环动作。中绕环是以肘关节为轴,握绳做屈臂绕环动作。小绕环是以腕关节为轴,握绳所做的绕环动作。

(2)动作要领:绕环时肩(肘、腕)关节要放松,绳要拉直,并保持正确的绳形,且要在空中的一个平面上转动绕环,环面平正,不可触地。

2. ∞字:连续在两个不同面上的绕环形成∞字动作。

(1)动作方法:∞字动作是在不同部位(如左和右、前和后、上和下)连续做绕环,形成∞字形,如体侧∞字,水平∞字,体前后∞字。

(2)动作要领:∞字动作应在两个对称的平面上进行,体侧和体前后的∞字动作应贴近身体绕立圆;水平面的∞字动作应结合上体水平绕环,上大下小;∞字动作的部位应准确,体侧和体前后∞字须经正上方再换方向。绕环时保持正确的绳形,绳的顶端要以最大的幅度划圆。

3. 小五花:双手握绳中段,使绳两端依次绕∞字的动作形成小五花。

(1)动作方法:双手握绳中段或靠近中段部位,两臂上举或前举,双手腕交叉(左手在上),由左手开始在右侧做向前垂直小绕环至向上时,右手开始在右侧向前垂直小绕环,同时左手在左侧做向前的垂直小绕环,双手腕也随着移动至右手在上交叉,两段绳成一直线;双手上举交叉做体前后依次绕∞字,动作方法同A,唯在头和上体前后进行。

(2)动作要领：双手交叉上下转动的同时，两臂成180度，依次做垂直绕∞字，绳两端始终保持一直线等速转动。

(3)练习方法：原地进行单方向的各种绕环、绕∞字和小五花练习；然后结合走、跑、跳、波浪、转以及地滚动作进行练习等。

(三)摆动和绕环的变化形式

在摆动和绕环中有各种形式的缠绕、换握和穿过绳动作，构成绳操小巧连接。

1. 缠绕：绳在绕环中贴身缠绕在腰、腿、臂以及颈部，是软器械的特点。

(1)动作方法：双手握绳做一水平大绕环一周，同侧手臂上举停止旋转，异侧手臂随绳继续旋转贴在对侧腰或大腿侧，绳借惯性缠绕在腰部或腿部。

(2)动作要领：在缠绕动作前所做的绕环或摆动速度要快，幅度要大，缠绕时手停止转动，绳借惯性继续旋转；缠绕动作之后应连接相反方向的旋转动作，使绳自然地离开身体继续运动。单手握绳摆接缠绕时，手贴在被缠绕的肢体上(缠臂时手臂小绕)。

(3)练习方法：原地练习双手握绳或单手握二折绳上水平绕环接缠腰、缠腿；结合平转练习前面动作；体侧∞字接缠一臂，再反向绕环等。

2. 换手摆动和绕环：在摆动和绕环时，绳由一种握法换为另一种握法要顺势、自然。换握的方法有交换握、滑握、脱手再握和回摆再握。

(1)动作方法：

A. 交换握：单手握折绳在水平摆动中体前后(颈前后、膝前后)两手交换握绳；单手握折绳在绕∞字或水平大绕环中另一手接一头成两手握绳继续绕环；两手握绳绕环或∞字绕环中两手靠近左手绳头给右手(或相反)成右手握双绳继续绕环。

B. 滑动换握：换握时沿着绳下滑到适当的位置后握紧的动作。由双手握绳换至双手握三折绳两端；由单手握绳一端换成一手握绳头另一手握中段。如右手握单绳由右向左摆时，左手向右用拇指和食指夹绳向左摆臂滑至绳中段握紧。

C. 脱手再握：单手或双手握绳做绕环缠绕腰(腿、肩、臂)，松手后从相反方向握绳的动作。

D. 回摆换握：单手握单绳在绕环中沿直线摆臂，绳由弧线运动转变为瞬时直线运动后产生反弹回摆中所做的换握动作。

(2)动作要领：握绳时应用拇指、食指和中指相对握绳头，若换握时握绳的位置不准确，接绳后应顺势快速滑至绳头；各种换握应顺着绳运动的惯性快速进行，换握时持绳手主动交绳，握绳手快抓并顺势快摆，切不可在换握时中断或改变绳的运动方向;脱手再握动作要求握绳手贴身缠绕至极限后再松手,从另一方向快速而准确地接绳头;空中回摆动作是在绳的绕环中由弧线改变为直线运动(即经体侧时屈肘,直接向前伸臂),使绳产生瞬时直线运动,绳被拉直,随着绳头的回摆,持绳手向后轻拉绳,使绳按所需角度返回而准确地接绳;绳在地上反弹回摆是利用绳在绕环摆动中获得的运动速度,加手臂下沉的力量打击到地面获得反弹向上的力量,加手臂向上提的牵引力量,使绳经地面反弹入空中准确地接绳。

(3)练习方法:先练习换握的手法,再结合简单的绕摆练习,进而结合各种身体动作进行练习,使各类型动作通过换握改变方向,变换绳形,组成各种巧妙的动作组合。

3.穿过绳:双手握单绳或二折、三折、四折绳两端,在摆动中身体从绳中穿过的动作。

(1)动作方法:双手握绳摆动,两腿依次穿过绳;双手握二折或三折、四折绳两端,由上举开始,摆动穿过绳;双手握绳水平摆动,后腿穿进绳。

(2)动作要领:身体穿过绳是在摆绳或绕环中顺势进行的,身体要尽量通过弯曲腿和躯干来缩小半径,而摆绳则要直臂伸肩尽量向远拉长半径,使身体从绳中穿过而不触及绳。穿过时,不要中断绳的摆动节奏或破坏绳的基本形态;穿过绳时,绳和身体做反向运动,以达到加快穿过速度的目的,同时身体的屈、伸和摆动也要快速用力。

(3)练习方法:由仰卧练习单、双腿向前、后,屈腿和直腿穿过,到直腿坐练习,再到站立练习前面动作;结合复杂的身体弯曲和转动练习穿过绳动作。

(四)跳绳

跳绳是绳操中不可缺少的典型动作,有各种大跳过绳,也有各种节奏的小跳过绳动作。艺术形体中的跳绳是用手指握绳,直臂摇绳,每次脚离地前用前脚掌有弹性地蹬跳,脚离地后,立即绷直脚面,两腿在空中可变换各种姿态,绳始终保持U形不触地、不变形。包括前、后、侧摇跳和双、三摇跳及交叉臂摇跳。

1.动作方法:前摇跳是双手握绳直臂侧举,绳在体后,拇指与食指握绳头,以手腕为轴由后经上向前下摇绳做双脚依次跳过、双脚并腿跳过、单脚跳过、双腿屈膝交换跳过、双腿直膝交换腿跳过、大分腿跳过以及各种跨步跳过等动作。

2.动作要领:小幅度的前、后、侧摇小跳均直臂侧举,以手腕为轴,用手带动摇绳;大幅度的前、后、侧摇跳(如各种跨跳),均以肩为轴的直臂绕环;双手握二折、三折、四折绳两端做各种屈腿屈体跳过绳时,均以肩为轴直臂大绕环，身体尽量弯曲缩短半径，绳经下跳过时快速摆臂屈体，经上时转肩；交叉臂摇绳时双臂在体前交叉至双手侧举，摇绳时肩、肘、腕放松。各种跳绳动作均要注意摇绳节奏与跳起节奏的配合，优美姿态与变换节奏的巧妙结合，且脚落地轻，绳不触地，保持U形。

3.练习方法：前、后二摇一跳（双腿同时、双腿依次、单腿）；前、后屈腿跳；钟摆式前后摆一次跳二次；前、后摇屈膝或直腿交换腿跳。

（五）抛接绳

抛绳一般在绕绳或跳绳中进行，接绳时可接绳头或绳中。

1.绕绳抛接

（1）动作方法：单手握二折绳在体前、后、侧绕绳，做抛绳动作；双手握单绳绕环或做小五花抛绳动作。

（2）动作要领：抛绳前的各种绕环均要动作连贯、绕环方向正、速度快、节奏好、绳直；在最后一周小绕环时顺势屈、伸臂，并配合蹬腿伸腰和协调用力，正好在绳绕至垂线前全身蹬直，沿绳出手时的切线方向加力，使绳抛得更高；绳出手的瞬间伸臂、伸腕、伸指，使绳头从手中被拉出去；五花绕绳或一手握绳头、一手握中段小绕抛绳时，一臂向前（侧）上伸臂推出，一臂向后（侧）下方推，绳在空中伸直翻转；绳在手中或空中应始终保持拉直的形态。

（3）练习方法：原地练习各种小绕抛、绕∞字抛绳动作；结合足尖步、小跑步和各种身体动作练习绕绳高抛。

2.摇绳跳抛动作

（1）动作方法：前摇跳抛、后摇跳抛。

（2）动作要领：前、后摇跳节奏好，姿态正确；当绳摇至接近垂直时，双臂突然上举，改变绳的运行方向，绳沿切线方向抛出，并在空中顺势翻转中保持正确的绳形；摇绳时把绳甩直，出手时绳头从手中被拉出；接绳时伸臂，在前上方握绳两端或绳中段继续下摆跳过或侧摇。各种小绕环和绕∞字是绕环抛的基础，绕环快速而有节奏是形成抛绳高度和远度的先决条件，绕环的面及出手时手臂摆、手指伸展的正确方向决定了抛物线的方向。

（3）练习方法：跳抛的基础是向前和向后摇的各种小跳，在熟练掌握各种跳绳的基础上练习以下动作：前摇双脚依次跳过向前上抛绳，双手或单手接绳头或绳中继续前摇跳抛或做小五花、平转、向前滚动低姿接绳；向前双摇跳抛，双手接绳头前摇跨跳；前摇跨跳前上抛，前滚翻蹲立，双手接绳中段；后摇双脚依次跳过向后上方抛绳，接转体双手接绳头或绳中段，前摇小跳或跨跳或向前垂直绕或五花绕。各种抛绳动作应结合接绳动作练习，低姿接绳是高难度动作，接绳后应不停顿地继续摇跳或绕摆。

第二节 圈

圈是一个圆环，在空中有浮动和飘的感觉，它与人体的协调配合可构成优美造型。艺术形体组合中圈可在地上或身上做各种滚动和转动，还可结合身体的各种起伏、波浪和移动，做各种摆、绕环、∞字、抛接、翻转、跳或穿过圈等动作。用圈做动作在动力、幅度和完成速度之间要求密切联系。艺术形体训练或表演时用的圈可以是艺术体操的比赛用圈，也可以用呼啦圈、健身圈等替代。

一、握圈方法

用圈做动作可单手握，也可双手握，握圈时用拇指和其余四指相对轻轻扣住圈边缘，不要握得太死，要能在动作中自如地变换各种握法即可。

1. 正握：掌心向下，从上往下握圈。

2. 反握：掌心向上，从下往上握圈。

3. 内侧握：掌心向外，从内向外握圈，使小手指在上，大拇指在下。

4. 外侧握：掌心向内，从外向内握圈，使小手指在下，大拇指在上。

5. 混合握：双手用不同握法握，如双手一正一反或一手从内握一手从外握。

二、圈的基本动作

（一）摆动

1. 单（双）手握圈摆动：是连接各类动作的基本方法。

（1）动作方法：双手握圈摆动（双手外侧握圈，向前后、左右及水平方向摆动）；单手正握或反握摆动（单手握圈经下或上向左右或前后摆动、水平、背后向侧摆）。

（2）动作要领：圈作为手臂的延伸，在摆动时以肩为轴，上摆时直臂加速用力，下摆时放松地借惯性向下，经下时屈臂，圈不触地；整个动作应放松而有节奏，快速而又流畅；摆动中手腕正直，顺惯性方向转动圈，以保持圈的平正，并准确地在额状面、矢状面和水平面上移动。

（3）练习方法：单（双）手握圈，结合上体向前、后、侧弯曲或扭动，向前、后、侧、下或水平方向摆动圈；结合移重心和小跳动作摆动圈；单手握圈结合转体做水平摆动圈；在摆动中换握圈和抛接圈。

2.摆动中穿过圈

(1)动作方法:双手水平上举圈,身体由上向下穿进,向上穿出;单手握圈下摆,身体由上向下穿进,双脚依次向后套出或前腿穿进,侧举腿穿出。

(2)动作要领:在摆动中穿过圈的动作应连贯圆滑,上体穿过时应通过身体弯曲缩短半径,使身体不触及圈,而穿过腿时应直臂向远伸圈,直腿大幅度地穿进穿出,以形成优美的舞姿。

(3)练习方法:结合摆腿、跳步动作摆动圈穿进穿出;身体在向前、后滚动中摆动圈穿过。

3.摆动中双手交换握圈(指传递式交接)摆动

(1)动作方法:前、后摆动握换(前摆、经下向后摆、经上向后摆换接);左右侧摆换握(体前侧摆、经上侧摆、背后垂直旋转换接);水平摆动换握(水平摆动头上、肩上、腰间、膝前后换接)。

(2)动作要领:摆动应在一个面上进行,圈无颤动;根据动作需要,采用不同换握法,换握时间要有利于顺势下摆,一般在上摆过极点后,开始下摆的瞬间换接。手握在运动方向一侧,双手靠近;换握应在摆动中不停顿、有节奏地顺势进行,握圈时以手指中节勾住圈,边顺势下摆边握紧。

(3)练习方法:原地前、后、左、右摆动换握,配合两腿弹性屈伸练习;一手握圈做体侧垂直大绕环一周接体后另一手换接,顺势前摆;体侧大∞字换手绕环;结合各种跳步、转体和地上滚动等动作换握圈;连续各种绕摆换接的联合动作;结合身体波浪、转体、跳跃等动作练习体后侧摆垂直转换握圈。

4.摆动中脱手交换握圈

(1)动作方法:在摆动中松手,换另一手接圈的动作,如体前垂直大绕环经脱手换接、腰间或肩上向内水平摆动脱手再接、腰间向外水平摆动脱手换接等。

(2)动作要领:握圈摆动时圈面平正,绕摆有一定速度,手指有被拉紧的感觉,松手时圈从手指平稳地滑出,一般要摆至极点再脱手。接圈时要从圈运动的相反方向伸手接圈,握圈时手指扣紧,顺势继续做绕或摆。换接动作要求不中断圈的运动轨迹,不破坏动作节奏,顺势、快速、准确地换接。在不同的动作中换接,要注意换接的时间、握圈的位置、手型以及换接后的动作路线等必须符合圈的运动轨迹,符合力学原理和人体解剖结构。要以最合理的时间、位置、路线、方法完成动作,才能达到自然和灵巧。

(3)练习方法:先学会各种换接的手法,再加摆动绕环进行练习,进而结合其他身体动作,在各种走、跑、跳、转等动作中运用这些技术。

(二)绕环和∞字动作

1.绕环

(1)动作方法:单手握圈,直臂或屈臂在水平面和垂直面上做的绕环。如单手握圈水平大绕环、单手握圈体前垂直绕环、单手握圈体侧垂直绕环等。

(2)动作要领:握圈大绕环是以肩为轴,直臂做大幅度的绕环。做垂直绕环时,圈要贴身在额状面或矢状面上运动,经后时要主动转肩,手向远伸划大圆。在大绕环时,手握圈绕半圈,另外半圈手指伸直,圈在虎口处沿手心、手背转动一周,此时手指尖稍偏斜向侧(体侧绕环)或向前(体前绕环)或向上(水平绕环)。握圈大绕环配合上体的同方向绕环和转动,以增加动作幅度,使全身协调配合。

(3)练习方法:单手握圈练习各种摆动动作;原地练习方向的大绕环;配合各种身体动作练习大绕环,如单手握圈向侧移重心体前垂直绕环、跪立水平大绕环、小跑中水平大绕环、单脚转体水平大绕环等。

2.∞字动作

(1)动作方法:单手握圈体前后∞字、单手握圈体侧∞字、水平∞字等。

(2)动作要领:做体前后∞字和体侧∞字动作应屈臂绕环,手腕随绕环灵活地转动,使圈面始终与身体平行,绕立圆旋转,在绕环中手指放松勾住圈。做上下水平∞字动作时,上水平绕环应直臂以肩为轴在头上做水平大绕环,结合上体的水平大绕环,下水平绕环在体前进行,以手腕为轴,手主动握圈在体前做小绕环,配合上体含胸前屈动作,要求圈面成水平,上大下小两环对比鲜明,身体动作成螺旋形波浪动作。各种∞字动作应圆滑、连贯、有节奏。

(3)练习方法:先原地练习体前后和体侧的∞字动作,再结合双腿的弹性屈伸,进而结合各种身体动作练习∞字动作,如侧波浪体前后∞字、侧交叉步体前后∞字、足尖步体侧∞字、身体向前波浪体侧∞字、螺旋波浪水平∞字等。

(三)转动圈

1.绕手(脚、腰)转动圈

(1)动作方法:单臂前举、侧举转动圈、单(双)臂上举水平转动圈、单臂体前水平转动圈、腰间水平转动圈、绕单腿水平转动圈等。

(2)动作要领:

A.绕手旋转圈:利用伸指转腕的力量开始起动产生旋转,圈绕拇指和食指及手掌手背旋转,根据在身体不同部位旋转圈的需要灵活地变换旋转轴,如由上水平旋转到体前水平旋转,圈就要由绕手掌经过拇指再到手掌的变化过程,在改变旋转轴的过程中,圈应有节奏地连续旋转。

B.绕腰旋转:是通过双手水平摆动拨圈产生动力,圈贴腰进行水平旋转。

一般旋转 3—4 圈后转速下降,可用单手在髋旁握圈经上或下做套出动作。

C. 绕脚或腿旋转:圈往往借助正在旋转的动力,脚顺势快速而准确地伸进圈,变成以踝或腿为支点的旋转。此动作常在平衡动作中进行。

D. 脚拨圈水平旋转:从静止开始,脚在地上划小圈拨圈绕踝转动,常结合活泼的步法。

E. 绕手、脚、腰转动的动作,在旋转中为轴的肢体要保持伸展和协调地用力的节奏,定时给圈加一个顺向的作用力,使圈加速旋转,转轴稳定,旋转节奏好。

(3)练习方法:由静止开始握圈,练习转动圈的起动;原地左右手交替练习转动圈;双手合掌前举或上举转动圈、双手交换转动圈;结合舞步、转体和跳跃动作练习绕手转动圈;单腿站立脚转动圈;平转或单脚转体腰间水平旋转圈;地上划弧走或节奏性小跑中地上水平脚旋转圈;向前卡洛泼步套进圈,侧跨跳腰间水平旋转圈;圈回滚,单腿插入转体平衡接腿旋转圈。

2. 陀螺形转动圈

(1)动作方法:地上陀螺形转动圈(如地上绕垂直轴转动圈);手掌心或身体其他部位陀螺形转动圈(如手掌垂直转动圈),是一个难度较大的动作。

(2)动作要领:

A. 地上绕垂直轴转动圈时,圈应垂直立于地上,拇指、食指和中指或跳起来用双脚,在垂直轴两侧反向用力拨圈,利用力偶作用使圈产生自由旋转。用力越大,转动越快,转轴也越稳。当圈转速下降时准备接圈,在停转之前,手迎着旋转的圈从侧面插入握圈。

B. 手掌垂直转动圈时,圈向上垂直地面,手握在圈的正下方,利用手腕向左或右转动发力,紧接着顺势伸展手指,手掌成水平,圈在掌心绕垂直轴自由转动。

(3)练习方法:地上手拨圈陀螺形垂直转动,再加绕腿或转体练习;手握圈前下举或前或侧或侧上举开始,通过手腕转动,伸展手指,圈的侧缘沿手掌、手背做垂直转动;在转体中连续发力;地上沿弧线做手腕连续转动圈;单手握圈上举或前举,手指伸展,圈垂直立于手掌上静止不动;原地练习前举或上举的手掌陀螺形转动圈;走、跑、转体练习手掌陀螺形转动圈。

3. 双手或单手握圈,借助手指和手腕以及手臂的扭转使圈转动

双或单手外握前举,垂直转动,可加各种向前、后的步法;双手外握水平上举圈,向左或右转动圈成双臂交叉上举,再反向转动圈;双手外握前、上举,手腕快速上下拉动,手指拨圈做上下颤动;单手持垂直圈,用拇指、食指和中指向左或右转动圈,配合手臂向左、右水平大绕环,结合转体、走或华尔兹舞

步进行。

(四)滚动圈

1. 地上滚圈

(1)动作方法:向前、后、左、右直线滚圈;弧线滚圈;滚回(即前滚倒回)。

(2)动作要领:

A. 向前、后、侧做直线滚圈时,圈要垂直支撑在地面上,手扶在垂直轴上,以中指压轴,拨圈滚动时手指压实,手臂摆及手指伸展的方向要正,圈沿中指尖方向,紧贴地面平稳地直线滚动。

B. 弧线滚圈时圈的上沿向内侧倾斜,弧度大则倾斜度小,弧度小则倾斜度大。

C. 前滚倒回时,向前下方甩臂,在出手瞬间向上翻手向下压圈拉腕,注意不要向前上抛圈或向上勾圈,应擦地向前下抛圈,防止产生圈的上下跳动,同时手臂摆动和压腕翻手的力量要协调连贯,否则会出现圈只向前滚而不倒回或只有向后滚的力量,向前滚的力量不足等现象。

D. 接滚动圈时,应顺着滚动的方向伸手,并握住圈的后方。

(3)练习方法:手扶圈正上方原地练习向前、后、侧直线滚圈,体会用力方向;向前、后、侧移重心练习直线滚圈;结合跳步练习滚圈;结合地上旋转练习弧线滚圈;单手握圈前滚倒回,同时双脚或单脚转体360度,上步单手握圈;圈前滚倒回结合身体弯曲做跳过或钻过;集体练习滚圈。

2. 身上滚圈

(1)经胸前或肩背在两臂上滚圈

A. 动作方法:臂侧举,一手外侧握圈,由圈在上开始向上屈腕直臂拔圈,经肘窝正中、胸部滚动到另一臂并用手接圈;由圈在上开始伸腕伸指,圈从一手背滚出,经臂外侧、肩、背滚至另一臂并用手接圈。

B. 动作要领:拨圈滚动时直臂侧举,伸或屈腕发力,圈保持垂直,圈经手臂的中线及胸或肩背从一手平稳地滚动到另一手,经胸时挺胸,上体后仰;经肩背时稍低头含胸,头随圈灵活转动,视线跟着圈走。

(2)背滚圈

A. 动作方法:背后向下滚圈和背后向上滚圈。

B. 动作要领:手握圈,圈与身体平行并与地面垂直,经手臂和手腕的屈伸,手指伸展拨圈向前或后滚动,圈由手指平衡地滚动到体后;滚圈时背部呈圆弧形,接圈时早伸手,快握圈,顺势下摆。

C. 练习方法:单手外握圈侧或内前、后举做屈或伸腕动作,使圈向上转动,体会发力感觉;原地练习两臂滚圈和背滚圈;由绕手转动圈开始做两臂滚圈;结合步法练习两臂滚圈;高抛圈接手臂滚圈。

(五)抛接圈

1. 摆动抛圈

(1)动作方法:单或双手正握圈向前、后、侧摆臂直线或斜线抛圈。

(2)动作要领:单或双手握圈在抛圈前先向反方向放松摆动,接着以肩为轴直臂向抛出方向摆动,配合蹬腿、立腰和上体屈、转等全身协调用力将圈抛出。圈出手时手指伸展,圈从小指一侧被拉出,在空中沿抛物线运动。圈出手的时间要根据动作的需要而定,如原地接圈或上摆接近垂直时出手;向摆动同侧做抛圈时,要在垂直线前 20 度左右出手;向对侧形成抛物线时,则需要过垂直线后再出手。手臂摆时要正对落地点,在摆动中要保持圈面的平稳和正直。圈在摆动和抛出时圈面应与抛物线在一个平面上,出手时手指伸展,使圈保持正确的面飞行。特别要注意圈面、摆动方向和落点这三个方面。

(3)练习方法:先原地小抛接,再双人对抛接,最后结合各种步法的移动练习自抛自接、自抛对方接及互抛互接等。

2. 转动抛圈

(1)绕手或脚转动抛圈

A. 动作方法:绕手或脚转动圈,直臂向上伸将圈抛出或用脚踢抛圈。

B. 动作要领:抛圈前绕手或脚做垂直旋转,圈面垂直,转轴固定,转速快,节奏好。圈出手时经屈伸臂腿,全身向上伸,从手指抛出,屈伸动作与圈的旋转配合协调。脚上转动抛出时还要注意屈膝绕圈后向上弹腿抛出。连抛时还要根据圈旋转方向决定接圈位置,如圈向前转接后部,向后转接前部,向左转接右部,向右转接左部,每次接圈后顺势下摆经屈臂前抛。接圈时要伸手迎圈,虎口触圈,顺势下摆继续绕手心手背旋转。

C. 练习方法:原地练习前、侧举垂直转动圈,绕环二次后伸臂或弹腿将圈抛出,用力由小到大,逐渐抛高;结合身体波浪、跳步、转体和滚动等动作练习。

(2)垂直转动抛圈

A. 动作方法:提握圈垂直转动抛圈。

B. 动作要领:手握圈正上方,在向上提肩摆臂时手指向下,屈腕在纵轴上用力拨圈转动,使圈在出手瞬间达到最大旋转初速,速度越快圈在空中转得越稳;在向上摆臂抛圈时,两腿用力蹬直起踵,力通过腰上传到手臂和手指,加大圈向上运动的初速。当圈下落时,迎着圈转动的方向伸手,快速握紧圈,顺势下摆。

C. 练习方法:地上拨圈绕垂直轴转动;拇、食、中三指提握圈正上方,练习快速提肩摆臂向上提圈、手指拨圈向内外旋转圈及拨圈绕垂直轴转动向上摆臂抛圈动作；练习垂直转动高抛，跪转360度低姿接圈。

(3)翻转抛圈

A.动作方法：双手或单手握圈，快速向上摆臂，在圈出手前，通过手腕和手指转动拨圈绕水平轴向前或后翻转，圈抛入空中后翻转1－3圈，单手或双手接圈。

B.动作要领：向前(后)翻转抛圈时，在上摆至出手时，手腕向下(上)翻转，手指拨圈后下方或前下方，使圈在出手瞬间产生向前或后绕水平轴翻转的初速，抛圈时配合双腿弹性屈伸。单臂侧举握圈水平翻转抛圈时，主要依靠手腕的转动，使圈在出手时产生绕水平轴翻转的初速，抛圈时配合双腿弹性屈伸。各种方法的翻转抛圈，圈在空中一边沿抛物线运动，一边绕水平轴向前(后)翻转，同时在手臂上摆和手腕转动拨圈转动的过程中，应保持转轴平稳，在正上方或正侧面发力，使转轴成水平。接圈时，要迎着圈快速伸手握紧。

C.练习方法：双手握圈体前平抛后翻半周、一周、一周半，双手接圈；双手握圈前摆后抛向后翻转，转体、滚翻后以各种姿态接圈；单手握圈，体前向上摆平抛后翻半周、一周，单手接圈；单手握圈侧举练习手腕转动圈、立圈掌心旋转一周、翻转抛圈、翻转抛圈后侧滚翻接圈。

3.脚踢抛圈

(1)动作方法：脚踢空中落下的圈连抛(即当圈从空中落下时，迅速移动至圈的落点，用脚背或脚掌踢圈的下部，再次将圈抛入空中，可站立踢，也可跳起来在空中踢)；脚踢滚动的圈(即当圈在地上滚动时，迅速移动至圈的侧面或正前方，将脚插入圈内或圈下，用脚背或脚掌紧贴圈向上踢，将圈抛入空中)；踢腿抛翻转圈(由圈在脚上成水平状开始，向前(后、侧)摆腿，使圈向后(前、异侧)翻转至竖立在脚背时踢出，圈在空中继续翻转，单手接翻转圈的上(下)沿，也可踩垂直于地面圈的下沿，向后踢腿抛圈)。

(2)动作要领：

脚踢空中圈时，目视圈正确判断并迅速移至圈的落点，迎着圈落下的方向快速摆腿，绷脚踢圈的正下方，向预备抛圈的方向用力踢圈；脚踢滚动圈时，迅速移至圈侧面，单脚顺势快速伸进圈，以脚背或脚掌贴在圈的后上方或内沿，快速向上踢圈。屈腿坐，双脚踢圈时应正对圈滚动的方向，迎着圈从圈前下方插入圈下部或外沿，让圈由地上经脚尖滚动到脚背，同时向上踢双腿抛圈；踢腿抛翻转圈时，通过向后或前或侧小跳一步，一脚跨出圈，另一腿伸直快摆动带圈上踢，圈踢出的瞬间圈要垂直立在脚背上，使踢腿的力量作用在圈的重心上。

(3)练习方法:先让脚熟悉圈的旋转性能、运动速度、平衡感和脚触圈的肌肉感,提高脚控制圈的能力,如练习脚旋转圈、勾踢圈、拨圈转踢抛圈等;再练习同伴扶圈垂直立,单腿前、后摆踢圈;同伴滚圈或自己前滚倒回练习前、后及双脚踢圈;结合身体动作练习复杂的踢抛圈动作。

4.接圈

(1)接水平抛落下的圈:臂上举,一手从内握圈前沿,一手套进圈,顺圈下摆套进至腰部;也可双手上举,使圈套进至腰部时双手接圈。

(2)接垂直面上转动的圈,继续绕手转动:当圈向前转动时,伸臂,手指向侧插入圈的后部,虎口或手背贴内沿,使圈绕手继续向前转动;当圈向后转动时,插入圈的前部,手掌贴内沿;当圈在正面向左或右转动时,插入圈右或左侧内沿。

(3)接垂直面或斜面上转动的圈,连接摆动作:迎着圈下落的方向伸臂,拇指与其他四指分开,用虎口触圈,接着手握紧顺势下摆连接另一动作。

(六)跳过圈

1.摆动中跳进跳出

(1)动作方法:单手握圈前后或左右摆动跳进跳出。

(2)动作要领:圈摆动方向与跳跃方向相反;摆和跳节奏协调一致,幅度要大;腿跳进跳出时,要直臂向远摆;圈在手心随手臂上下左右摆动,灵活转动。

2.前(后)摇跳(绳式跳圈)

(1)动作方法:双手握圈屈腿跳、双或单手握圈由上向下套进跳出或依次跳出。

(2)动作要领:做前(后、侧)摇跳时,双手或单手握圈在体前或体侧划立圆;向后(前、侧)摇时,向后(前、侧)划圆,肘关节放松,手臂随划圆动作顺势屈伸。圈经上时,手腕用力向前(后、侧)翻圈;圈经后(侧)从上向下或从下向上穿过身体时,成水平面,手贴身体做上、下屈伸动作;圈经下时双脚同时或依次跳过,手腕灵活地向前(后)转动圈,脚和手的动作节奏要一致,圈不触及身体。在摇跳中,每跳一次,圈在手心旋转一周。

(3)练习方法:单手握圈练习向下的前后和左右摆,单脚(或双脚依次)跳进跳出;各种侧摇跳,如单手握圈侧举,下摆直腿跳进,上摆套出等。

3.滚动中跳过圈

(1)动作方法:正面或背面分腿跳过圈,向侧跳过圈。

(2)动作要领:各种滚动中跳过圈的动作都要有跳起的高度和过圈的速度,所以要采取反向跳过的方法,以增加过圈速度,缩短过圈时间;在跳过圈前，要正确判断圈的滚动路线和速度，选择准确的起跳时间，使跳起至最高点时，圈正好从身体下滚过；起跳要充分有力，空中姿态要优美大方，并有利于成功过圈。

(3)练习方法：先将圈垂直固定在地上，加速跑或原地练习各种跳过圈的动作，如向前、后、侧跳等；再练习跳过滚动的圈和地上陀螺转动的圈。

第三节　球

球是人们非常熟悉的健身器材。球和身体动作揉在一起，表现出圆滑、柔软、弹性、流动和优美的韵律。艺术形体训练中通常会手持球在各种自然放松的身体动作中练习拍、滚、抛、摆动、绕环、转动等动作，使球在身上或地上不停地滚动、绕转或移动，强身健体、增加美感。艺术形体训练或表演用的球可以是艺术体操比赛用球，也可以用软排球、健身球等球类。

一、持球的方法

1.正托球：即双手或单手手掌托球的下部。五指自然并拢稍曲，使手心呈弧形与球形吻合。做动作时手掌随球，手腕灵活转动，不要用手指抓球。

2.反托球：即双手或单手手背托球的下部。要领同上，唯手背呈弧形托球。

3.双手持球：即两手持球的下部或两侧。要领同上，唯双手手掌持球。

二、球的基本动作

(一)摆动

1.托球摆动

(1)动作方法：一般采用单手正托球，以肩为轴放松地直臂向前、后、左、右、上、下、水平等自由摆动，同时身体随摆动动作起伏，目随球动。

(2)动作要领：手形要与球形相吻合，球好像被吸在手上，以保持球的稳定性；摆动时可结合腿的屈伸，全身协调配合；正托球换反托球是在手托球上下摆动过程中顺势进行的，换反托时，肩要主动前扣，手臂内旋；换正托时，肩要后翻，手臂外旋，手掌及手背要紧贴球，柔和而连贯地连摆连转。

(3)练习方法：徒手练习手臂向各方向的摆动以及上、下摆动中手臂旋外、旋内的协调配合；单手持球练习前后、左右、水平摆动及正托球换反托球动作；结合移重心练习摆动；结合交叉步练习正反托球互换等动作。

2.摆动中换手持球

(1)动作方法:单手持球,在摆动中传递给另一手持球的动作。

(2)动作要领:换接在摆动中进行,交接球时持球手主动用手指拨球,接球手主动迎球,球从一手平稳地滚动到另一手,接球后顺势摆动,整个动作柔和连贯。

(3)练习方法:单手托球向上、下、左、右、前、后及腰间水平摆动至极点时换另一手托球;结合各种姿态中的转体、步法、跳跃等进行练习。

(二)绕环和绕∞字

1.动作方法:绕环是用单手或双手持球下部或侧面,在垂直面或水平面上做直臂或屈臂的绕环动作。绕∞字是用单手或双手持球,在体前和头上连续做二次向内或向外的水平绕环,同时也可在体前做正托换反托练习。

2.动作要领:大绕环以肩为轴,放松直臂在正面、侧面或水平面上做绕环,上体和手腕随球灵活转动绕环,加大动作幅度,并使球稳定地停在手心处;屈臂绕环时以肘关节为轴,前臂灵活转动,身体随球移动让球;做∞字练习时,手臂随球旋内或旋外,手腕随球成反托球(扭臂托球)或正托球。

3.练习方法:先双手持球,在各个面上练习绕环动作,再配合上体动作练习;单手持球在各个面上练习绕环动作,再结合变换步、转体、平衡等动作练习;在站、坐、跪立姿态中练习水平绕∞字动作;结合跑动、转体等动作练习。

(三)拍球

拍球是球操特有的动作,可用单手、双手、脚、胸及其他部位拍球。

1.动作方法:用单或双手拍球,用单或双手接球,拍球高度随动作需要而定。

2.动作要领:拍球时肩放松,手臂自然弯曲,以前臂上下摆动拍球。球向下时,手腕伸直,手指自然并拢,手形与球形吻合,手掌柔和而有弹性地接触球;球向上弹起时,手要迎球,并以手掌贴球上方随球上摆,有把球粘在手上的感觉,但不可击球出声。原地拍球时,掌心向下,手垂直向下拍球,向前(后、左、右)拍球时,按照力学原理,手掌压拍球的后(前、右、左)上方。接拍球时,单手或双手迎球,从两侧向球下切入,掌心向上托球底部,并随球向下运动以缓冲。

3.练习方法:球静止在地上开始,手掌连续快速拍球弹起;原地双腿屈伸,双手或单手拍球;跪或坐在地上低姿绕身移动拍球;移重心拍球;绕腿换手拍球;高拍加转体拍球;行进间拍球;练习用肩、胸、肘、膝、脚拍球。

（四）滚球

1.地上滚球

（1）动作方法：球在地上静止开始，用手或脚拨动球；手托球开始向前、侧、后滚球。接地滚球时，正（侧、背）对球滚来的方向，手指尖对准球，迎球伸手，手背贴地，使球从地面平稳地滚入手中托起。

（2）动作要领：手托球做地滚球时，手指尖正对滚球方向，摆臂送肩沿地面伸手，球从手掌经手指平稳地滚入地面，不要有跳动，球沿手指尖所对的方向直线滚动；拨球滚动时，用手指拨球的前上方（后上方、侧上方），使球向后（前、侧）滚动；用脚拨地滚球时，向滚动方向伸小腿，用脚面（脚内、外侧）拨球侧下方，使球向预定方向滚动；接地滚球时，手背贴地，指尖对球，迎球托起。

（3）练习方法：低姿练习向前、侧、后地滚球，自接球；集体练习滚球，交换接球；结合各种身体动作练习地滚球。

2.身上滚球

（1）扶球滚动

A.动作方法：用肢体夹住球做反方向的运动，使球在肢体间产生滚动，如手扶球在手臂上、腿上和身体上滚动等。

B.动作要领：手（脚、臂）扶球在肢体上滚动时，应扶在球的对面，两肢体相对夹球，沿肢体的中线滚球，保持球平稳地滚动；手（脚、臂）扶球搓滚时，应从一端到另一端来回搓动，配合整个身体协调摆动加大动作幅度。扶球搓滚动作没有难度，但能很好地表现球与身体紧密融为一体柔美协调的关系，有表现力。

（2）拨球滚动

A.动作方法：单手或双手扶球从靠近中心的部位开始，用手指拨球，使球向肢体的远端滚动，如一手向另一臂拨滚球、双手胸前拨滚球、体前拨滚球等。

B.动作要领：拨球时，屈臂用手指扶球，向预定的滚动方向伸展手臂，顺势带球滚动，不要屈手指拨球；球所经过的身体表面要保持平直，使球的重心落在滚动的肢体上，在体前（后、侧）拨滚球时，配合上体身后（前、对侧）弯曲，使球由上向下滚动；接球时，手腕微屈，手形与球形吻合。

C.练习方法：单臂向侧、前拨滚球；双手体前拨滚球；单手体前、侧拨滚球。

（3）自由滚球：是指球在人体上由高向低，借重力和惯性自由滚动的动作。

A.动作方法：单臂滚球（由单手托球开始滚球到胸部的动作）；沿两臂滚球（球由一手经臂、肩背、另一臂到另一手）；臂背滚球；球在身体上螺旋形滚动。

B. 动作要领：由手托球开始，以伸指、肩并稍向上抬手的动作使球产生滚动；球在滚动中，身体迎球做伸展和转动动作，调节球与身体的相对位置，使球按预定的路线在肢体上滚动。球所经过部位的肌肉要绷紧、伸展，形成圆滑的滚动表面，球紧贴身体平稳地滚动。

C. 练习方法：通过双臂前举上下滚球、体前双臂滚球至胸、单臂滚球至手和胸并向另一臂拨球至手、单臂拨滚至手、臂侧举经胸或经肩背向另一臂拨滚球等练习，掌握双臂滚球动作；通过经单肩向背后滚球、双手背后拨滚球、平转双臂搓滚球、单脚转体由手至腰螺旋形滚球等练习，掌握背滚球和身体螺旋形滚球。

（五）抛接球

抛接球是用不同方法将球抛入空中，球在空中时，完成身体各种动作，并在动作中接球，才是构成完整的抛接球动作，也是一套球操中不可缺少的基本动作。

1. 抛球

(1)动作方法：

A. 摆动抛球：双手或单手托球，以肩为轴向前或侧或后摆臂抛球，球从手掌经手指尖进入空中，形成向前或侧或后的抛物线或竖直上抛运动，如双(单)手向前上抛球、双(单)臂前摆向后抛球、双手背后向前抛球、单臂侧摆抛球、单臂背后向侧抛球、单臂后摆向前抛球等。

B. 推抛：单手或双手腕后屈，手指向后，掌心向上，托球上举，经屈、伸臂和腿，伸手腕，手指向上，球从手掌经手指进入空中，垂直向上。

C. 脚抛球：用脚踢空中下落球的下部，使球抛入空中，或球由身体滚到脚背时，踢腿抛球；或球在地上滚动时，单脚或双脚迎球插入球的底部，向上踢腿抛球。

(2)动作要领：摆动抛球时，肩放松摆臂，配合蹬腿、伸腰的力量将球抛出。球出手时，伸展手指手腕，指尖正对抛物线方向，球从手掌经手指尖进入空中。球在空中保持出手瞬间时旋转的方向继续旋转。手臂摆动的方向和球出手的时间影响着球抛物线的方向和抛的高、远度，一般情况下，球在垂线前出手会形成同侧的抛物线，球在垂线上出手则形成竖直上抛运动，因此，摆臂要对准抛物线的方向，根据需要选择球出手的时间。小抛动作常采用屈臂摆动，出手时用手指拨球的方法变换抛球方向，使球向不同方向抛出，配合灵巧的身体动作形成小巧的连接变化。向前、侧高抛球时，则要求直臂摆抛。

2. 接球

(1)动作方法：单手或双手对准球下落的方向伸臂迎球，整个身体向着球伸展,当球触及手指尖时,手臂随球下摆,移动重心,弯曲身体给予缓冲。接球可采用单手或双手手掌或手背在各个面上接来自各种方向的抛球。

(2)动作要领:判断球的落点并向落点移动,直臂伸手在前(侧、后)方迎球,球从手指尖滚到手掌,不要用手腕夹球,手臂顺抛物线轨迹顺势连接下一动作,转腕送肩上体向同侧弯曲。背后接球时,身体先侧对下落的球,目视球的落点调整接球位置,当球擦肩下落时,快速转体,双手于体后手指相对接球,屈膝缓冲。

(3)练习方法:单手或双手托球原地单手接反弹球;高拍球单手接或转体90、180度双手背后接或体后屈单手接球;原地练习各种摆动抛球,单手或双手接球;双手练习对抛、背抛、侧抛单(双)手接球;行进间抛接球;结合踹燕、滚翻等动作抛接球;脚踢抛球;各种动作的高抛球后,向着球的落点做跳步或转体连接各种倾倒、滚动至低姿的跪或坐,上体弯曲接抛落的球或反弹球;连续抛接球。

第四节　纱巾

纱巾是女子喜爱的饰品,但也可作为艺术形体训练或表演时用的器械。纱巾动作比较简单,与身体动作结合很密切,场面活跃、色彩艳丽、表现力和艺术感染力强。一般成人用的纱巾长1.8—2.0米,宽0.85—1米,儿童用长1.5米,宽0.7—0.85米的纱巾较合适。可用丝绸、绢、尼龙或其他较轻的合成纤维制作纱巾。

一、持纱巾方法

1.用拇指与食指、中指相对,握纱巾。

2.用双手的拇指与食指、中指相对,握纱巾的长边或短边靠近两角的位置。

3.用单手拇指与食指、中指相对,握纱巾的一角。

4.用单手握纱巾两角时,拇指与食指、中指相对,握纱巾一角,无名指和小指握纱巾相邻的一角。

5.用双手的拇指与食指、中指相对,握纱巾两个对角。

训练中根据需要变换握法,要保持手形自然,手指和手腕能灵活转动,不能满手抓。

二、纱巾的基本动作

(一)摆动

1.动作方法:双手或单手握纱巾的短边或一角,经下或上在前平面或侧平面上做以肩为轴的摆动;双手握纱巾的长边,在水平面上向左右摆动,使纱巾在体前飘动。

2.动作要领:纱巾是身体的延长部分,其各种摆动均应与身体动作相配合,使身体部分的动作与纱巾的摆动协调一致。纱巾是软器械,摆动时要柔和、连贯地用力,不要突然加快速度,应做到身动巾随,巾动身随。

3.练习方法:原地练习各种摆动;结合身体摆动、移重心、波浪以及各种走、跑、跳等动作练习。

(二)绕环和∞字

1.动作方法:双手或单手握纱巾在正面、侧面或水平面上做绕环,在绕环中使纱巾伸展开飘动;双手或单手握纱巾在正面、侧面及水平面上连续做两个不同方向的绕环,构成8字或∞字。

2.动作要领:绕环可以肩或肘为轴,手带动纱巾使之展开,飘浮在空中,避免纱巾缠身;绕环的力量应柔和连贯,上摆用力,下摆放松,尽量向远划弧,结合上体弯曲使绕环的幅度加大。∞字动作应在两个不同的面上完成两次绕环;两手依次绕∞字时,两手动作相同,但节奏相差半圈即180度。

3.练习方法:原地练习双手持纱巾的各种摆动;结合各种步法练习体侧∞字绕纱巾;结合转体动作练习水平绕环或绕∞字。

(三)飘纱巾

双手握纱巾向前、后、侧足尖小跑使纱巾在体后、前、侧飘动,是飘纱巾。

(四)抖纱巾

双手或单手握纱巾在练习飘的动作中加手腕上下抖动,使纱巾产生波动的效果,是抖纱巾。

(五)抛接纱巾

1.动作方法:双手或单手握纱巾的短边,由下经前向上摆过垂直线时伸指松手,使纱巾展开向后飘动,用双手或单手在头顶上方接纱巾的边或转体180度接纱巾的对边。

2.动作要领:抛纱巾时,双手或单手握纱巾,直臂向远划弧,柔和地向前上摆,使纱巾向后上方飘动展开;头上接纱巾时,抬头挺胸,上体稍后仰,目视纱巾从手上滑过至另一边时再握住,同时身体继续向前移动,使纱巾在体后飘动。转体接纱巾是在纱巾出手后转体,向后退步接纱巾另一边,继续后退,使纱巾在体前飘动。

3.练习方法:原地练习摆、绕、抛纱巾动作;结合身体摆动、绕环、波浪、转体、跳步和各种舞步练习摆、绕、抛纱巾动作;组合练习。

学习思考题

1.常用的艺术形体轻器械有哪些?各有哪些特点?

2.根据绳、圈、球和纱巾的特点,结合自身特长,分别编排一套八个8拍的绳、圈、球和纱巾操组合。

3.2—4人一组,编排一套由两种轻器械组成的组合。

4.6—8人一组,编排一套由三种以上轻器械组成的组合。

5.将所学知识编排一套10分钟左右的小型团体操。

推荐书目及网站

[1]毛子娟等.艺术体操——绳操[M].长春:吉林出版集团有限责任公司,2010.1

[2]王霞.全民健身项目指导用书——艺术体操圈操[M].长春:吉林出版集团有限责任公司,2010.1

[3]毛子娟等.艺术体操——球操[M].长春:吉林出版集团有限责任公司,2010.1

[4]王霞.全民健身项目指导用书——艺术体操纱巾操[M].长春:吉林出版集团有限责任公司,2010.1

[5]王永超等.轻器械体操[M].长春:吉林出版集团有限责任公司,2010.1

[6] http://v.youku.com/v_show/id_XMjI1NzgwOTcy.html?f=5698932

[7] http://www.56.com/w45/play_album-aid-9219722_vid-NTc0ODczNzM.html

[8] http://space.tv.cctv.com/act/article.jsp?articleId=ARTI1212634171860871

图书在版编目（CIP）数据

艺术形体／寿文华编著．—杭州：浙江大学出版社，2013.3(2022.1 重印)

ISBN 978-7-308-11208-6

Ⅰ.①艺… Ⅱ.①寿… Ⅲ.①形体—健身运动—高等学校—教材 Ⅳ.①G831.3

中国版本图书馆 CIP 数据核字（2013）第 033753 号

艺术形体

寿文华 编著
图片示范 吕 伦 等
图片摄影 鲁 宵

责任编辑 李海燕
装帧设计 俞亚彤
出版发行 浙江大学出版社
（杭州市天目山路 148 号 邮政编码 310007）
（网址：http://www.zjupress.com）
排 版 杭州青翊图文设计有限公司
印 刷 广东虎彩云印刷有限公司绍兴分公司
开 本 787mm×960mm 1/16
印 张 15.75
字 数 282 千
版 印 次 2013 年 3 月第 1 版 2022 年 1 月第 3 次印刷
书 号 ISBN 978-7-308-11208-6
定 价 45.00 元

浙江大学出版社市场运营中心联系方式：0571－88925591；http://zjdxcbs.tmall.com